Educação e poder

Dados Internacionais de Catalogação na Publicação (CIP)
(Câmara Brasileira do Livro, SP, Brasil)

Apple, Michael W.
  Educação e poder / Michael W. Apple ; tradução de Levindo Pereira. – Petrópolis, RJ : Vozes, 2024.
  Título original: Education and power
  ISBN 978-85-326-6625-3
  1. Cultura 2. Educação 3. Pedagogia 4. Poder I. Título.

23-183358   CDD-370

Índices para catálogo sistemático:
1. Educação 370

Eliane de Freitas Leite – Bibliotecária – CRB 8/8415

Michael W. Apple

Educação e poder

Tradução de Levindo Pereira

Petrópolis

© 2012 Taylor & Francis.

Tradução do original em inglês intitulado *Education and Power*, publicada por Routledge, membro da *Group Taylor & Francis*.

Direitos de publicação em língua portuguesa – Brasil:
2024, Editora Vozes Ltda.
Rua Frei Luís, 100
25689-900 Petrópolis, RJ
www.vozes.com.br
Brasil

Todos os direitos reservados. Nenhuma parte desta obra poderá ser reproduzida ou transmitida por qualquer forma e/ou quaisquer meios (eletrônico ou mecânico, incluindo fotocópia e gravação) ou arquivada em qualquer sistema ou banco de dados sem permissão escrita da editora.

CONSELHO EDITORIAL

Diretor
Volney J. Berkenbrock

Editores
Aline dos Santos Carneiro
Edrian Josué Pasini
Marilac Loraine Oleniki
Welder Lancieri Marchini

Conselheiros
Elói Dionísio Piva
Francisco Morás
Gilberto Gonçalves Garcia
Ludovico Garmus
Teobaldo Heidemann

Secretário executivo
Leonardo A.R.T. dos Santos

Editoração: Natalia Cunha Machado
Diagramação: Sheilandre Desenv. Gráfico
Revisão gráfica: Bianca Guedes
Capa: Érico Lebedenco

ISBN 978-85-326-6625-3 (Brasil)
ISBN 978-0-415-91310-2 (Reino Unido)

Este livro foi composto e impresso pela Editora Vozes Ltda.

Sumário

Prefácio à edição clássica Routledge Educação, 7
Prefácio à edição de 1995, 15
Prefácio à edição Ark, 37
Agradecimentos, 45
1 Reprodução, contestação e currículo, 46
   A sombra da crise, 47
   A crítica educacional, 56
      Currículo e reprodução, 59
      Ideologia e currículo como uma primeira aproximação, 67
      Conflito e contradição no trabalho e na cultura, 72
      Educação e Estado, 78
      Ideologia e forma curricular, 82
   A circulação do conhecimento técnico/administrativo, 86
2 Conhecimento técnico, desvio e o Estado – A mercantilização da cultura, 91
   O que as escolas fazem e o que elas não fazem, 94
   O conhecimento escolar: distribuição ou produção, 96
   Conhecimento escolar e acumulação de capital, 99
   O papel do Estado, 108
   O que os princípios de correspondência não explicam, 115
   Encontrando espaços de atuação, 116
3 O outro lado do currículo oculto – Cultura como experiência vivida I, 123
   Introdução, 123
   Além da simples reprodução, 123
   O currículo oculto e as normas do local de trabalho, 127

Mulheres trabalhando, 139
Contra o romantismo, 142
Ação educacional, 148

4 Resistência e contradições na classe, na cultura e no Estado – Cultura como experiência vivida II, 153
   Introdução, 153
      Ideologia e cultura vivida, 155
      Determinações e contradições, 158
      Classe, cultura e trabalho generalista, 160
      Classe, cultura e mobilidade da classe trabalhadora, 168
      Classe e patriarcado: a cultura da feminilidade, 174
      Sendo pardo, preto e pobre, 180
      Compreendendo a reprodução, 183
   Reprodução e reforma, 186
      Entendendo a legitimação, a acumulação e o Estado, 187
      Uma nota sobre a esfera política e o discurso liberal, 190
      Exportando a crise do Estado, 193
      Para uma ação educacional e política, 195
      Conclusões, 201

5 A forma curricular e a lógica do controle técnico – Mercantilização, o retorno, 205
   Ideologias corporativas: alcançando o professor, 207
   Desqualificação e requalificação, 211
   Controlando a forma curricular, 215
   Aceitando o controle técnico, 221
   O indivíduo possessivo, 225
   Resistências, 229

6 Trabalho político e educacional – O sucesso é possível?, 241
   Reconstruindo a tradição, 241
   Ação política, democracia e educação, 248

Referências, 257
Índice, 271

Prefácio à edição clássica
Routledge Educação

Ao longo das últimas quatro décadas, tenho lidado com uma série de questões "simples". Tenho me preocupado profundamente com a relação entre cultura e poder; com a relação entre as esferas cultural, política e econômica; com a dinâmica múltipla e contraditória de movimentos sociais e poder que faz da educação um espaço de conflito e de lutas; e com o significado de tudo isso para o trabalho educacional. Em síntese, tenho buscado responder a uma questão que foi levantada de forma tão clara nos Estados Unidos pelo educador radical George Counts (1932) – "deve a escola ousar a erigir uma nova ordem social?"

Conectar escolas com um projeto de "erigir uma nova ordem social" requer que tenhamos uma compreensão nuançada e crítica de como opera a ordem social corrente e do atual papel das escolas na reprodução e contestação das relações e instituições dominantes. Isso também requer que entendamos a política do que acontece com as pessoas que trabalham nas escolas e as que as frequentam e a política do conhecimento professada pelas escolas. *Educação e poder* examina criticamente a relação entre a política de pessoas e a política de conhecimento. Trata-se de uma extensão direta da primeira edição do livro que veio a lume antes deste – *Ideologia e currículo* (Apple, 1979c; cf. tb. Apple, 2004).

Uma das questões balizadoras no campo da educação é enganadoramente simples: o que o conhecimento tem de mais precioso? Nas últimas quatro décadas, uma extensa tradição cresceu em torno dessa questão. A questão foi reformulada – e de "*o que* o conhecimento tem de mais valioso?" passou a ser "o conhecimento *de quem* é mais valioso?" Existem, é claro, riscos associados a um movimento como esse, por exemplo, uma propensão a reducionismos e essencialismos. Esses perigos emergem quando supomos, como tem sido o caso, haver sempre uma correspondência unívoca entre qualquer conhecimento tido como "legítimo" ou "oficial" e a compreensão de mundo dos grupos dominantes. Isso é muito simplista, dado que o conhecimento oficial é muitas vezes o resultado de lutas e concessões e às vezes pode representar vitórias cruciais, não apenas derrotas, de grupos subalternos (Apple, 2000, 2006). Entretanto, as transformações por que passou a questão acarretaram um imenso progresso de nosso entendimento da política cultural de educação em geral, e das relações entre políticas educacionais, currículos, ensino, avaliação e poder diferencial. Com efeito, parte do trabalho mais significativo sobre as conexões íntimas entre cultura e poder surgiu da área da sociologia do conhecimento escolar e dos estudos críticos em educação em geral.

Ideologia e currículo foi o primeiro passo na direção do que viria a se tornar uma longa jornada, já que outros livros foram surgindo regularmente à medida que ia conhecendo mais e aprendendo com as críticas de outros estudiosos e ativistas de todo o mundo, entre os quais certamente meus alunos de doutorado em Wisconsin.

Dois outros livros foram publicados logo depois – *Educação e poder* (1982; cf. tb. Apple, 1995b) e *Teachers and texts* (1986). Essa série de livros compôs o que de algum modo veio a ser conhecido como a primeira "trilogia Apple". Esses outros dois volumes corrigiram alguns erros e preencheram alguns silêncios de *Ideologia e currículo*, além de expandirem a dinâmica de poder aos campos do gênero e da raça. Eles tiveram como foco o poder e as contradições da resistência e da luta, tanto dentro das escolas como na sociedade mais ampla. Examinaram criticamente o que estava acontecendo aos currículos e ao trabalho dos professores com os processos de desqualificação, requalificação e intensificação. Lançaram luz sobre a economia política do conhecimento e do currículo "real" em escolas – o livro-texto. E analisaram os espaços em que possíveis ações contra-hegemônicas poderiam se dar.

A primeira série de volumes levou-me de uma análise da reprodução social e cultural predominantemente neomarxista a uma ênfase (nada romântica) na agência, ao exame da vida e do trabalho dos professores, ao alargamento das lutas culturais e políticas que complementa (mas definitivamente não abandona) meu foco original na classe e, mais recentemente, a análises críticas sobre como alianças e movimentos poderosos podem mudar radicalmente a relação entre as políticas e práticas educacionais e as relações de dominância e subordinação na sociedade mais ampla, mas não numa direção que muitos de nós consideraria ética e politicamente justificável. Todos esses esforços estão baseados em sérios questionamentos das tendências excessivamente reducionistas nas teorias críticas de educação e da natureza demasiado retórica de boa parte dessa literatura. Como venho repetindo, não estamos em uma igreja, então não devemos nos preocupar com heresias.

Outra série de livros veio na sequência, assentada sobre esses três livros originários. Os quatro volumes subsequentes focaram mais diretamente os modos de funcionamento das formas de poder conservadoras e como podemos romper essas relações. Em livros como *Official knowledge* (Apple, 1993; cf. tb. Apple, 2000), *Cultural politics and education* (Apple, 1996), *Educating the "right" way* (Apple, 2001; cf. tb. Apple, 2006) e *The state and the politics of knowledge* (Apple et al., 2003), passei um bom tempo mostrando que são os movimentos sociais, e não os educadores, os verdadeiros motores das transformações educacionais. E os movimentos sociais que continuam a ser os mais poderosos nos dias de hoje são um bocado conservadores.

O foco nos movimentos conservadores, e especialmente no poder econômico e cultural/ideológico conservador, é fundamental aqui e agora. Pois hoje estamos diante do que vem sendo chamado de "modernização conservadora", uma complicada aliança entre grupos poderosos como os neoliberais e sua concepção de escola dependente de e organizada em torno dos mercados capitalistas, as culturas da avaliação [*audit cultures*] e o neoconservadorismo e sua demanda para que "restauremos" uma cultura comum baseada no consenso, cultura que não existe agora e jamais existiu no passado em face da realidade das populações diaspóricas, da raça e do império (Apple, 2006, 2010).

Ao longo da última década, temos recebido reiterados avisos de que o que é público é necessariamente ruim e o que é privado, necessariamente bom. Grupos poderosos dizem que quanto mais as escolas mimetizarem as metas e os procedimentos do setor corporativo, e quanto mais pressionarmos escolas e professores a colocarem a mão no fogo da competição, melhor será. Esses argumentos são quase religiosos, uma vez que parecem ser praticamente insensíveis à evidência empírica. Com efeito, há poucas pesquisas que sustentem suas reivindicações.

Apesar de reprimida, mediada e às vezes tornada mais flexível por tradições nacionais e movimentos contra-hegemônicos que atuam de baixo para cima, uma agenda de privatização de todas as nossas principais instituições públicas tem ganhado fôlego internacionalmente. Surgiu uma cultura de ridicularização de escolas e das pessoas que nelas trabalham. Estão sendo propostos e instituídos procedimentos de prestação de contas ao modo corporativo, mecanismos mercadológicos de divisão, fechamento de escolas, abordagens acríticas ao que é tido como conhecimento curricular relevante, enfraquecimento dos sindicatos de professores, redução da autonomia de ensino, remunerações ditadas pela performance e fundadas em avaliações profundamente problemáticas e em uma compreensão ingênua do trabalho emocional e intelectual dos professores, forte controle administrativo dos sistemas escolares, entre-se outras coisas.

No caminho, os meios e os fins básicos da educação estão se tornando tão limitados que a educação ("treinamento" seria um termo mais apropriado?) acaba se reduzindo praticamente a arranjar um trabalho remunerado, e o único conhecimento que é considerado legítimo é o que está em sintonia com as necessidades de uma economia cada vez mais desigual. Um dos melhores indicadores dessa situação pode ser encontrado nas palavras do atual governador do estado onde moro, que disse não preciso terminar a faculdade porque já tinha um emprego. Só o que importa na educação são empregos. Nada mais precisa ser levado em consideração. São posições como essa que demonstram a persistente relevância dos argumentos apresentados em *Educação e poder*.

É claro, existem nações e regiões onde não se convenceu completamente as pessoas a conceber as escolas como simples fábricas produtoras de trabalhadores e de lucros (cf. Apple, 2010). Entretanto, de modo geral, um novo senso comum tem sido produzido. Muitas nações e regiões têm instituído políticas e diretrizes que ostentam a marca da agenda neoliberal que há anos vem sendo imposta às escolas. A competição abocanha a cooperação. A retórica nacionalista também predomina, algo que deve soar bem aos ouvidos sensíveis dos neoconservadores, com seus apelos de que devemos ser os primeiros a qualquer custo.

A possibilidade de se optar por vales, créditos fiscais, escolas autônomas mantidas com fundos privados etc., combinada a um forte controle centralizado de padrões e conteúdos por meio de amplas avaliações, irá supostamente nos levar à terra prometida onde "nenhuma criança será deixada para trás" à medida que "aceleramos rumo ao topo". E tudo isso acontecendo sem qualquer evidência substantiva de que essas pretensas reformas irão até a raiz dos dilemas que enfrentamos.

Educação e poder nos convida a ir fundo, até a raiz desses dilemas. Em tempos de crise econômica, o livro olha diretamente para o tipo de economia em que tantos de nós de fato vivemos. Situa escolas, políticas educacionais, currículos, professores e estudantes em um contexto socioeconômico mais amplo. Mas ao mesmo tempo exige de nós que não recapitulemos os erros das análises anteriores (e infelizmente de algumas atuais) que reduzem tudo o que acontece na educação ao simples exercício das necessidades econômicas. A reprodução da dominância sempre tem como vizinhos espaços e tendências *contraditórias* que têm o potencial de interromper a dominação. Isso é válido para as formas de conhecimento declaradas como "oficiais" e para as vidas ordinárias de seres humanos reais em seus afazeres cotidianos.

Mas o livro também vai mais longe de outras formas. Não ignora o trabalho dos professores e as transformações dos currículos que tanto fazem parte de suas vidas; leva a sério as lutas culturais, assim como a agência e a resistência em trabalhos remunerados e não remunerados e nas vidas dos estudantes. Isso é crucial em uma época em que é muito fácil esquecer o potencial criativo de movimentos e indivíduos. Com efeito, meu enfoque posterior no poder de movimentos sociais progressistas e retrógados (Apple, 2006, 2010; cf. tb. Apple; Au; Gandin, 2009) jamais teria sido colocado no papel sem o discernimento cultivado na esteira da escrita de *Educação e poder*.

Esta obra foi pensada como uma das várias tarefas do *estudioso/ativista crítico* em educação debatidas em muito maior detalhe em *Global crises, social justice and education* (2010). Ela "dá testemunho à negatividade", examina contradições e espaços para possíveis ações, e mantém vivas, critica e expande diversas tradições críticas. Também está profundamente conectada com movimentos progressistas. Nesse sentido, o livro assume a posição de que "ficar na sacada" como um simples observador de conflitos e lutas que ocorrem embaixo é justamente a posição errada a se tomar em tempos de crise (cf. tb. Apple, 2013).

Esse último ponto é importante. Análises críticas rigorosas sobre currículo e pedagogia, e sobre educação dentro e fora das escolas, precisam atuar em relação a seu objeto. Com efeito, trata-se de um imperativo não apenas político, mas também epistemológico. O desenvolvimento de recursos teóricos críticos é aprimorado quando está dialética e intimamente conectado com os movimentos e lutas correntes.

Lembro-me aqui das proposições do sociólogo radical Michael Burawoy a favor de uma sociologia crítica. Como diz ele, uma sociologia crítica está sempre alicerçada em duas questões centrais: 1) sociologia para quem? e 2) sociologia para o quê? (Burawoy, 2005). A primeira questão nos convida a nos reposicionar de modo a poder ver o mundo desde o ponto de vista dos despossuídos. A segunda nos instiga a conectar nosso trabalho aos problemas complexos em torno da bússola moral de uma sociedade, seus meios e fins. Aquilo que Burawoy chamou de "sociologia pública orgânica" é fundamental para pensarmos sobre as maneiras de lidar com isso. Eis suas palavras, que ecoam em parte as de Gramsci, sobre essa noção de sociólogo crítico, aquele que

> trabalha intimamente conectado com um público visível, denso, ativo, local e muitas vezes um contrapúblico. [Ele trabalha] com o movimento trabalhador, as associações de bairro, as comunidades religiosas, os grupos de direitos de imigrantes, as organizações de direitos humanos. Entre o sociólogo público e o público ocorre um diálogo, um processo de educação mútua. [...] O projeto de uma tal sociologia [orgânica] é tornar visível o invisível, fazer do privado público, validar essas conexões orgânicas como parte de nossa vida sociológica (Burawoy, 2005, p. 265).

Educação e poder é um exemplo da minha contínua (melhor dizendo, infindável) resposta ao chamado do orgânico e da confrontação das premissas subjacentes ao que acontece na educação. Como atestam os diversos prefácios a este livro, foram publicadas várias edições. Certamente causa-me lisonja que ele seja considerado um "clássico". Mas podemos avaliar melhor sua importância se contribuir para que leitores como você compreendam melhor e levantem questões críticas ao tema de seu título – as complexas relações entre educação e poder.

Michael W. Apple,
Professor da Cátedra John Bascom de
Estudos de Políticas Educacionais, Currículo e Instrução
Universidade de Wisconsin, Madison

Prefácio à edição de 1995

Todos olhavam com espanto a chefe do departamento. Os queixos simplesmente caíram. Subitamente a sala foi preenchida por uma mistura quase caótica de sons de fúria e descrença. Não era a primeira vez que ela nos informava sobre o que "vinha de cima". Cenas semelhantes já haviam acontecido. Afinal de contas, tratava-se apenas de mais um tijolo removido. Ainda assim, para cada um de nós, ficava nítido daquele momento em diante que, apesar de todas as nossas lutas para proteger a educação da total integração ao projeto direitista de racionalização e competitividade econômica, estávamos sendo derrotados.

Foi difícil colocar ordem naquela reunião. Mas lentamente controlamos nossas emoções o suficiente para ouvir que o Departamento de Estado da Educação e a Assembleia Legislativa haviam determinado o que era melhor para os alunos de Wisconsin – da pré-escola à universidade. A partir do ano seguinte, todos os graduandos que desejassem se tornar professores teriam que fazer um curso sobre Educação para o Emprego, essencialmente um curso sobre os "benefícios do sistema de livre-iniciativa". Ao mesmo tempo, todos os currículos escolares dos níveis elementar, médio e secundário – alunos de cinco anos para cima – também teriam que fazer parte de um programa coerente de educação para o emprego. Afinal, nunca é cedo para começar, não é? A educação é tão somente o fornecedor de "capital humano", não é mesmo?

Comecei este prefácio com essa história porque acho que muitas vezes é melhor começar com o fígado, por assim dizer, começar com nossas experiências como professores e alunos nesses tempos de conservadorismo. Uso esse ponto de partida também porque, ainda que o governo democrata de Washington possa tentar (fraca e ineficazmente) refrear alguns dos excessos da agenda social direitista, os termos do debate e as condições sociais e econômicas existentes sofreram notáveis transformações no sentido de um maior conservadorismo (Apple, 1993). Não devemos ser românticos a respeito do futuro de nossas escolas e universidades, especialmente devido à crise fiscal do Estado e à aceitação de aspectos importantes da agenda social e econômica conservadora pelos dois partidos políticos dominantes. A história que acabei de narrar serve como uma metáfora para o que está acontecendo com uma boa parte da vida educacional.

Permita-me situar este ponto no contexto das grandes transformações na educação e na sociedade envolvente provocadas pela aliança conservadora.

O próprio termo "conservadorismo" prefigura uma única interpretação de sua agenda. Conserva-se. Outras interpretações são possíveis, evidentemente. Poderia se dizer, de forma um tanto irônica, que o conservadorismo acredita que nada deva ser feito pela primeira vez (Honderich, 1990, p. 1). No entanto, na situação atual, isso pode nos levar ao engano de várias formas. Com a direita agora em ascensão em muitos países, testemunhamos um projeto muito mais proativo. A política conservadora agora é muito mais uma política da alteração – nem sempre; porém, está claro que a ideia de "não fazer nada pela primeira vez" não explica suficientemente o que está acontecendo, seja na educação, seja em outros espaços (Honderich, 1990, p. 4).

O conservadorismo teve de fato significados distintos em diferentes épocas e lugares. Algumas vezes, tratou-se de ações defensivas; em outras, de tomar a iniciativa contra o *status quo* (Honderich, 1990, p. 15). Atualmente, estamos testemunhando ambas.

Por causa disso, é importante delinear o contexto social mais amplo no qual opera a atual política da educação. Como argumento muito mais detalhadamente em *Official knowledge and cultural politics and education* (Apple, 1993, 1996), houve um colapso no pacto social-democrático que orientou boa parte da política educacional depois da Segunda Guerra Mundial. Grupos poderosos no seio do governo e da economia e no interior de movimentos sociais "populistas autoritários" foram capazes de redefinir – muitas vezes de forma muito retrógrada – os termos do debate na educação, nas políticas de bem-estar social e em outras áreas do bem comum. A educação não é mais vista como parte de uma aliança social que reúne muitos professores, grupos "minoritários", ativistas comunitários, legisladores progressistas e servidores públicos, que agem em conjunto a fim de propor políticas social-democráticas (limitadas) para escolas (por exemplo, a expansão de oportunidades educacionais, esforços de equalizar os resultados, o desenvolvimento de programas especiais de educação multicultural e bilíngue, entre outros). Uma nova aliança foi formada, uma aliança que detém cada vez mais poderes sobre as políticas educacionais e sociais. Esse bloco de poder combina negócios com a nova direita, com intelectuais neoconservadores e com uma fração específica da gestão orientada para a nova classe média. Eles se interessam pouco pelo aumento das oportunidades de vida de mulheres, pessoas negras ou trabalhadores. (Sendo esses grupos não mutuamente excludentes, obviamente.) Eles pretendem fornecer as condições educacionais tidas como necessárias tanto para aumentar nossa disciplina, competitividade, lucros internacionais quanto para nos devolver a um passado romantizado do lar, família e escola "ideais" (Apple, 1993).

Em essência, a nova aliança em favor da restauração conservadora integrou a educação a um conjunto mais amplo de compromissos ideológicos. Os objetivos desse grupo na educação são os mesmos daqueles que servem de guia a suas metas de bem-estar social e econômico. Eles compreendem a expansão dessa eloquente ficção, "o mercado livre" – a drástica redução da responsabilidade governamental sobre as necessidades sociais, o reforço das estruturas intensamente competitivas de mobilidade, a redução das expectativas relativas à segurança econômica e a popularização do que é claramente uma forma de pensamento social-darwinista, como a recente popularidade do livro *The bell curve*, de Herrnstein e Murray (1994)[1], atesta de forma clara e preocupante.

A direita nos Estados Unidos tem sido muito bem-sucedida em mobilizar apoios *contra* o sistema educacional e seus empregados, muitas

---

1. O patrocínio por parte de fundações de direita à publicação desse livro requer uma atenção muito maior. Uma soma considerável de dinheiro foi destinada à sua publicação e à promoção de seu autor (Herrnstein faleceu) em todo o país por meio de matérias de jornal, programas de rádio e televisão.

vezes exportando a crise na economia para as escolas. Assim, uma das suas maiores conquistas foi transferir a culpa – do desemprego e subemprego, da perda de competitividade econômica e o suposto colapso dos valores e modelos "tradicionais" de família, educação e postos de trabalho remunerado e não remunerado – *das* políticas sociais, culturais e econômicas e bens dos grupos dominantes *para* a escola e outras agências públicas. "Público" é hoje o núcleo de todo o mal; "privado", o centro de todo o bem[2].

Desafortunadamente, os principais aspectos dessa reestruturação aparecem muito raramente nas agendas de discussão de comunidades críticas e "progressivas" dentro do campo da própria educação, especialmente entre alguns (nem todos) daqueles que aderiram acriticamente ao pós-modernismo e ao pós-estruturalismo. Essa adesão torna muitos dos argumentos sobre o contexto sociopolítico da educação em *Educação e poder* mais do que pouco importantes.

O que devo dizer neste novo prefácio é ainda bem tentativo, mas responde a algumas de minhas intuições de que o que está em questão não é propriamente uma boa dose de tempestade e fúria sobre a política de uma forma de análise textual sobre outra, ou mesmo saber se devemos ver o mundo como um "texto" – no sentido de discursivamente construído. "Nós" podemos estar perdendo alguns dos mais importantes *insights* da tradição crítica tanto na educação como em outros espaços.

Espero que minha fala aqui não soe reacionariamente stalinoide (afinal de contas, passei grande parte da minha vida escrevendo e falando a respeito das tendências redutoras contidas nas tradições marxistas). Apenas quero relembrar as noções rigorosamente essenciais – não essencialistas – das relações (admitidamente muito complexas) entre educação e algumas das relações de poder, que devem ser consideradas e que parecem ter sido esquecidas um tanto rapidamente.

A proliferação de posições associadas ao pós-modernismo e ao pós-estruturalismo é algo poderoso e importante. É indicativo da transformação de nosso discurso e de nossa compreensão da relação entre cultura e poder. A rejeição da ilusão reconfortante de que pode (e deve) haver uma grande narrativa sob a qual todas as relações de dominação

---

2. Discuto essa questão de forma mais detalhada em Apple (1996).

estariam subsumidas; o foco no nível "micro" como lócus do político; a iluminação da patente complexidade do nexo poder-saber; a extensão de nossas preocupações políticas para além da "santíssima trindade" classe, gênero e raça; a ideia de sujeito descentrado sem identidade fixa e lócus da luta política; o foco na política e práticas de consumo e não apenas na produção – tudo isso tem sido importante, embora bastante problemático, para dizer o mínimo (cf. Best; Kellner, 1991; Clarke, 1991).

Contudo, com o crescimento da literatura pós-moderna e pós-estrutural nos estudos culturais e nos estudos críticos em educação, tendemos a nos afastar rápido demais das tradições ainda dotadas de vitalidade e que iluminam de forma fundamental a natureza do currículo e da pedagogia que dominam as escolas em todos os níveis. Assim, por exemplo, o mero fato de que a classe social não explica tudo pode ser usado como uma desculpa para negar seu poder. Trata-se de um erro grave. A classe é, evidentemente, um construto analítico tanto quanto um feixe de relações que existe fora de nossas mentes. Desse modo, o que queremos dizer por meio dela e como ela é mobilizada enquanto uma categoria precisa ser continuamente desconstruído e repensado. Assim, devemos ser muito cuidadosos em relação ao momento e ao modo como a utilizamos, com o devido reconhecimento dos múltiplos modos de formar pessoas. Mesmo nessas condições, seria um equívoco presumir que, se pessoas não se identificam ou agem de acordo com teorias que conectam identidade e ideologia com a posição de classe, a classe desapareceu (Aronowitz, 1992).

Como indiquei acima, estou certamente a par do fato de que existem múltiplas relações de poder, e não simplesmente a "santíssima trindade" raça, classe e gênero. Também reconheço que os conflitos, não apenas entre essas relações, mas em seu interior, são cruciais. Em outros livros, escrevi sobre essas questões de modo consideravelmente detalhado. *Educação e poder* tende a colocar mais ênfase nas complicadas dinâmicas de classe. E embora eu não concorde integralmente com Philip Wexler, que defende que nas escolas e na sociedade mais ampla a diferença de classe é o código supremo organizador da vida social (Wexler, 1992, p. 8), estou profundamente preocupado com a marginalização das questões de classe nos trabalhos críticos sobre educação. Foi preciso tanto tempo para que questões sobre classe e economia política passassem para o primeiro plano em nossa compreensão das políticas e práticas educacionais que seria uma cena trágica se – logo no momento em que uma compreensão integral dessas dinâmicas se faz mais necessária – elas fossem colocadas à margem. A economia e a ofensiva ideológica neoliberais que se espraiam por todo o planeta demonstram o grau de importância de levarmos a sério essas dinâmicas.

O mesmo pode ser dito sobre a economia. O capitalismo pode estar em transformação, mas ainda é uma força massiva estruturante. Muitas pessoas podem não pensar e agir conforme o predito por teorias de classe essencializantes, mas isso *não* quer dizer que as divisões de classe, gênero e raça do trabalho remunerado e não remunerado tenham desaparecido; nem quer dizer que as relações de produção (tanto econômicas *quanto* culturais, já que podem ser distintos os modos de se pensar essas duas) podem ser ignoradas se nosso enfoque não for essencializante[3].

Digo tudo isso por causa dos perigos bem reais presentes agora nos estudos críticos em educação. Se tem havido uma ótima e necessária vitalidade no "nível" da teoria, uma fração considerável da pesquisa crítica tem tido a duração de uma moda. Passa-se de teoria a teoria rapidamente, presumindo que quanto mais difícil o seu entendimento, ou quanto mais se apoie em teorias culturais europeias (preferencialmente francesas), melhor a teoria. A rapidez de seu movimento e sua captura parcial por uma fração ascendente da nova classe média dentro da academia – empenhada em mobilizar seus recursos culturais nas hierarquias de *status* da universidade a ponto de perder tudo a não ser sua conexão retórica com as lutas contra dominação e subordinação em universidades, escolas e em outros lugares – têm como um de seus efeitos a negação dos ganhos alcançados em outras tradições ou a reformulação desses ganhos em uma nova roupagem. Ou isso pode na verdade retroceder, como na reapropriação de Foucault, por exemplo, como apenas mais um (embora um tanto mais elegante) teórico do controle social, o que é uma noção desacreditada e a-histórica que nega o poder dos movimentos sociais e atores históricos (cf. Zipin, 1995). Infelizmente, no alarido causado pelo pós-modernismo e pós-estruturalismo, muitos de nós podem ter esquecido

---

3. Para uma discussão mais aprofundada dessas questões, cf. Apple (1996).

a grande potência das dinâmicas estruturais das quais participamos. No caminho, nossa capacidade de revolta pode ter sido substituída por um distanciamento cínico.

Quero enfatizar novamente que parcelas importantes do que às vezes é chamado de abordagens "pós" são portadoras de boas ideias e merecem nossa atenção cuidadosa, especialmente a perspectiva sobre a política de identidade, as múltiplas e contraditórias relações de poder, a análise não reducionista e no nível local como um lócus importante de luta. Essas posições me ensinaram e continuam me ensinando muito (cf., p. ex., Apple, 1996). Contudo, algumas delas, introduzidas na educação, simplesmente me deixam perplexo por causa de sua arrogância estilística, da caracterização estereotipada de outras abordagens, da certeza de que encontraram "a" resposta, da cínica falta de compromisso de seus proponentes com qualquer ação em escolas reais, da identificação de qualquer foco rigoroso sobre a economia a algo de alguma forma redutor, das confusões conceituais e, finalmente, da retórica afetada que, quando desempacotada, frequentemente diz coisas bastante triviais, conhecidas e colocadas em prática há anos por educadores reflexivos. Apresso-me a acrescentar que isso é válido apenas para uma parte dessas abordagens pós-modernas; mas tudo isso dá azo à minha preocupação (cf. Apple, 1994, p. 91-97)[4].

Nesse sentido, há uma linha tênue entre as transformações conceituais e políticas necessárias e os modismos. Infelizmente, estes últimos aparecem às vezes em apropriações relativamente acríticas do pós-modernismo por parte de alguns teóricos da educação. Por exemplo, certamente existem (em excesso) planos de encaminhar as escolas às forças do mercado, de diversificar os tipos de escola e de oferecer aos "consumidores" mais opções. Alguns sustentam que se trata do "equivalente educacional da ascensão da 'especialização flexível em substituição do antigo mundo da linha de montagem característica da produção em massa', compelido mais por imperativos do consumo diferenciado do que pela produção em

---

4. Digo *abordagens* porque é muito fácil estereotipar teorias pós-modernas e pós-estruturalistas. Fazê-lo é uma pena, pois as diferenças políticas entre as diversas tendências associadas a elas são muitas vezes substanciais.

massa" (Whitty; Edwards, T.; Gewirtz, 1994, p. 168-169). Há sem dúvida um quê de pós-moderno nisso.

E, no entanto, como muitas das novas reformas que estão sendo propostas, há menos "pós-modernismo" nesses planos do que aparentam. Muitos projetam uma imagem *"high-tech"*. Como observaram Whitty, T. Edwards e Gewirtz, eles geralmente se orientam por "uma fé infusa na racionalidade técnica enquanto base para a resolução de problemas educacionais, econômicos e sociais". A especialização é tão poderosa, talvez até ainda mais poderosa, quanto qualquer preocupação com a diversidade (Whitty; Edwards, T.; Gewirtz, 1994, p. 173-174). Mais do que uma adesão à "heterogeneidade, ao pluralismo e ao localismo" – embora possam ser formas retóricas que revestem certas reformas –, é possível que estejamos testemunhando a revivescência das hierarquias mais tradicionais de classe, de gênero e, especialmente, de raça. O compromisso inquestionável com a noção de que "nós" estamos agora completamente imersos num mundo pós-moderno pode tornar mais visíveis as transformações de superfície (algumas delas indubitavelmente em curso), ainda que possa dificultar muito mais o reconhecimento de que pode se tratar de novas formas de reorganizar e reproduzir antigas hierarquias (Whitty; Edwards, T.; Gewirtz, 1994, p. 180-181). O fato de que o pós-modernismo enquanto uma teoria e um conjunto de experiências possa não se aplicar à grande maioria das pessoas no mundo também deveria nos deixar um tanto mais cautelosos[5].

Educação e poder se assenta em grande medida sobre um entendimento estrutural, crítico (e autocrítico) da educação. Embora não haja nela reducionismos econômicos, a obra exige de nós o reconhecimento de que vivemos sob relações capitalistas. Milton Friedman e toda a ala de privatizadores e mercantilistas, detentores de tanta influência sobre os meios de comunicação e os corredores do poder – conselhos corporativos, fundações e em praticamente todos os níveis do governo –, passam boa parte do tempo louvando essas relações. Se eles podem discuti-las, por que nós não o faríamos? Essas relações *não* determinam tudo. Elas são constituídas de e reconstituídas por relações de raça, classe e gênero,

---

5. Cf. a iluminadora discussão desse problema em Said (1993).

ainda que pareçam ignorá-las. Há um mundo de diferença entre levar a sério o Estado e as dinâmicas e lógicas econômicas e reduzir tudo isso a um pálido reflexo dessas relações.

Como digo em *Cultural politics and education*, estou evidentemente a par de que essa abordagem estruturalista traz consigo muitos riscos, não importa quão flexível seja. Faz parte de sua história tentar criar uma "grande narrativa", uma teoria que explica tudo a partir de uma única causa. Adotá-la também pode implicar o esquecimento de que não só existem múltiplas e contraditórias relações de poder tanto no nível "macro" quanto no "micro" em praticamente todas as situações, como também de que o próprio pesquisador participa dessas relações (cf. Roman; Apple, 1990, p. 38-73; Gitlin, A., 1995). Por fim, abordagens estruturalistas podem negligenciar as formas de construção de nossos discursos e o que eles próprios ajudam a construir, as nossas ações e as próprias relações de poder sob escrutínio. Trata-se de questões que devem ser levadas a sério. As críticas pós-modernas e pós-estruturalistas de análises estruturalistas da educação têm sido proveitosas nesse aspecto, especialmente aquelas advindas de diversas comunidades pós-coloniais e feministas (McCarthy; Crichlow, 1993). É preciso dizer, entretanto, que algumas dessas críticas fizeram caricaturas atrozmente imprecisas das tradições neomarxistas.

Apesar da grande produtividade do que os estudos culturais, os estudos de educação e a sociologia vêm chamando de "virada linguística", é importante lembrar que os mundos interno e externo da educação não são apenas texto. Há realidades ásperas lá fora, realidades cujo poder está muitas vezes assentado em relações estruturais que não são simplesmente construções sociais criadas pelos sentidos atribuídos pelo observador. Parte de nossa tarefa, parece-me, é evitar que se perca de vista essas realidades ásperas da economia e do Estado (e, como você ainda verá neste livro, das práticas culturais) e ao mesmo tempo reconhecer os riscos das análises redutoras e essencializantes.

Meu ponto não é negar a existência de muitos elementos da "pós-modernidade", tampouco negar as contribuições da teoria pós-moderna. Trata-se mais de evitar o exagero, de evitar a substituição de uma grande narrativa por outra. (Uma grande narrativa baseada em classe na verdade jamais existiu nos Estados Unidos, já que classe, Estado e economia política vieram à tona apenas recentemente na literatura crítica educacional e só raramente foram concebidos à maneira europeia, onde a maioria das críticas pós-modernas e pós-estruturalistas dessas ferramentas explicativas foi desenvolvida. Devemos lembrar que a história política e intelectual dos Estados Unidos foi muito diferente daquelas castigadas por parte da crítica pós-moderna.) Análises redutoras são fáceis e não há garantia de que as posições pós-modernas tais como empregadas por alguns na educação sejam mais imunes a esse risco do que quaisquer outras.

Para formular de modo polêmico, e na esteira de Green e Whitty, poderíamos dizer que um dos principais problemas que deveria receber atenção das análises críticas em educação não seria apenas o do "significado e suas fundações [supostamente] inexistentes, conforme a inversão pós-estruturalista, mas [o] da ação e seus efeitos, em particular a estruturação de ocasiões para agir, incluindo significar e produzir significados, como ações" (Green; Whitty, 1994, p. 21).

Neste ponto vejo-me concordando com as intuições que embasam a observação de Green e Whitty: as "condições estruturais não podem ser simplesmente 'dispensadas' pelo pensamento [*thought away*], devemos pensar 'através' [*thought through*] delas para que possam ser 'atuadas', e nosso 'pensamento' jamais estará totalmente à altura de tal tarefa" (Green; Whitty, 1994, p. 26). Essa é uma das razões de ter escrito *Educação e poder* – "pensar através" das complicadas condições culturais e estruturais que cercam as escolas, desvelar as fissuras nessas condições e assim fazendo encontrar espaços para a ação crítica.

Um dos motivos para tal empresa é autobiográfico, dado que nenhum autor consegue escapar de sua situação histórica e social. Como alguém que cresceu numa casa da classe trabalhadora em uma cidade extremamente pobre, que foi um ativista nas lutas por direitos civis, que fez cursos noturnos para se tornar um professor em escolas de periferia e que acabou sendo presidente do sindicato dos professores, eu sinto um tipo específico de raiva. Irrita-me constatar a visível e gradativa piora das condições de tantas pessoas nessa sociedade a cada ano (mês, dia, minuto?) que passa. Indigno-me quando vejo meus amigos ensinando em corredores, *closets* ou até em banheiros. Que sociedade é essa que faz isso com suas crianças? Fico com raiva quando grupos poderosos colocam toda a culpa nas escolas, nas mãos de educadores e ativistas comunitários incrivelmente batalhadores, ou na herança genética de pais e filhos, como agora (Herrnstein; Murray, 1994) – colocam a culpa em *todos*, menos em si próprios –, pelos resultados esmagadores de sua ganância e suas políticas equivocadas.

Ainda assim as pessoas comuns não estão "esmagadas". Elas são agentes, individual e coletivamente, histórica e atualmente. Isso é parte da mensagem subjacente a este livro. Nossa própria linguagem e perspectivas podem nos fazer não perceber isso, especialmente a linguagem da eficiência, da análise custo-benefício e do capital humano adotada pela direita, e nas comunidades acadêmicas mais "progressistas", a linguagem que concebe as pessoas como marionetes de forças estruturais ou como totalmente formadas a partir de "discursos" e, portanto, despidas de qualquer agência real.

Evidentemente, a primeira linguagem – a da burocracia, da colonização da vida de todos nós pelas metáforas do mercado, do lucro, do balanço contábil etc. – tem maior circulação. Ela leva ao que só pode ser chamado de perda de memória, uma suposição de que tais abordagens foram e são instrumentos neutros e técnicos que, se deixados por si mesmos, acabarão por resolver todos os nossos problemas em escolas e na sociedade mais ampla (sob os termos dos grupos dominantes, é claro).

Tomemos o caso do atual fascínio com os sistemas de gerenciamento e corte de gastos que irão nos tornar "mais eficientes e produtivos". Essas técnicas não são neutras. Eficiência, gestão burocrática, modelos econômicos aplicados a tudo – tudo isso são construtos éticos. Adotá-los envolve *escolhas* morais e políticas. Sua institucionalização precisa ser entendida como território de relações de poder culturais. "Quando a origem dos arranjos sociais nas escolhas políticas, culturais e morais desaparecer ou vier a aparecer como um assunto técnico neutro [...], estaremos diante de uma situação de hegemonia política e cultural" (Curtis, 1992, p. 175). Para que essas formas de entendimento e organização se tornem dominantes, aqueles que dominam precisam trabalhar pesado (*trata-se* de trabalho pesado, é *preciso que seja* trabalho pesado, como este livro mostra) para eliminar ou pôr à margem qualquer alternativa relevante (Curtis, 1992, p. 175). É o que está acontecendo neste exato momento, uma das razões pelas quais procurei desvelar as origens e o funcionamento atual de nossas formas dominantes de fazer a educação.

Bruce Curtis nos lembra que

> uma burocracia só pode funcionar se aqueles a ela sujeitos adotarem atitudes, hábitos, crenças e orientações específicas; atitudes diante da autoridade, hábito da pontualidade, regularidade, consistência, crenças sobre a natureza abstrata e a legitimidade da autoridade e da expertise: orientações sobre regras e procedimentos. Tais atitudes, hábitos, crenças e orientações não surgem de uma necessidade técnica; são produto de complexos e reiterados conflitos (Curtis, 1992, p. 8).

Esses pontos são cruciais para as análises de *Educação e poder*. Seu foco recai sobre um conjunto de realidades que tanto geram quanto são geradas por esses conflitos.

Relações de dominação, e inevitavelmente de luta contra estas, não são, portanto, abstrações teóricas, flutuando lá fora em uma esfera desconectada da vida ordinária. Elas são baseadas em e forjadas a partir de toda uma rede de relações e práticas sociais e culturais cotidianas (Curtis, 1992, p. 121). A dominação depende tanto da liderança quanto da legitimação. *Não* se trata simplesmente de uma imposição, e esse fato tem papel central em minha análise desse ponto. Para Curtis, a dominação também depende em parte de "um componente de obrigação moral entre dominantes e dominados, por meio do qual ambos dão sentido e se põem de acordo com as relações de dominação". Tal obrigação "não implica simplesmente a aceitação, mas oferece uma série de justificações para as relações políticas e define os limites da dominação legítima". Por causa disso, para que a liderança cultural, econômica e política seja bem-sucedida, aqueles que falam pelos grupos mais poderosos da sociedade devem estar envolvidos em um sério "trabalho intelectual". Esse trabalho intelectual tenta tanto ancorar as concepções dominantes em uma leitura específica da história quanto apontar para um "futuro melhor", realizável desde que sigamos o caminho forjado a partir dessas concepções (Curtis, 1992, p. 102).

Tomemos como exemplo os poderosos movimentos atuais pela "reforma" educacional, tais como aqueles que defendem a avaliação nacional e a mercantilização. As formas de entendimento subjacentes a esses esforços baseiam-se no discurso econômico enquanto *o* (único?) modo de agir no mundo. O caminho em direção a um futuro melhor, dizem-nos constantemente, envolve a tessitura de conexões mais íntimas entre todas as nossas instituições culturais e sociais e uma economia em crise para que "nós" possamos ser mais competitivos nacional e internacionalmente. Uma combinação paradoxal e contraditória de políticas – tais como a educação para o emprego (evocada no início deste prefácio), o rígido controle sobre o conhecimento legítimo ou oficial e a "escolha" – é o que precisamos para "adentrar o século XXI". Mas quem é esse "nós" que receberá ajuda dessa combinação de políticas neoconservadoras e neoliberais? Trata-se de uma das perguntas mais importantes a serem feitas, pois, como mostro alhures, tais políticas são imensamente destrutivas tanto no nível nacional como no internacional. O projeto de transformar nosso senso comum de modo a identificar a liberdade com o mercado, o fracasso com uma falha individual de caráter, de modo a democracia ser simplesmente a garantidora da escolha (de um indivíduo desconectado) entre bens de consumo, tem sido no mínimo bem-sucedido (Apple, 1996).

Tudo isso ocorre evidentemente dentro de um contexto econômico. Ao afirmá-lo, quero, entretanto, ser cauteloso para não cometer qualquer exagero. Essas condições não são causadas por esse contexto de um modo linear, unidimensional – argumento este presente por todo o livro. Mas ignorar esse contexto como um conjunto poderoso de forças que movem a sociedade para determinadas direções seria viver num mundo divorciado da realidade.

Vivemos em uma sociedade na qual se espera de nós, nas palavras do primeiro-ministro britânico John Major, que "julguemos um pouco mais e entendamos um pouco menos" (Ball, 1994, p. 13). Soltar as amarras do "livre mercado" seria supostamente a solução. Se os pobres continuarem pobres depois de essa sociedade ser transformada radicalmente em torno do "privado", então saberemos que ficaram pobres ao modo antigo: mereceram a pobreza. Se não fosse um conjunto de políticas particularmente desastrosas, até seria divertido.

Comentando a extensão dos princípios do mercado à educação, Stephen Ball observa que

> o mercado oferece uma poderosa resposta a todo um conjunto de problemas ideológicos, gerenciais e técnicos. Ele *parece* dar poder a *todos* os pais enquanto sistematicamente oferece vantagens a uns e obstáculos a outros e reproduz efetivamente os clássicos divisores sociais e técnicos do trabalho. Ele desempenha seu papel na reformulação da cidadania – e enquanto isso o modo de consumo se generaliza. [...] E ele serve para generalizar a forma-mercadoria, bloco elementar na construção da cultura e subjetividade capitalistas (Ball, 1994, p. 10).

No processo de mercantilização, a concepção de sociedade enquanto uma coleção de indivíduos possessivos é revitalizada, e marginalizados todos os sentidos de bem comum. Os efeitos ideológicos disso têm sido destrutivos. Nossa ideia mesma de democracia tem sido alterada a ponto de não ser mais considerada uma noção política, mas sim *econômica*. A democracia é reduzida a estímulo às condições da "escolha livre do consumidor" em um mercado enfim liberto (cf. Apple, 1996, especialm. cap. 2). O mundo se torna um enorme supermercado. A metáfora do mercado é adequada, pois, tal como no supermercado do mundo real, algumas pessoas detêm os recursos para comprar qualquer coisa que desejem, enquanto muitas, muitas pessoas ficam de fora, olhando pelas vitrines e consumindo apenas com seus olhos. À medida que nos movemos cada vez mais rumo a uma economia de dupla ponta, na qual a distância entre ricos e pobres cresce continuamente, na qual a piora das condições de nossas periferias e áreas rurais deveria causar vergonha nacional[6], nós, em vez disso, reintroduzimos a crença de que o indivíduo possessivo – o "consumidor" – é a solução. O bem comum vai de algum modo dar seu jeito.

Deve estar claro que há, além de um projeto econômico, um projeto cultural em curso. Um dos objetivos da coalizão direitista é separar a identidade nacional da etnicidade e origem, é dividir história e política, é apartar a consciência social da experiência social. Usando a linguagem do pluralismo e invocando toda uma gama de "escolhas do consumidor" em um mercado, ela paradoxalmente visa ao que pode ser chamado de

---

6. Sumariei o quadro sombrio dos benefícios diferenciais de nossa economia em Apple (1996, cap. 4).

"despluralização", uma vez que articula uma concepção de sociedade de consumidores homogênea, sem classes, em uma cultura transcendente e comum (Ball, 1994, p. 6-7).

Essa questão do projeto cultural da direita é importante. Não pretendo colocar a ênfase sobre a economia às expensas das dinâmicas e processos culturais e políticos, especialmente quando se discute educação – um campo que está profundamente implicado nas relações políticas e culturais de poder. Com efeito, *Educação e poder* foi escrito em parte para se contrapor expressamente a tendências redutoras e economicistas presentes em algumas análises críticas da educação. Em uma época em que as relações capitalistas parecem ser cada vez mais poderosas, é fácil ser reducionista. Por isso, é ainda mais importante ter em mente que não devemos, por motivos políticos e conceituais, comprimir tudo no mero reflexo de relações econômicas.

A educação tem sim uma boa dose de "autonomia relativa". Um dos perigos que enfrentamos tem sido a tendência a ignorar o espaço de manobra da educação no interior "dos complexos institucionais do Estado, [da economia] e das formas culturais" (Green; Whitty, 1994, p. 22). Isso é particularmente válido para aquelas teorias demasiado estruturalistas que ignoram o papel do local, do contingente e das propensões individuais ao tentar explicar o que faz a educação.

A influência dessas circunstâncias contingentes pode ser vista, por exemplo, nos tipos de pessoa que tenderam a ser recrutadas na administração escolar quando a centralização e a burocratização surgiram pela primeira vez como um projeto no século XIX. Permita-me dar como exemplo a vida de um dos primeiros administradores de escola, profundamente envolvido na racionalização da educação e na tarefa de "colocá-la sob controle".

Algumas dessas pessoas profundamente comprometidas com a tarefa de "aperfeiçoar" as escolas por meio do rígido controle e da prestação de contas (o Estado como o panóptico, como diz Foucault) empregavam o critério da eficiência até mesmo para avaliar suas próprias vidas. Nesse sentido, Dexter D'Everado, um poderoso apoiador da autoridade escolar centralizada, apontado para o cargo de inspetor de educação na região do Niagara, Canadá, em 1846, era o modelo de eficiência. Quando se sentava para fazer suas refeições, ele "colocava um relógio à sua frente a fim de monitorar o tempo gasto na mastigação de cada garfada" (Curtis, 1992, p. 3). (Se essa prática sofisticou seu paladar, não sabemos.)

Sim, D'Everado fazia suas refeições em uma época particular e em um contexto econômico específico. Mas sua necessidade de aplicar as normas da eficiência até sobre os elementos mais mundanos de sua vida cotidiana – para não dizer das escolas – não pode ser compreendida em sua inteireza (se tal feito é possível) reduzindo completamente D'Everado ao reflexo das realidades estruturais de seu contexto. Aqui há uma tensão – se me permite o uso de alguns termos datados da teoria social – entre estrutura e agência. Trata-se da necessidade de buscar compreender tanto o contexto social mais amplo *quanto* as circunstâncias contingentes e locais da vida cotidiana dentro e fora das escolas. Procurei neste livro equilibrar esses aspectos. Como tantos outros escritores, fui melhorando nessa atividade com o passar dos anos; mas a tensão – e minha tentativa de lidar com ela – está bem visível nesta obra.

Educação e poder faz parte de uma série de cinco livros escritos na seguinte ordem: *Ideologia e currículo*; *Educação e poder*; *Teachers and texts*; *Official knowledge* e *Cultural politics and education* (Apple, 1979c, 1985, 1986, 1993, 1996). Cada um se apoia sobre o outro. Mas cada um é independente enquanto afirmação do tipo de análise que penso ser crucial para a compreensão dos limites e das possibilidades de uma educação crítica em um mundo desigual. *Educação e poder* representa uma ruptura com abordagens demasiadamente estruturalistas ao papel cultural e social da escolarização nessa sociedade. O livro desafia a imagem da escola como um espelho passivo que simplesmente reflete as necessidades supostamente homogêneas dos grupos dominantes e, ao mesmo tempo, oferece uma avaliação honesta e não romântica do poder de tais grupos. O texto também se recusa positivamente a ver os atores como marionetes cujos fios seriam manipulados por forças além de seu controle, a respeito das quais entenderiam muito pouco. *Contradição* – eis meu conceito operacional ao longo do livro. As coisas são "sim" e "não" ao mesmo tempo. Esse foi um dos temas norteadores de toda a minha obra subsequente. Com efeito, a compreensão da direção de meus esforços em *Educação e poder* situa os volumes subsequentes em um contexto que torna ainda mais claros os motivos de suas respectivas ênfases.

Pode-se encontrar paralelos intrigantes entre o que proponho neste livro e a ênfase pós-estruturalista e pós-moderna na circulação dos discursos como indicativa do nexo poder-saber. Tais paralelos não devem ser uma surpresa, dado que um dos principais elementos de minha abordagem é o foco na circulação e nos efeitos de uma forma particular de conhecimento e discurso – o que eu denomino de conhecimento técnico/administrativo. Este não é senão um caso da interseção entre minha perspectiva neogramsciana e algumas das teorias pós-modernas. Contudo, como mencionei anteriormente, se tenho um misto de respeito e temor em relação a muitos atributos destas últimas, acredito que minha análise aqui permite uma investigação mais situada das muitas raízes e efeitos desse discurso porque o mantém em seu contexto estrutural.

Outros paralelos parecem ser óbvios. Meu foco no papel do conhecimento técnico/administrativo e no Estado em tempos de crise acusa uma significativa semelhança com os trabalhos de Habermas sobre as conexões entre comunicação e poder e sobre a crise de legitimação do Estado. Além disso, o leitor que acompanha os estudos culturais reconhecerá as similaridades entre essa área e o que proponho aqui. Finalmente, o leitor mais familiarizado com a história do trabalho e a história da profissionalização verá correlações entre a minha análise do ensino como um complexo processo de trabalho e o que está acontecendo com o trabalho remunerado e a profissionalização em geral.

Há um movimento no ensino de uma "autonomia licenciada" para uma "autonomia regulada", nos termos de Roger Dale (1989). Na primeira, a pessoa é credenciada e desfruta de certo grau de liberdade em relação ao controle estatal ou burocrático. Na segunda, controle e intervenção estão presentes e visíveis em todas as práticas cotidianas dos indivíduos, mesmo que tenham as credenciais adequadas. A primeira se baseia na confiança na autorregulação; a segunda se assenta na desconfiança e em um discurso de monitoramento e policiamento. Eu poderia ter falado numa linguagem foucaultiana (embora Foucault tivesse menos visibilidade na época em que este livro foi escrito); mas, refletindo, hoje, isso significaria negligenciar muitos aspectos do trabalho dos professores.

Todo autor coloca o ponto-final na última frase de seus livros com um misto de alívio e tremor. Todos os livros deveriam vir estampados com a advertência "até nova ordem" ou "provisório" em suas capas. Sempre há mais a ser dito. Sempre há silêncios que só se tornam aparentes mais tarde ou então são inseridos nas notas de fim de página. Em muitos aspectos, os livros escrevem os autores tanto quanto os autores escrevem os livros. Esse é certamente o caso deste livro em particular. Muito mais precisa ser dito sobre tantos tópicos – sobre o fato de o Estado ser profundamente generificado e racializado e também marcado pelas classes; sobre outras dinâmicas de poder envolvendo sexualidade e "habilidade"; sobre as lutas no interior e ao redor da cultura popular; sobre as complexas realidades que cercam a vida dos professores e dos estudantes, e muito mais. Fui formado e re-formado ao longo do processo de escrita deste livro, e formado e re-formado pelos comentários críticos e solidários que ele continua a propiciar.

Como observei em uma entrevista publicada no apêndice de *Official knowledge*, escrever *Educação e poder* foi um ato político, e isso exigiu que eu me envolvesse profundamente com as lutas educacionais e políticas, o que foi se tornando cada vez mais claro para mim à medida que o escrevia. Preciso admitir que desconfio de estudiosos cujo ato político mais relevante foi colocar uma caneta sobre o papel ou o dedo sobre uma tecla. Os atos clarificam as palavras. Participar de toda uma gama de atividades políticas nas escolas e na sociedade mais ampla (em relação às quais o ato de escrever é um entre outros) é um modo maravilhoso de clarear a mente e manter-se honesto quanto a quem seu trabalho se destina. Reconhecer o caráter "provisório" de nosso trabalho e saber que é possível não chegar a uma certeza sobre a política "correta" não precisa (e não deve) nos afastar de tal atividade. Há cinismo pós-moderno mais do que suficiente por aí, e, enquanto isso, o triunfalismo conservador entulha o horizonte com as trágicas consequências de suas tendências arrogantes.

Optei por não modificar o texto da edição de 1985 e seu prefácio não por ser perfeito (certamente não o é) e também não porque as condições que descrevi tenham permanecido estáticas (elas certamente não o são). Os contornos básicos da análise parecem ainda convincentes. Com efeito, dada a piora nas condições sob as quais tantas pessoas por todo o mundo vivem (*existir* seria um termo melhor aqui), dado o poder ainda maior das "soluções" orientadas para o mercado e os modelos industriais não apenas na educação, mas em todas as instituições da nossa sociedade, e dadas as propostas radicais de reestruturação educacional e social emanadas da direita, a análise aqui apresentada continua a fornecer *insights* cruciais sobre as dinâmicas sociais em funcionamento, sobre seus perigos e sobre o que é possível fazer a esse respeito.

Certas tendências de fato pioraram. O controle da conduta dos professores em salas de aula chegou a tal extremo que, em alguns estados, modelos de instrução específicos – por exemplo, a abordagem racionalizante de Madeline Hunter – tornaram-se obrigatórios. Ensinar de qualquer outra forma aumenta as chances de sanções administrativas. Ao mesmo tempo, a influência do capital e a lógica transformativa da mercantilização incide de forma ainda mais agressiva em nossas salas de aula. O Channel One, canal televisivo de notícias que tem em sua grade dois minutos de comerciais capciosos, atualmente é assistido por quase 40% dos estudantes dos ensinos fundamental e médio nos Estados Unidos. Distritos escolares com dificuldades financeiras fazem aqui um "pacto com o diabo". Em troca de equipamentos de vídeo que mal podem bancar, eles vendem seus alunos como audiência cativa para as corporações[7].

De modo similar, a ênfase neoliberal em transformar o mundo em um vasto supermercado de modo a tornar tudo – até nossos estudantes – comprável e vendável com vista ao lucro tem gerado um movimento crescente em direção aos planos de "escolha" e de "vales". Ainda que eu tenha de fato criticado esse movimento em *Educação e poder*, acabou se tornando ainda mais claro nos últimos dez anos que os efeitos supremos de tais "reformas" educacionais consistem em criar uma espécie de *apartheid* educacional que é desastroso para os filhos dos pobres e dos sem direitos (cf. Apple, 1996, cap. 2). Além disso, a pressão para se estabelecer um controle ainda mais centralizado sobre os meios e os fins da educação por meio do currículo nacional e da avaliação nacional – sob o disfarce de prestação de contas e eficiência – é capaz de enfraquecer ainda mais os avanços realizados por mulheres, negros e outros ao tornarem seus

---

7. Cf. a discussão em Apple (1993, cap. 5).

currículos e ensino mais sensíveis a suas culturas, histórias e cotidianos[8]. "O conhecimento oficial" irá retroceder, enquanto a restauração conservadora vai ganhando ainda mais impulso.

Finalmente, *Educação e poder* volta consideravelmente seu olhar para os usos concretos do conhecimento como mercadoria em nossa economia. Tornou-se cada vez mais óbvio que a integração da vida universitária ao projeto industrial tem gerado efeitos profundos. O que conta como conhecimento relevante está sendo cada vez mais definido como aquele, e somente aquele, conhecimento que é "produtivo" técnica e economicamente. Todo o resto é um trabalho razoável se você pode bancá-lo, mas não um trabalho "realmente relevante". Tudo isso precisa ser situado em um contexto ideológico e político emergente de conquista de territórios pela direita tradicional e pela direita radical em muitos níveis do governo norte-americano e alhures.

Constato tudo isso sem qualquer deleite. Embora qualquer autor sinta um mínimo de prazer (talvez perverso) quando as coisas que previu realmente se tornaram tão más ou ainda piores do que esperava, o fato de que tais condições de fato vieram a acontecer aponta para a importância de se prestar atenção às complicadas conexões entre educação, cultura, economia e Estado.

Ainda assim, e apesar de tudo isso, ainda está claro que, mesmo em meio a essas condições, professores e diretores progressistas, ativistas comunitários e outros têm conseguido tecer importantes alianças para desafiar as políticas e práticas educacionais dominantes. Como James Beane e eu recentemente mostramos em *Democratic schools* (Apple; Beane, 1995), não apenas muitas pessoas comprometidas não estão sendo "esmagadas" pelo que está acontecendo, como também dedicaram mais uma vez – e com muito sucesso – suas vidas para construir e defender uma educação socialmente justa e solidária digna do nome. Suas histórias, narradas naquele livro, testemunham eloquentemente que os espaços para o trabalho crítico e criativo não só existem como podem ser construídos e estendidos em escolas e comunidades reais aqui e *agora* (cf. tb. Smith, G., 1994).

---

8. Para um exemplo dessa pedagogia, cf. Ladson-Billings (1994).

O que impressiona nas histórias presentes em *Democratic schools* é a coragem invulgar demonstrada por esses educadores em suas vidas diárias. De um modo tão similar ao das professoras retratadas de forma tão cativante em *I answer with my life*, de Kathleen Casey (1993), os professores, diretores, estudantes e membros da comunidade se recusam a permitir que nossas dificuldades financeiras, a natureza desajeitadamente burocrática de muitos sistemas escolares, as enormes pressões e demandas sociais direcionadas às escolas, ou os intensos ataques vindos da aliança conservadora, obstruam o caminho da construção de uma educação baseada na ética do cuidado, da comunidade, da justiça social e do letramento crítico. E embora não devamos ser românticos quanto a essas possibilidades, elas realmente se erigem como poderosos lembretes do que pode ser conquistado mesmo em tempos de crise.

Eis onde *Educação e poder* começa – na crise.

Michael W. Apple
Universidade de Wisconsin, Madison
1995

Prefácio à edição Ark

Com tanta atenção voltada para o sistema educacional na mídia, nas comissões nacionais, na política e em nossas vidas cotidianas, seria mesmo uma pena se nos enredássemos tanto no alvoroço pela "excelência" (um *slogan* com vários sentidos e filiações sociais e ideológicas) a ponto de deixarmos de levantar certas questões muito críticas a respeito do que fazem as escolas. Qual é a relação entre educação e a sociedade mais ampla? Quem, em última análise, ganha com os modos de organização de nossas escolas, currículos e práticas de ensino nelas inseridos? Essas são questões fáceis de serem formuladas, mas difíceis de responder. *Educação e poder* é mais um passo em minha jornada de procurar levar a sério ao máximo tanto as questões quanto as respostas.

Educação e poder é uma sequência planejada de *Ideologia e currículo* (Apple, 1979c). Ela parte de onde esse último livro termina, buscando explorar as estruturas e relações em educação, economia, governo e cultura que *tanto* nos controlam *quanto* permitem o prosseguimento de atividades mais proveitosas e democráticas. Sob muitos aspectos, *Educação e poder* é um livro muito mais otimista que *Ideologia e currículo*. Não porque eu ache que muitas escolas e o trabalho assalariado e não remunerado de tantos homens e mulheres não estejam em más condições. Como demonstra o capítulo 1, por detrás das estatísticas oficiais muitas vezes otimistas vindas de Washington há outra realidade, uma realidade de crescente desigualdade, de níveis assustadores de pobreza e de uma crise emergente.

Precisamos ser lembrados, por exemplo, que um entre sete norte-americanos – assim como uma entre cinco crianças – vive na pobreza. Essas taxas não estão caindo. Elas estão aumentando inexoravelmente dadas as políticas militares, sociais, de educação e de saúde do atual governo.

Estamos de fato passando para o que tem sido chamada de economia de "duplo pico", já que os números crescem em cada extremidade[9]. A atual e suposta "recuperação" da economia é o caso em questão. Ela colocou à margem milhões de pessoas. Ela implica que muitos dos que encontraram empregos enquanto a taxa de desemprego decrescia para "patamares mais aceitáveis" (aceitáveis para quem? certamente não para os milhões de desempregados e subempregados) tiveram que aceitar salários e condições laborais consideravelmente menos assegurados e amparados do que os anteriores. Temos visto igualmente uma tentativa continuada de desmantelar os programas tão necessários para a educação, a saúde e o bem-estar de tantos norte-americanos.

Contudo, mesmo em tais condições, está claro que também há muitas instâncias para se agir de forma progressista e muitos lugares onde a ação tem uma grande possibilidade de ser bem-sucedida. A tensão entre pessimismo e otimismo guia este livro.

Antonio Gramsci colocou a questão de um modo que interpelava diretamente aquelas pessoas (talvez muitos dos que lerão este livro) que, tendo examinado detidamente as estruturas de dominação de uma sociedade, se desesperavam diante da possibilidade de um progresso real em vista de uma sociedade mais humana e justa. Em suas palavras: "pessimismo do intelecto, otimismo da vontade". Bela combinação de palavras. Entretanto, desejo ir mais além. Uma investigação das forças estruturais e experiências vividas nessa sociedade não apontam para uma vitória monolítica das ideologias dos poderosos. (Por ora, podemos chamá-los de capital, patriarcado e racismo.) Um exame mais detalhado revela algo mais tênue, mais contraditório, mais passível de ser transformado em um movimento positivo na educação, no mundo do trabalho, no "Estado" e nas relações de gênero, classe e raça de modo geral. Como irei argumentar adiante, não podemos ser românticos chorosos diante disso; mas há mais coisas acontecendo além dos retrocessos. O primeiro passo, no entanto, é descobrir o que realmente está acontecendo tanto em seus aspectos positivos quanto negativos.

---

9. Para uma maior discussão dessas tendências econômicas, cf. Carnoy, Shearer e Rumberger (1983) e Cohen e Rogers (1983).

O problema de análise apresentado nesta obra depende, de formas variadas, de uma operação de "reposicionamento". Ela propõe uma forma de "ler" a vida e as instituições sociais de um modo diferente do que aquele disseminado pelos grupos dominantes dessa sociedade (Ellsworth, 1984, p. 69). Em vez de ver a sociedade como relativamente pluralista, mas ainda atuando para o bem comum, o leitor interroga nossas instituições políticas, econômicas e culturais enquanto relações corporificadas de dominância e sujeição. Essas relações distribuem-se ao longo de cortes de classe, raça e gênero. Mas elas não estão preordenadas. A dominação deve envolver esforços para que as chocantes desigualdades agora formadas e re-formadas pareçam de algum modo legítimas.

Esse ato de ler nossa formação social de forma diferente é um ato criativo. Requer que suspendamos o que consideramos natural a respeito do funcionamento de nossas escolas, meios de comunicação, governo e instituições econômicas. Ao mesmo tempo, requer que reconheçamos como e sob qual forma o poder desigual se manifesta. Quem se beneficia das relações correntes entre e nessas instituições? De que modo? Para que possamos compreender isso, precisamos assumir a posição daqueles que são cultural, política ou economicamente despossuídos ou oprimidos, ou daqueles que, durante a atual restauração conservadora, estão perdendo o que passaram tantos anos tentando conquistar. Mulheres, negros, trabalhadores (esses grupos evidentemente não se excluem), tais são as perspectivas que usamos para nos reposicionar para que possamos enxergar como a sociedade realmente funciona.

Elizabeth Ellsworth resume parte desse argumento em sua discussão sobre as estratégias feministas de leitura. Embora ela esteja falando especificamente de leituras feministas de "textos" fílmicos, seus pontos são igualmente relevantes para outras áreas. Como ela diz, tal estratégia oferece aos "leitores os meios pelos quais podem ativa e forçosamente se *reposicionar* em relação ao texto, e *recusar* o ponto de vista dos [grupos dominantes] [...] e ler o texto de outra forma que não a posição política do oprimido" (Ellsworth, 1984, p. 67). Contudo, como sempre há uma pessoa fazendo a leitura de um texto ou de um conjunto de estruturas sociais, optei por um modo de escrita mais pessoal, sobretudo no capítulo 1, a fim de que o leitor deste "texto" possa ver de forma mais clara como e por que faço a leitura ensaiada aqui.

Esse ato de ler pode ser criativo, mas uma coisa ele não é. Não é fácil. Os modos de construir, e de contestar, as relações de gênero, de raça e de classe nem sempre são imediatamente observáveis, em parte porque muitos aspectos de nossas instituições dominantes não geram apenas um efeito. Pelo contrário, eles podem ser fundamentalmente contraditórios. Trata-se de um ponto crítico ao longo do livro, pois devemos estar sensíveis à captura de escolas e outras instituições por diversas forças e necessidades em competição. O mesmo pode ser e será dito a respeito dos professores e estudantes que frequentam as salas de aula dessas escolas. Por causa disso, minha própria leitura do funcionamento da educação não irá tentar apenas nos reposicionar para iluminar as conexões entre as escolas e a formação social mais ampla; sublinho igualmente que o que estamos vendo não é apenas uma imposição de grupos dominantes de classe, raça e gênero, mas o resultado contraditório de conflitos culturais, políticos e econômicos muito reais dentro e fora de nosso sistema educacional.

Uma das vantagens das novas edições de livros já escritos é a possibilidade de repensar, ampliar ou enfatizar certos argumentos. Apontarei algumas questões que talvez necessitem de um comentário ulterior.

Mesmo no breve período que nos separa da publicação deste livro, é possível observar certas tendências se exacerbando. O aumento da influência das grandes empresas (e da defesa) nas escolas em todos os níveis é uma das tendências mais importantes para meus argumentos aqui. Estamos testemunhando uma notável ofensiva empresarial, na qual nosso sistema educacional vai lentamente sendo atraído cada vez mais pela órbita ideológica das corporações e suas necessidades. A política do "o que é bom para os negócios é bom para o país e seu povo" pode não ser uma política educacional muito boa, mas está se tornando um reflexo preciso até demais do que está acontecendo. Trata-se de um retrato cada vez mais preciso não apenas do ensino em geral, mas em particular do currículo e da pesquisa em muitas universidades. Isso dá mais substância à minha tese de que uma das funções de nosso sistema educacional é a produção de conhecimento técnico/administrativo, que é, ao fim e ao cabo, acumulado por grupos dominantes e usado no controle econômico, político e cultural. Há profundas divisões nesse processo e em muitas escolas e universidades, mas não acredito que possamos compreender plenamente a educação, a concessão de bolsas a certos tipos de estudantes e o privilégio de formas específicas de conhecimento sem levar mais a sério o papel do sistema educacional tanto na produção desse conhecimento quanto em suas crescentes conexões com interesses corporativos. Seria muito interessante, por exemplo, examinar a informatização de muitos aspectos da educação à luz disso (cf., p. ex., Noble, 1984, p. 37-64).

Com a reeleição de Reagan e com a ressurgência cada vez mais pronunciada da direita, outros argumentos de *Educação e poder* ganham bem mais saliência. No capítulo 4, por exemplo, examino as propostas de programas de vales e créditos fiscais focalizando os motivos de sua proposta em uma época de crise ideológica e o que podem ser de fato seus efeitos ulteriores. A agenda social da direita tem como uma de suas plataformas a privatização do maior número possível de instituições públicas, acreditando que a (realmente fictícia) "mão invisível" do mercado irá regular tudo o que for necessário e prover o bem comum. Isso não é apenas conceitual e politicamente ingênuo (cf. Levine, 1984), é também uma ética social perigosa. O ganho privado (oculto sob a retórica da "democracia" e da "escolha individual") substitui o bem público. Precisamos ter muito cuidado para não sermos enganados por isso. Democracia é mais do que a escolha de práticas de consumo. Reduzi-la à sua ossatura econômica como algo totalmente subsumido por nossas escolhas de produtos significa praticamente divorciá-la de seu lugar nos debates públicos sobre nossa ordem social, no momento tão necessários. Os perigos da privatização são reais e podem se tornar ainda mais problemáticos se esses planos de mercantilizar a educação forem adiante.

O escopo deste livro recai em grande medida sobre o processo de trabalho, tanto em fábricas, lojas e escritórios, por um lado, quanto nas escolas, por outro. Em particular, as seções mais próximas da conclusão do livro dedicam um tempo considerável à discussão sobre como o ensino enquanto processo de trabalho está sendo transformado. Trata-se de um dos temas ao qual gostaria de estender minha análise.

Tornou-se mais claro para mim que a discussão do processo de trabalho do ensino precisa ser ampliada em muitos aspectos. É verdade que os empregos dos professores estão passando por mudanças substanciais. Um complexo processo de desqualificação e requalificação está em andamento, no qual grande parte dos professores está perdendo o controle de partes significativas do currículo e da pedagogia à medida que as ideologias e práticas de gestão penetram em muitas, muitas salas de aula. No entanto, apesar de os professores estarem de modo geral enfrentando o que chamo neste livro de procedimentos de "controle técnico", nem todos os professores enfrentam essas pressões ideológicas de modo igual. Na escola primária, em particular, os professores estão mais propensos a experimentar o que os sociólogos críticos chamaram de degradação do trabalho. Não creio que seja possível entender plenamente por que os professores do ensino fundamental estão sujeitos a um maior controle e a uma maior intervenção do Estado no currículo a menos que recuemos e levantemos um tipo particular de questão. O ensino está sendo feito por quem? Em geral, o ensino fundamental tem sido historicamente concebido como um "trabalho feminino".

No estudo que partiu do ponto em que *Educação e poder* termina, dediquei bastante atenção à relação entre o ensino e o trabalho de mulheres (Apple, 1983, p. 611-628; Apple, 1985). Acredito que seja fundamental reconhecermos que a educação é construída sobre uma base que não abrange apenas dinâmicas, digamos, de classe, mas também dinâmicas de gênero e raça[10]. E quando se fala especificamente sobre ensino, é realmente difícil ignorar o fato de que são as mulheres que ocupam a maioria das salas de aula do ensino fundamental em tantos países. Historicamente, os empregos remunerados das mulheres têm sido alvo de uma enorme pressão visando ao controle externo.

Com efeito, gostaria de argumentar que uma boa parcela das tentativas atuais por parte das legislaturas estaduais, dos departamentos estaduais de educação e dos "gestores educacionais" de racionalizar e padronizar o processo e os produtos do ensino, de impor conteúdos e objetivos curriculares muito específicos, de definir todo o ensino como uma coleção de "competências" mensuráveis, e assim por diante, remete a uma longa história de tentativas de controlar o trabalho de professoras e trabalhadoras em geral. Trata-se claramente de uma questão complicada, e faço

---

10. Argumento de forma consideravelmente mais detalhada em Apple e Weis (1983, especialm. cap. 1).

aqui apenas uma menção, uma vez que recebe um tratamento de forma muito mais detalhada em meu novo livro, *Teachers and texts* (Apple, 1986).

A tarefa a que me propus em *Educação e poder* não foi apenas a de nos reposicionar para que pudéssemos chegar a uma melhor compreensão dos papéis contraditórios desempenhados pela educação, embora essa compreensão crítica seja ainda mais importante nos dias de hoje. Foi também descobrir se existiam ocasiões para a ação individual efetiva, especialmente para a ação coletiva, em diversas arenas. Diante da localização estrutural das escolas, do tipo de conhecimento que parecem considerar mais legítimo, da cultura vivida pelos estudantes, homens e mulheres em seu trabalho remunerado e não remunerado, e das condições em que os professores cada vez mais têm de trabalhar, seriam apenas devaneios as estratégias para implementar com sucesso políticas mais democráticas nas escolas e outras instituições? Muitas pessoas, inclusive muitas de esquerda, têm ignorado a importância da educação como condição preliminar para outras atividades políticas, e têm ignorado igualmente o que as lutas em torno do conteúdo, da forma e dos objetivos da educação fizeram e podem fazer (Hogan, 1982, p. 32-78). Para elas, as escolas são simplesmente ferramentas de dominação. Não precisamos aceitar essa opinião. Há coisas que podem e devem ser feitas na educação. Apontei várias áreas onde tal ação progressista pode e deve ocorrer.

Claro, mais coisas a respeito dessa ação política, econômica e cultural e do que deve ocorrer nas escolas poderiam ter sido ditas. Porém, há alguns riscos em fazê-lo, uma vez que os objetivos e as estratégias nas escolas e em outros espaços devem também ser construídos a partir da base. Portanto, embora minhas próprias respostas possam ser parciais neste livro, elas têm como objetivo tanto apontar as áreas que parecem mais relevantes quanto fazer parte do diálogo crítico e contínuo entre todos nós sobre os meios e fins de nossas instituições sociais e culturais e sobre as possíveis formas mais democráticas de sua reconstrução. Se *Educação e poder* tiver um pequeno papel nesse diálogo crítico mais amplo, terá mais que cumprido seu propósito.

Michael W. Apple
Universidade de Wisconsin, Madison
1984

Agradecimentos

Não importa seus graus de "originalidade", todos os livros são coletivos. Esse certamente é o caso de *Educação e poder*, mas de duas formas distintas. A primeira não é mencionada com frequência nos agradecimentos. Todavia, neste caso, creio que teremos de expressá-la. Este livro não poderia ter sido escrito sem as lutas diárias de homens e mulheres trabalhadores de esquerda que procuraram construir e suster um movimento que é emancipatório e democrático tanto nas intenções quanto na prática. Também não poderia ter sido escrito sem os esforços criativos daqueles autores que participaram e teorizaram esse movimento ao longo das últimas décadas. Aqueles que procuraram reestabelecer e manter uma tradição crítica não reducionista e não mecanicista de estudos de esquerda exerceram uma forte influência sobre mim. Mesmo que sua influência tenha se dado por meio de um debate interno entre o que eles escreveram e minhas próprias reações, dúvidas, concordâncias e discordâncias, e mesmo que eles já não possam conhecer a atual relevância de suas ideias, eu os agradeço ainda assim. Estamos todos em dívida com eles.

Dívidas não são sempre assim tão anônimas, é claro. Tenho a sorte de ter amigos e colegas em Wisconsin e ao redor do mundo que não deixam a amizade se antepor à crítica necessária. Muitos deles merecem menção: Ron Aminzade, Jean Anyon, Madeleine Arnot, Stanley Aronowitz, Ann Becker, Basil Bernstein, Jean Brenkman, John Brenkman, Roger Dale, Henry Giroux, Andrew Gitlin, Herbert Kliebard, Henry Levin, Alan Lockwood, Vandra Masemann, Linda McNeil, Fred Newmann, Gary Price, Fran Schrag, Richard Smith, Joel Taxel, Andrew Urevbu, Gary Wehlage, Lois Weis, Paul Willis, Erik Olin Wright e Michael F.D. Young. Outros quatro precisam receber uma menção especial, dadas as suas contínuas contribuições ao meu pensar e repensar: Michael Olneck, Steven Selden, Philip Wexler e Geoff Whitty.

Em meus livros anteriores, dei bastante crédito aos estudantes de pós-graduação que trabalharam comigo e que se reuniram nos agora famosos (ou infames) seminários da sexta. E agora com muito mais razão. Os capítulos deste estudo são o resultado de intensos debates e discussões com meus alunos. Também eles me ensinaram bastante, assim como o fizeram os professores progressistas dos níveis fundamental e médio com os quais interagi durante a última década e os trabalhadores aos quais uni esforços para criar materiais de educação política em fábricas e escritórios.

David Godwin, da Editora Routledge & Kegan Paul, continua demonstrando como excelência editorial e apoio podem vir juntos. Bonnie Garski e Barbara Seffrood são mais do que secretárias e datilógrafas, embora sejam muito boas nisso. Seus comentários e sugestões sempre foram na mosca. Agradeço demais sua amizade, competência e compreensão.

A estranha habilidade de Rima D. Apple de me fazer tornar mais claro o que eu quero dizer, suas sugestões relativas ao conteúdo e à edição, seu apoio consistente, para não dizer o quanto ela continua a me ensinar sobre as histórias das mulheres, da ciência e da medicina, tudo isso acumula uma dívida que nenhum marido pode quitar completamente.

Finalmente, gostaria de dedicar este livro a Mimi Russak Apple. Mesmo que não viva para vê-lo pronto, ela teria compreendido seu foco nas lutas contra a exploração. O modo pelo qual ela e meu pai, Harry Apple, levaram suas vidas me fez entender desde cedo a importância dessa luta.

Partes deste livro apareceram em uma forma diferente em *Curriculum Inquiry*, no *Journal of Economic and Industrial Democracy* e em *Public school monopoly*, organizado por Robert Everhart.

1
Reprodução, contestação e currículo

A sombra da crise

Ao começar a escrever este livro, as palavras do renomado sociólogo Manuel Castells insistem em afligir-me: a "sombra da crise se espalha pelo mundo". As imagens que suscitam alimentam parte da força motriz que subjaz a este texto. Por trás dos altos e baixos do "ciclo de negócios" e das turbulências na educação de que tanto ouvimos falar na imprensa, nossas vidas diárias e as vidas de milhões de pessoas ao redor do mundo encontram-se enredadas em uma crise econômica cujos efeitos nas esferas cultural, política e econômica serão provavelmente duradouros.

Esse cenário afeta nossas ideias sobre escola, trabalho e lazer, papéis de gênero, repressão "legítima", direitos políticos e participação, entre outros. As bases econômicas e culturais da vida cotidiana de muitos de nós são abaladas. Eis mais algumas imagens que a escrita de Castells foi traçando:

> Fábricas fechadas, escritórios vazios, milhões de desempregados, dias de fome, cidades decadentes, hospitais lotados, administrações enfermas, explosões de violência, ideologias de austeridade, discursos vazios, revoltas populares, novas estratégias políticas, esperanças, medos, promessas, ameaças, manipulação, mobilização, repressão, mercados de ações temerosos, sindicatos trabalhistas militantes, contadores perturbados, polícia nervosa, economistas atordoados, políticos sutis, pessoas sofrendo – tantas imagens que, nos disseram, haviam

>desaparecido para sempre, levadas pelo vento do capitalismo pós-industrial. E agora elas estão de volta, trazidas pelo vento da crise capitalista (Castells, 1980, p. 3).

Os meios de comunicação de massa não apontam para qualquer alternativa a essas imagens. No mínimo, o fato de se repetirem e de que não temos como não as ver e experimentar indica sua natureza real. A crise não é uma ficção. Ela pode ser vista todos os dias no trabalho, nas escolas, nas famílias, no governo e nas agências de saúde e amparo à nossa volta.

Paralelamente, nossas instituições políticas e educacionais perderam muito de sua legitimidade dada a incapacidade do Estado em responder adequadamente à atual situação ideológica e econômica. O que vem sendo chamado de crise fiscal do Estado aflorou ao mesmo tempo em que o Estado concluiu ser impossível manter os empregos, programas e serviços conquistados pelas pessoas após anos de luta. Simultaneamente, os recursos culturais de nossa sociedade estão cada vez mais comercializados, enquanto a cultura popular é invadida pelo processo de mercantilização. Eles são processados, comprados e vendidos. Também eles se tornam mais um aspecto da acumulação.

A crise, apesar de claramente relacionada com o processo de acumulação capitalista, não é apenas econômica. É política e também cultural/ideológica. Com efeito, é na interseção dessas *três* esferas da vida social, no modo como elas interagem, como cada uma serve de suporte e contradiz as outras, que podemos vê-la em sua forma mais ofuscante. A crise estrutural que estamos atualmente testemunhando – melhor, vivendo – não é realmente "explicada" apenas pela economia (isso seria muito mecanicista), mas pelo todo social, por cada uma de suas esferas. Como diz Castells, esse é o caso, porque

>a economia não é um "mecanismo", mas um processo social continuamente moldado e remoldado pelas relações voláteis entre a humanidade e as forças produtivas e pela luta de classes definidora da humanidade em uma forma historicamente específica (Castells, 1980, p. 12)[11].

---

11. Compare-se aqui também os argumentos de Althusser sobre a autonomia relativa das esferas cultural, política e econômica (Althusser, 1971).

Isso implica o seguinte: a raiz de nossos tempos difíceis não se encontra apenas em uma abstração como a economia. Os termos-chave aqui são luta e moldagem. Eles apontam para questões estruturais. Nossos problemas são sistêmicos, cada um em cima do outro. Cada aspecto do processo social no Estado e na política, na vida cultural, em nossos modos de produzir, distribuir e consumir, afeta as relações no interior de cada um *e* entre eles. À medida que um modo de produção tenta reproduzir as condições de sua própria existência, "ele" cria antagonismos e contradições em outras esferas. Conforme a luta por questões de gênero, raça e classe vai sendo travada em cada uma dessas esferas, todo o processo social, incluindo "a economia", também é afetado. As lutas e o território em que são travadas são remoldados. Portanto, as imagens dessas lutas evocadas por Castells não são estáticas, pois pessoas como nós as vivenciamos em nossas vidas diárias (talvez muitas vezes de forma "inconsciente"). E os grupos formados por essas pessoas constantemente moldam e são moldados por esses processos à medida que os conflitos são travados.

Embora a crise descrita por Castells não seja exclusivamente econômica, a profundidade que ela atinge no nível econômico precisa ser assinalada, mesmo que apenas para indicar sua extensão.

Alguns números são realmente chocantes. Se as taxas oficiais de desemprego de 7% a 8% já são ruins, a taxa de desemprego real nos Estados Unidos pode estar batendo os 14%. Embora os números atuais estejam sendo disponibilizados só agora, a taxa de desemprego nas áreas periféricas atinge a marca de 60% a 70% entre os jovens negros e hispânicos desde pelo menos 1975 (Castells, 1980, p. 179-181). Dada a deterioração da economia norte-americana (e daquelas economias muito atreladas a ela), há pouco motivo para acreditar que isso tenha sido significativamente alterado desde então.

Outros achados relativos à raça e ao gênero mostram a outra parte do quadro. Apesar da longa luta das mulheres para galgarem uma posição mais igualitária, dados recentes lançam luz sobre o grau de dificuldade que ainda persiste. Como mostraram Featherman e Hauser, por exemplo, "embora o desempenho ocupacional e educacional das mulheres tenha acompanhado o dos homens [...], a proporção dos ganhos femininos em relação aos masculinos *diminuiu* de 0,39 para 0,38 entre maridos e esposas". Na verdade, é pequena a fração da diferença na porcentagem dessa defasagem salarial, que pode ser atribuída à boa e velha discriminação de gênero. A discriminação representou 85% da defasagem em 1962 e 84% em 1973, uma mudança muito pouco significativa no geral (Featherman; Hauser, 1976, p. 462; cf. tb. Wright, 1979). Embora evidências recentes sugiram que essa lacuna possa estar aos poucos sofrendo mudanças nos setores profissionais (Michael Olneck, comunicação pessoal; cf. tb. Castells, 1980, p. 192) – o que certamente é uma mudança positiva –, fato é que apenas uma parcela relativamente pequena de mulheres está realmente empregada nesse setor.

E quanto aos outros grupos? As populações negra e hispânica dos Estados Unidos têm taxas muito mais altas de subemprego e desemprego do que outros grupos, taxas que aumentarão significativamente no futuro próximo. Uma grande proporção desses trabalhadores está empregada no que poderíamos chamar de "economia informal". Nessa economia, o trabalho (e a remuneração) muitas vezes é sazonal, está-se sujeito a demissões constantes, os salários e benefícios são menores e há pouca autonomia. Assim como as mulheres, eles parecem sofrer uma dupla opressão. Pois não apenas a formação social é desigual segundo um recorte de classe – um ponto evidenciado, por exemplo, pela diferença significativa entre classes quanto aos rendimentos de acordo com o nível de escolaridade –, mas também se somam a isso poderosas forças de reprodução raciais e de gênero. Cada uma dessas forças afeta a outra (Castells, 1980, p. 187; Wright, 1979, especialm. cap. 6-9).

Houve certamente avanços, conquistados por segmentos específicos desses grupos. No entanto, as estatísticas brutas desses avanços encobrem algo bem significativo. A economia em si mudou menos do que poderíamos supor em relação aos benefícios ou ao poder baseados na raça, no gênero ou na classe. A maior parte dos avanços ocorreu graças aos empregos no setor público.

Um fato registra isso de forma bastante clara. O governo – em nível local, estadual e nacional – emprega mais de 50% de todos os profissionais negros e mulheres nos Estados Unidos (Carnoy; Shearer, 1980, p. 24). Isso só foi possível graças aos protestos e às lutas no interior do próprio Estado (cf. Piven; Cloward, 1977). Esses empregos não foram "concedidos", mas são o resultado da pressão exercida por grupos de pessoas ano após ano. Sem essas contratações estatais, os avanços entre esses grupos seriam muito menores. Como veremos mais adiante, devemos atentar bastante para o papel desempenhado pelo Estado em nossa economia e cultura se quisermos entender como uma sociedade desigual se reproduz e como as crises são enfrentadas. Trata-se de algo especialmente importante em minhas discussões sobre o papel contraditório da escola nessa reprodução.

As condições também parecem estar piorando devido ao que tem sido chamado de dinâmica de desenvolvimento desigual. Ou seja, há uma dicotomização crescente entre os que têm e os que não têm. Podemos ver evidências parciais dessa tendência no fato de os salários dos trabalhadores de indústrias que remuneram mal caírem ao longo de um período de 20 anos, passando de 75% da remuneração média nas indústrias que remuneram bem para 60%. Uma economia dual é criada, caracterizada por um fosso cada vez maior e, segundo diversos economistas políticos, quase impossível de reverter (Castells, 1980, p. 178-185; cf. tb. O'Connor, 1973).

Mas e quanto às condições de trabalho em si? Citarei apenas algumas estatísticas pertinentes, embora muitas outras pudessem preencher as páginas de vários livros. Em saúde e segurança, os Estados Unidos ficam atrás de outras nações industrializadas, com muitas profissões caracterizadas por uma taxa de letalidade e de lesões três a quatro vezes maior do que as encontradas na Inglaterra e na Europa (Carnoy; Shearer, 1980, p. 51). O lucro é mais importante do que as pessoas, parece. No entanto, muitas pessoas nem mesmo percebem isso. Tanto o trabalho fabril quanto o trabalho em lojas e escritórios costumam ser irritantemente entediantes e repetitivos. Os trabalhadores têm pouco controle formal sobre seu trabalho, havendo um aumento dessa centralização do controle em escritórios, lojas, universidades e escolas, fábricas e outros espaços[12]. Pensões estão sendo perdidas, e benefícios, conquistados com dificuldade, fragilizados. Enquanto os empregos no setor de serviços aumentam (sendo em grande parte ocupados por mulheres com salários mais baixos),

---

12. Há uma tendência oposta no sentido de transmitir aos trabalhadores uma sensação de controle, mesmo que para aumentar a produção e diminuir sua resistência (cf., p. ex., Edwards, R., 1979).

outros empregos estão desaparecendo à medida que empresas em fuga transferem suas fábricas para áreas com uma mão de obra menos organizada, mais barata e mais dócil. E mesmo esses empregos adicionais no setor de serviços estão sofrendo cada vez mais com cargas de trabalho adicionais, ausência de quem se responsabilize pela organização do trabalho, aumento da inseguridade e escassez de serviços sociais que sirvam de apoio. Além disso, estima-se que as condições possam piorar, uma vez que hoje a economia está gerando apenas cerca de metade do total de novos empregos necessários no futuro (Castells, 1980, p. 161-185).

Muitas mulheres encontram-se numa situação ainda pior. Como muitas delas trabalham em empregos "rosa" [*pink colar* – literalmente "colarinho rosa"] e no setor competitivo de baixos salários (ou seja, em lojas, restaurantes, pequenos escritórios e indústrias de mão de obra intensiva, como as de confecção e de acessórios), elas muitas vezes estão condenadas a um empobrecimento material relativo (O'Connor, 1973, p. 12-15). O mesmo ocorre com trabalhadores pertencentes a minorias étnicas, uma grande parte dos quais trabalha no setor competitivo. Suas condições de trabalho são muito piores, e também aqui desemprego, subemprego, benefícios de saúde e aposentadoria insuficientes, sindicatos fracos ou inexistentes parecem ser a regra (Rubin, 1976).

Quando isso se acopla ao declínio do poder de compra dos salários da maioria dos trabalhadores, às diferenças de salários segundo a classe e o gênero, à perda de controle no trabalho, à decadência das cidades e dos suportes culturais e laços humanos e aos danos astronômicos na saúde mental e física acarretados por essas condições, tudo isso nos faz pausar ainda mais. Pois as imagens que Castells evoca descrevem as condições que uma parcela cada vez maior da população, dentro e fora dos Estados Unidos, deverá enfrentar. O significado dessas condições, as razões estruturais por trás delas não são evidentes devido ao controle hegemônico dos meios de comunicação e das indústrias de informação (Gitlin, T., 1982). Criticamos alguns industriais e algumas corporações, alguns números do governo, uma abstração vaga chamada tecnologia em vez de vermos a interconexão entre o aparato produtivo e o político da sociedade. Em parte, porém, não podemos nos culpar por não reconhecermos a situação. A versão desconectada é o que nos é apresentado pelo aparato cultural em suas formas dominantes. É preciso uma atenção constante aos detalhes, mesmo por parte dos trabalhadores mais politicamente sensíveis, para começar a juntar todas as peças, para enxergar essas imagens como realidades geradas a partir de contradições e pressões emergentes de nossa formação social e de seu modo de produção. Vivemos uma crise de legitimação e de acumulação – na qual o aparato produtivo e reprodutivo de uma sociedade (o que inclui as escolas) está talhado de tensões, na qual a essência mesma da reprodução contínua das condições necessárias para a manutenção do controle hegemônico é ameaçada –, e, no entanto, em nossas vidas diárias, é tão difícil ver o impacto *padronizado* de tudo isso sobre nossas práticas. Trata-se de algo particularmente difícil na educação, uma área em que certa ideologia do aperfeiçoamento e os imensos problemas já enfrentados pelos educadores tornaram o tempo escasso para se pensar seriamente sobre a relação entre as práticas educacionais e o discurso e a reprodução da desigualdade.

No entanto, como veremos, os homens e as mulheres que trabalham em nossos escritórios, lojas, fábricas e escolas não têm sido totalmente passivos diante de tudo isso, um fato que ficará bem claro em minha futura discussão sobre as formas culturais de resistência. Mas é preciso reconhecer desde o início que as condições objetivas que eles enfrentam não são fáceis e as perspectivas disponíveis para compreendê-las não são tão poderosas.

Com isso, podemos ver o lado em que muitos trabalhadores e empregados se encontram. Mas e quanto ao outro lado, o lado que exerce um controle muito maior sobre nossa cultura, política e economia? O cenário aqui é de uma rápida centralização e concentração de recursos econômicos, culturais e de poder. Alguns exemplos são suficientes para indicar a extensão do controle corporativo. As 100 maiores corporações aumentaram seu controle sobre os ativos industriais de 40% em 1950 para quase 50% em 1969, um número que é ainda maior na atualidade. Das mais de 2 milhões de empresas nos Estados Unidos atualmente, as 200 maiores corporações amealham mais de dois terços dos lucros totais de todo o país. Os lucros corporativos, descontados os impostos, em 1970, foram três vezes maiores do que haviam sido nos dez anos anteriores. No setor de seguros, as dez principais empresas controlam mais de 60% de todos os ativos. Esse mesmo fenômeno é encontrado no setor bancário e nas indústrias da comunicação, também no poder nacional e internacional em crescimento concentrado em conglomerados corporativos financeiros e industriais. Os padrões de investimento dessas companhias industriais e financeiras revelam o que se esperava: a maximização da acumulação de capital e do lucro – com o bem-estar humano, as finalidades públicas, as altas taxas de emprego sendo colocados em segundo plano, quando o são. De tudo isso, fica bastante claro que os interesses do capital controlam em grande medida nossa vida econômica e nosso bem-estar pessoal (Castells, 1980, p. 144-145; Useem, 1980, p. 41-77).

- Esses dados apresentam um retrato pouco atraente das condições estruturais em que muitos de nossos cidadãos se encontram e da desigualdade de poder em nossa sociedade. No entanto, alguém ainda poderia afirmar que se trata de casos aberrantes. No geral, estaríamos nos tornando uma sociedade mais igualitária; bastaria olhar ao redor. Infelizmente, isso está mais para um desejo do que para um fato. Como os autores de *Economic democracy* observam,

> inúmeros estudos acadêmicos e governamentais têm demonstrado que a distribuição de riqueza e renda nos Estados Unidos pouco mudou no que diz respeito a uma maior igualdade desde o início do século e quase nada desde a Segunda Guerra Mundial (Carnoy; Shearer, 1980, p. 17).

Mesmo com essa má distribuição, a centralização e a concentração crescentes, sabemos que a estagnação e a inflação assolam a economia. A acumulação de capital e a sua legitimação estão ameaçadas. O nível de endividamento dessas mesmas corporações aumentou significativamente, em parte por causa do financiamento de inovações tecnológicas suscitado pela crescente competição internacional (Castells, 1980, p. 66). Novos mercados "precisam" ser desenvolvidos; os trabalhadores precisam ser submetidos a um maior controle e disciplina; a produtividade precisa ser aumentada; novas tecnologias precisam ser desenvolvidas em um ritmo cada vez maior; e é preciso formular as técnicas e a *expertise* necessárias para participar de tudo isso. O papel do trabalhador é fundamental aqui, pois foi constatado que a taxa de exploração dos trabalhadores é um excepcional indicador das taxas de lucro de uma indústria (Useem, 1980, p. 53). Ou seja, um dos meios mais importantes pelos quais as empresas lidam com os "problemas" econômicos que enfrentam é passar a focar em sua força de trabalho e aumentar o volume de trabalho explorado dela obtido.

O Estado e a escola não ficarão imunes a essas pressões. É "preciso" recuperar a austeridade social. As políticas governamentais precisam corresponder às exigências do capital. As práticas educacionais precisam se alinhar mais intimamente com o trabalho, e os custos da pesquisa e desenvolvimento, pré-requisitos da indústria, precisam ser socializados, o que se dá quando assumidos pelo Estado e pela universidade. Todavia, essas condições também criam seus próprios problemas na esfera do trabalho e da política. A competição intensa torna necessária a substituição de tecnologias bem antes de seus lucros as compensarem totalmente. Os trabalhadores reagem a boa parte disso. Grupos, educadores e pais progressistas podem questionar as ligações estreitas entre o Estado, as fábricas, os conselhos e as escolas. Trabalhadores negros, hispânicos e muitos outros rejeitam a posição de que devem pagar pelas contradições econômicas que assolam a sociedade. A inflação e a tensão social aumentaram novamente. Em meio a isso, as sementes do conflito e crise constantes vicejam.

O que fizemos aqui foi vislumbrar minimamente as circunstâncias reais experimentadas por muitos de nossos cidadãos. Se Castells e tantos outros estiverem certos, não é possível haver uma melhora significativa num futuro próximo. O que podemos fazer, porém, é encarar a crise estrutural de forma honesta e observar como vem adentrando em uma de nossas principais instituições de reprodução, a escola. Devemos fazê-lo, mesmo que isso signifique criticar algumas das formas básicas de operação de nossas instituições educacionais atuais. Para tanto, precisamos compreender melhor a conexão entre a educação e as esferas ideológicas, políticas e econômicas da sociedade e como a escola participa de cada uma delas.

Ao mesmo tempo, devemos levar em consideração as críticas existentes às escolas e as sugestões para reformá-las e situá-las igualmente no seio da crise nessas três esferas. Entretanto, não devemos nos preocupar apenas com essas conexões e essas críticas. Precisamos também estar atentos para as possibilidades de ação. Assim como essa crise gera contradições e tensões que afloram em todos os níveis de nossa formação social, elas irão aflorar também nas escolas. Encontrá-las será sem dúvida difícil, mas também importante. Pode ser o caso de que essas contradições e tensões acabem abrindo possibilidades de agirmos na educação, da mesma forma que a crise em nossas fábricas e escritórios gera pressões por maior controle e autonomia dos trabalhadores, por exemplo (Edwards, R., 1979)[13].

As questões mencionadas acima representam as tarefas a que me atribuí ao longo do livro. Como as escolas estão vinculadas a agências externas de maneiras complexas e contraditórias? Quais respostas as pessoas dentro e fora da escola dão a essas contradições e pressões? Será que as análises mais recentes sobre as conexões e as respostas – mesmo algumas das investigações marxistas mais interessantes – revelam o suficiente sobre isso? Como os processos de reprodução cultural e econômica e de contestação se conectam com as escolas? As reformas propostas atualmente são adequadas para lidar com essa complexidade? O que educadores progressistas e outros podem fazer em relação a essa situação? Talvez a melhor maneira de abordar isso seja começar registrando, no restante deste capítulo, como as preocupações com as escolas e a reprodução econômica e cultural foram se tornando mais sofisticadas. Irei traçar minha gradual conscientização sobre o que as escolas fazem a esse respeito e suas respostas às contradições estruturais e crises reprodutivas. Ao fazê-lo, estarei esboçando e antecipando alguns argumentos que aparecerão nos capítulos seguintes.

A crítica educacional

No item anterior, descrevi alguns dos elementos da crise estrutural que estamos começando a vislumbrar. Indiquei como isso começou a impactar o processo de trabalho, setores de nossa cultura, a legitimidade

---

13. Não se trata aqui de sugerir que todos os planos para a "contribuição" do trabalhador sejam necessariamente progressistas. Para o interessante argumento segundo o qual a maioria dos planos atuais para o enriquecimento do emprego e o aumento da participação do trabalhador na verdade aumenta a eficiência da produção capitalista e reproduz a capacidade da gestão de dominar o processo de trabalho, cf. Rinehart (1978).

de nossas instituições. Enquanto instituições culturais e econômicas, as escolas irão "refletir" essas mudanças no processo de trabalho, na cultura e na legitimação. Parcialmente em razão disso, elas têm sido e continuarão sendo sujeitas às mesmas críticas atualmente mobilizadas contra outras instituições nas esferas econômicas, culturais e políticas.

Não é de pouca monta o fato de que um importante catalisador da crítica radical de nossas instituições na última década tenha sido a escola. Tornou-se cada vez mais evidente ao longo desse mesmo período que nossas instituições educacionais servem menos como motores da democracia e da igualdade do que muitos de nós gostaríamos. Sob diversos pontos de vista, essa crítica é saudável, pois aumentou nossa sensibilidade para o papel importante que as escolas – e o conhecimento explícito e implícito em seu interior – desempenham na reprodução de uma ordem social estratificada, que continua sendo marcantemente desigual em termos de classe, gênero e raça. Estudiosos tão heteróclitos como Bourdieu, Althusser, Baudelot e Establet, na França; Bernstein, Young, Whitty e Willis, na Inglaterra; Kallos e Lundgren, na Suécia; Gramsci, na Itália; Bowles, Gintis e eu mesmo, nos Estados Unidos têm argumentado reiteradamente que o sistema educacional e cultural é um elemento de extraordinária importância na manutenção das relações de dominação e exploração existentes nessas sociedades.

Embora possa haver sérias discordâncias entre nós sobre como esse fenômeno ocorre, ninguém negaria a importância de se examinar a relação entre a escolarização e a manutenção dessas relações desiguais. E apesar de uns discordarem de certos aspectos da lógica da análise dos outros, simplesmente não podemos olhar para as escolas e para o conhecimento que as perpassa da mesma maneira que fazíamos antes do surgimento desse corpo de estudos.

Ainda que essa crítica tenha sido saudável, ela gerou talvez dois efeitos colaterais, efeitos que são, paradoxalmente, opostos. Por um lado, ela nos fez dar importância excessiva à escola. Podemos ver a escola como *a* questão, em vez de vê-la como parte de um quadro maior de relações sociais estruturalmente exploratórias. A amplitude da questão pode ser vista no estudo recente de Jencks e colegas, *Who gets ahead?* [Quem sai na frente?]. Esse estudo documenta o fato de que não apenas os retornos econômicos da educação são duas vezes maiores para indivíduos que já possuem vantagens econômicas, mas também de que no caso de estudantes negros, por exemplo, mesmo a conclusão do ensino médio não trará provavelmente benefícios significativos. Assim, mesmo se pudéssemos fazer transformações na escola com vistas à equalização dos desempenhos, as evidências sugerem que isso pode não fazer uma diferença significativa no quadro maior de que as escolas são parte (Jencks *et al.*, 1979; cf. tb. Wright, 1979).

O segundo efeito colateral é praticamente o simétrico inverso da possível ênfase excessiva no poder da escola. Trata-se de uma postura bastante pessimista; segundo ela, dado o grau de integração das escolas a esse quadro maior, e dado que as escolas espelham, especialmente em tempos de crise, as "necessidades da sociedade", então podemos ignorá-las em sua especificidade. Nada de valor pode ser obtido de nossa ação sobre elas, pois são instituições fundamentalmente determinadas. Creio que esses dois efeitos colaterais podem ter consequências negativas. Devemos ter cautela com esses efeitos à medida que avançamos nossos argumentos. Nesse sentido, é preciso advertir que não basta compreender e agir nas escolas, porém não podemos simplesmente passar a ignorá-las. Isso seria uma análise incorreta e algo politicamente equivocado. Como irei argumentar, o sistema educacional, devido à sua localização dentro de uma ampla rede de relações sociais, oferece um importante campo sobre o qual uma ação séria pode ser desenvolvida.

Nesta parte do capítulo introdutório, serei obrigado a falar de forma bem geral em certos momentos, deixando de abordar questões e controvérsias importantes nos estudos econômicos e culturais de viés estruturalista sobre escolas. Como resumir o trabalho de uma década, assim como os esforços de outras pessoas, diante da crescente sofisticação desses estudos ao longo dos anos? Como acompanhar o rápido desenvolvimento das ideias críticas sobre o que as escolas fazem sem ao mesmo tempo mostrar como essas ideias sobre o que acontece nas escolas foram influenciadas pela prática política e pelo intenso debate que ocorre hoje nos grupos de esquerda sobre a relação entre cultura e modo de produção? Obviamente, não se pode fazer tudo isso. Por isso, optei por abordar esse problema de três maneiras. Primeiro, irei apresentar os temas e problemas dos estudos educacionais de viés marxista ao comentar o modo como interpretam a questão central – a reprodução. Em seguida, devo apresentar o desenvolvimento de minhas próprias ideias sobre esses temas, lançando luz sobre minhas preocupações ao longo dos anos de elaboração de *Ideologia e currículo*. Ao fazê-lo, procuro mostrar o desenvolvimento de minhas ideias em trabalhos mais recentes, um progresso fortemente influenciado pelo excepcional trabalho realizado atualmente nos estudos marxistas e por meu próprio envolvimento na ação política. O terceiro aspecto, a ação possível, é igualmente importante e será desenvolvido ao longo dos próximos capítulos.

Como não é possível abarcar todos os debates que continuam influenciando o trabalho de pessoas como eu, deverei delinear no corpo de notas algumas das principais controvérsias ainda em aberto. Muitas coisas permanecerão ainda não ditas, pois, se eu for mostrar a importância para minhas análises mais recentes de minha própria atuação política – ao lado de grupos pobres, negros, brancos e hispânicos na luta por seus direitos econômicos e culturais, e ao lado de trabalhadores progressistas no desenvolvimento de materiais para a educação política, na justiça econômica etc. –, eu teria que transformar este livro numa autobiografia. Por enquanto, deixarei esse estilo para outrem. Todavia, gostaria de enfatizar que nada do que está escrito aqui pode ser plenamente compreendido sem referência à prática concreta de homens e mulheres com os quais atuo.

Currículo e reprodução

Na maior parte deste século, a educação em geral e o campo do currículo em particular dedicaram grande parte de sua energia na busca de uma coisa específica. Procurou-se longa e arduamente um conjunto geral de princípios que guiasse o planejamento e a avaliação educacional. Em grande parte, isso se reduziu a tentativas de criar o *método mais eficiente* de fazer o trabalho curricular. Basta traçar a história interna das tradições dominantes nesse campo – de Thorndike, Bobbitt e Charters nos primeiros anos do século XX a Tyler e behavioristas ainda mais vulgares e aos gerentes de sistemas de hoje – para começar a perceber a força da ênfase no currículo como método eficiente (Kliebard, 1971, p. 74-93).

A ênfase sobre o método teve consequências. Ao mesmo tempo que a racionalidade do processo/produto aumentava, a noção de que a educação é de ponta a ponta uma empreitada política perdia terreno. As perguntas que fazíamos tendiam a nos divorciar dos modos de operação do aparato econômico e cultural de uma sociedade. Um método "neutro" significava nossa própria neutralidade, ou assim parecia. O fato de que os métodos que empregávamos advieram das tentativas da indústria de controlar o trabalho e aumentar a produtividade, do movimento popular de eugenia e dos interesses de classes e grupos de *status* particulares ficou invisível devido à impressionante falta de perspectiva histórica do campo (Apple, 1979c; cf. tb. Braverman, 1974; Collins, 1979; Selden, 1977, p. 205-222). Ao mesmo tempo, parecíamos presumir que o desenvolvimento desse suposto método neutro eliminaria a necessidade de lidar com a questão da preservação e transmissão ou não desse conhecimento nas escolas. Embora várias tradições alternativas continuassem tentando manter esse tipo de questão política viva, em grande parte, a fé na neutralidade inerente de nossas instituições, no conhecimento que era ensinado e em nossos métodos e ações se adequava idealmente ao processo de legitimar as bases estruturais da desigualdade.

A chave desta última sentença está no conceito de legitimação. (Assim como Wittgenstein, estou afirmando que o sentido de nossa linguagem e práticas está em seu uso.) E o uso, nesse caso, tende a ser bífido. Como procurei demonstrar em *Ideologia e currículo*, as tradições que dominam o campo auxiliam na reprodução da desigualdade ao mesmo tempo em que servem para legitimar tanto as instituições que a recriam quanto as nossas próprias ações dentro delas. Isso *não* significa afirmar que, individualmente, as crianças não estão sendo ajudadas por nossas práticas e discurso; tampouco significa afirmar que todas as nossas ações cotidianas estão equivocadas. Significa afirmar que, do ponto de vista macroeconômico, nosso trabalho pode servir a funções distantes até mesmo de nossas melhores intenções.

Como devemos entender isso? Um problema fundamental que enfrentamos é a capacidade de sistemas de dominação e exploração se manterem e se reproduzirem sem serem conscientemente reconhecidos pelas pessoas envolvidas (DiMaggio, 1979, p. 1461). Isso é de particular importância na educação, campo em que nossas práticas comumente aceitas buscam claramente ajudar os estudantes e melhorar muitos dos "problemas sociais e educacionais" que enfrentam. À primeira vista, o foco nesses "problemas" parece útil. No entanto, ignora algo que a literatura sociológica recente deixou muito claro.

DiMaggio capta de modo bem incisivo os pontos essenciais dessa literatura quando argumenta que a classificação de indivíduos, grupos sociais ou "problemas sociais" operada pelo senso comum tende a confirmar e a reforçar essas relações de dominação estruturalmente geradas. Pois os "atores intencionais, bem-intencionados e racionais" muitas vezes contribuem para a manutenção dessas relações estruturais simplesmente ao buscar seus próprios fins subjetivos (DiMaggio, 1979, p. 1461-1462). Esses atores intencionais, bem-intencionados e racionais, portanto, podem estar servindo de forma latente a funções ideológicas no mesmo momento em que estão buscando aliviar alguns dos problemas enfrentados no plano individual por estudantes e outros. Isso se deve tanto às conexões entre instituições econômicas e culturais – o que muitos marxistas chamam (não sem problemas) de relação entre infraestrutura e superestrutura[14] – quanto às características individuais dessas pessoas. Nesse sentido, é possível examinar de duas maneiras as escolas e nossa atuação nelas: primeiro, como uma forma de desafogo e de resolução de problemas em que ajudamos individualmente os estudantes a progredir; segundo, em uma escala muito maior, para observar os padrões dos *tipos* de indivíduos que progridem e os efeitos latentes da instituição. Esses padrões sociais e efeitos mais amplos podem nos dizer muito sobre o funcionamento da escola na reprodução, uma função que pode ficar bem oculta se nossos atos individuais de ajuda continuarem sendo nosso foco principal.

Até agora, tenho usado termos como função e reprodução. Esses conceitos apontam para o papel das instituições educacionais na preservação do existente. No entanto, eles também significam muitas outras coisas que merecem nossa atenção se não quisermos ser patentemente mecanicistas.

---

14. O debate sobre a relação entre infraestrutura e superestrutura está bem intenso no momento (cf., p. ex., Barrett *et al.*, 1979; Clarke; Critcher; Johnson, 1979; Hirst, 1979; Sumner, 1979; Williams, 1977).

O que queremos dizer quando analisamos a "função" das escolas na reprodução de uma sociedade desigual? Se para o funcionalismo sociológico a ordem é pressuposta e o problema está em seu desvio, esse termo tem (ou deveria ter) outro significado nas análises marxistas e neomarxistas. Em vez de uma coerência funcional em que todas as coisas funcionam relativamente azeitadas para manter uma ordem social basicamente inalterada, essas análises apontam para "a reprodução *contestada* das relações fundamentais de uma sociedade, permitindo que a sociedade se reproduza novamente, mas apenas na forma de uma ordem social dominante e subordinada (ou seja, antagonista, não funcional)" (Hall, [s.d.], p. 6).

As escolas não são "apenas" instituições de reprodução, nas quais o conhecimento aberto e o coberto fariam dos alunos seres inexoravelmente passivos que estariam aptos e ansiosos para encontrar seu lugar em uma sociedade desigual. Essa perspectiva é falha em dois sentidos: primeiro, ela vê os alunos como internalizadores passivos de mensagens sociais pré-formadas. O que a instituição ensina, seja no currículo formal, seja no currículo oculto, é absorvido sem modificações pelas culturas de classe e pela rejeição de classe (ou de raça ou de gênero) de mensagens sociais dominantes. Qualquer pessoa que tenha lecionado em escolas da classe trabalhadora, em escolas localizadas em guetos urbanos e em outros lugares, sabe que isso simplesmente não é verdade. É mais provável a reinterpretação dos alunos, no máximo apenas uma aceitação parcial, sendo mais frequente a franca rejeição dos sentidos pretendidos e não pretendidos pela escola. Está claro que as escolas precisam ser compreendidas de maneira mais complexa do que como simples instrumentos de reprodução.

A perspectiva da reprodução é simplista também em outra chave. Ela não teoriza o suficiente e, portanto, negligencia o fato de que as relações sociais capitalistas são inerentemente *contraditórias*. Ou seja, como afirmei anteriormente, se na arena econômica o processo de acumulação de capital e a "necessidade" de expandir mercados e lucros geram contradições na sociedade (o aumento dos lucros e a inflação suscitando uma crise de legitimidade tanto no Estado quanto na economia) (O'Connor, 1973), irão surgir também contradições semelhantes em outras instituições dominantes. A escola não ficará imune.

Por exemplo, enquanto aparato estatal, as escolas desempenham papéis importantes ao auxiliar a criação de condições necessárias para a acumulação de capital (elas triam, selecionam e certificam um corpo estudantil hierarquicamente organizado) e para a legitimação (elas nutrem uma ideologia meritocrática equívoca e, portanto, legitimam as formas ideológicas necessárias para a recriação da desigualdade)[15]. Mas essas duas "funções" das escolas estão muitas vezes em conflito. As necessidades de acumulação de capital podem estar em contradição com as necessidades de legitimação, situação bastante intensa na atualidade. Na escola, podemos observar o fenômeno na relativa superprodução de indivíduos com credenciais em um momento em que a economia não "requer" mais tantos profissionais altamente remunerados. A própria superprodução questiona a legitimidade dos modos de funcionamento das escolas (cf. Bourdieu; Passeron, 1979, p. 81; Collins, 1979). Em um nível mais concreto, podemos observar as contradições da instituição na tensão entre as distintas obrigações ideológicas da escola. Capacidades críticas são necessárias para manter o dinamismo de nossa sociedade; logo, as escolas devem ensinar os alunos a serem críticos. Mas as capacidades críticas também podem desafiar o capital (Ron Aminzade, comunicação pessoal)[16]. Não se trata de uma ideia abstrata. Esses conflitos ideológicos permeiam nossas instituições educacionais e nelas são resolvidos diariamente.

A ênfase na resolução de contradições presente nos últimos parágrafos não é só importante para pensar o possível envolvimento das escolas nos conflitos de acumulação e legitimação não necessariamente criados por elas próprias. Também remete a um princípio fundamental para pensar o funcionamento da própria ideologia, funcionamento que tem sido investigado por mim e por outros estudiosos da reprodução.

---

15. Sustentei que há três funções do Estado: legitimação, acumulação e produção (cf. Apple; Taxel, 1981).

16. A literatura sobre o que se supõe ser o papel da escola enquanto aparato do Estado está aumentando rapidamente. Mas ela tende a um funcionalismo que parece não fazer justiça às contradições e aos interesses de classe contestados tanto no interior do Estado quanto entre o Estado e as esferas culturais e econômicas de uma sociedade (cf. Dale, 1982).

Se a escola se encontra envolvida em contradições de difícil resolução, também as ideologias estão perpassadas por contradições. As ideologias não são conjuntos coerentes de crenças. Provavelmente, é um equívoco pensá-las apenas dessa forma. Elas são mais conjuntos de significados, práticas e relações sociais vividas, muitas vezes inconsistentes. Elas contêm em si mesmas elementos que vão no âmago dos benefícios desiguais de uma sociedade e ao mesmo tempo tendem a reproduzir as relações e os significados ideológicos que sustentam a hegemonia das classes dominantes (Johnson, R., 1979a, p. 72). Eis a razão de as ideologias serem contestadas: elas são objeto de lutas constantes. Uma vez que as ideologias têm tanto um "bom sentido" quanto um "mau sentido", é necessário, por assim dizer, arregimentar pessoas para um lado ou para o outro. Determinadas instituições tornam-se os lugares em que essa luta ocorre e onde essas ideologias dominantes são produzidas. A escola é um desses espaços fundamentais.

Quanto a isso, não é apenas a instituição que é importante. Os atores (pessoas reais) devem elaborar as ideologias dominantes. Como observa Gramsci – uma das figuras mais influentes na análise da relação entre cultura e economia –, esta tem sido uma das principais tarefas dos "intelectuais": difundir e legitimar significados e práticas ideológicas dominantes na tentativa de conquistar as pessoas e de unificar o território contestado da ideologia (Mouffe, 1979b, p. 187). Quer aceitemos ou não, os educadores ocupam a posição estrutural de tais "intelectuais" e, portanto, não estão apartados dessas tarefas ideológicas (embora muitos deles possam lutar contra isso, é claro). As ideias de Gramsci são úteis aqui também. O controle do aparato cultural de uma sociedade, tanto das instituições que preservam e produzem o conhecimento quanto dos atores que nelas trabalham, é essencial na luta pela hegemonia ideológica.

Todos esses comentários gerais sobre como as pesquisas recentes têm examinado a ideologia e a reprodução levantam questões excepcionalmente complexas, é claro. Reprodução, Estado, legitimação, acumulação, contradição, hegemonia ideológica, infraestrutura/superestrutura, todos esses são conceitos estranhos a um campo envolvido na construção de métodos eficientes e neutros. Mas se levarmos a sério a natureza política da educação e do currículo, bem como os benefícios e os resultados desiguais da escolarização (cf. Karabel; Halsey, 1977b; Persell, 1977), eles são essenciais. Nesse sentido, se concebermos as qualidades internas das escolas e o conhecimento encontrado nelas como complexamente ligados às relações de dominação, quais são as implicações do uso desses conceitos na análise das escolas e do currículo?

Em sua discussão sobre as análises marxistas da escolarização (nenhuma delas iguais; na verdade, diferem radicalmente)[17], Stuart Hall captura a essência de parte da abordagem adotada por aqueles entre nós influenciados por esses estudos, em particular pelo trabalho de Gramsci. Uma citação de uma de suas longas observações resume de forma bem clara parte do pano de fundo dessa posição:

> [Essa posição] atribui a determinação fundamental na garantia da "unidade complexa" da sociedade às relações da estrutura econômica, mas considera as chamadas "superestruturas" como tendo um "trabalho" vital e crítico a fazer ao sustentar, nos níveis social, cultural, político e ideológico, as *condições* que permitem a continuidade da produção capitalista. Além disso, considera que as superestruturas têm o papel supremo de levar a sociedade à "conformidade" com as condições e os requisitos de longo prazo de um sistema econômico capitalista (por exemplo, o trabalho de Gramsci). Isso sugere que, embora as superestruturas sejam mais determinadas do que determinantes, a topografia infraestrutura/superestrutura não é tão importante quanto o "trabalho" relativamente autônomo desempenhado pelas superestruturas para a estrutura econômica. Isso é considerado um "trabalho" difícil, contestado, que opera por meio de oposição e antagonismo – em suma, por meio da luta de classes, presente em todos os diferentes níveis da sociedade –, em que correspondências simples são difíceis de ser estabelecidas. Longe de pressupor uma simples recapitulação entre as várias estruturas da sociedade, essa abordagem *vê* o "trabalho" que as *superestruturas* [como as escolas] desempenham como necessário precisamente porque, por si só, o sistema econômico não pode garantir todas as condições necessárias para sua própria reprodução expandida. O sistema econômico não pode garantir que a

---

17. Sobre o debate gerado por essas diferenças, cf., p. ex., Apple (1979c, 1982a).

sociedade seja elevada a esse nível geral de civilização e cultura necessário a seu sistema avançado de produção. A criação de uma ordem social em torno das relações econômicas fundamentais é tão necessária quanto a própria produção; as relações de produção sozinhas não podem "produzir" tal ordem. Aqui, então, a relação não é de correspondência, mas de acoplamento – o *acoplamento* de duas esferas distintas, porém inter-relacionadas e interdependentes. Gramsci é um dos principais teóricos dessa posição. A expressão gramsciana "complexo infraestrutura-superestrutura" descreve a natureza do "acoplamento". Simplificando, podemos chamar isso de paradigma da *hegemonia* (Hall, [s.d.], p. 7).

Embora alguns desses pontos devam ser e estejam sendo amplamente debatidos, observe o que está sendo proposto aqui. Instituições "superestruturais" como as escolas possuem um grau significativo de autonomia relativa. A estrutura econômica não pode garantir nenhuma correspondência simples entre si e essas instituições. No entanto, tais instituições, incluindo a escola, possuem funções vitais na recriação das condições necessárias para a manutenção da hegemonia ideológica. Essas condições não são impostas, mas são e precisam ser continuamente reconstruídas no campo de instituições como a escola. As condições de existência de uma determinada formação social são reconstruídas por meio de relações antagônicas (e às vezes até mesmo por meio de formas opositivas, como veremos mais adiante neste livro e em minha discussão de minha própria trajetória através desses conceitos e posições neste capítulo). Acima de tudo, a hegemonia não surge simplesmente; ela deve ser conquistada em espaços específicos, como a família, o trabalho, a esfera política e a escola[18]. Minha principal preocupação tem recaído justamente sobre esse processo de compreender como surge a hegemonia, de entender como ela é parcialmente produzida por meio de interações curriculares, pedagógicas e avaliativas do dia a dia das escolas.

---

18. Meu argumento é semelhante ao de Finn, Grant e Johnson quando defendem que a análise deve "apreender as relações entre escolas e outros espaços de relações sociais [...] no interior de uma formação social particular" (Finn; Grant; Johnson; CCCS Education Group, 1978, p. 4).

Ideologia e currículo como uma primeira aproximação

O que emerge dessa discussão geral sobre como é possível interpretar as escolas? Um modelo infraestrutura/superestrutura simples, unidimensional e desprovido de conflitos não é suficiente. A contestação é central para a reprodução. Até mesmo conceitos como o de reprodução podem ser inadequados. É mais fácil para mim dizer isso hoje e começar a entender plenamente as implicações dessa perspectiva articulada por Hall do que há três anos, quando estava em vias de concluir meu trabalho sobre *Ideologia e currículo*.

Para ser honesto, todos esses pontos sobre reprodução, contradição e contestação não me ocorreram de uma só vez; também não fui capaz de compreender como poderiam ser mobilizados ou o que poderiam significar. Dado meu próprio interesse, e o de estudiosos como Bowles e Gintis, Bourdieu, Bernstein e outros, na *reprodução* – interesse que acredito ter sido criticamente importante naquele momento histórico específico, mas que tendia a excluir outros elementos do que poderia estar acontecendo nas escolas –, esses pontos tiveram que ser enfrentados, trabalhados e lentamente incorporados. Em alguns momentos, isso envolveu (e ainda envolve) uma séria autocrítica do meu próprio trabalho e uma postura igualmente crítica do trabalho de outros, valendo-me dos erros, corrigindo-os, elaborando o que agora parece ser tão simples e mecanicista.

Dado esse movimento trabalhoso de afastamento de um foco na simples reprodução por parte de várias pessoas, incluindo eu mesmo, no que segue gostaria de mobilizar o desenvolvimento de meu próprio trabalho como um caso paradigmático, tanto para entender o crescimento excepcional da literatura sobre a influência de noções como reprodução, contradição e contestação sobre pesquisas que buscam situar a escola em um nexo mais amplo de relações sociais quanto para enxergar a lógica dos argumentos que apresentarei nos capítulos posteriores deste livro.

Em trabalhos prévios, concentrei-me no papel dos currículos escolares na criação e recriação da hegemonia ideológica das classes dominantes e dos segmentos de classe da nossa sociedade. Essencialmente, o problema fundamental que guiou meu trabalho foi a relação entre poder e cultura. Embora não tivesse uma compreensão totalmente clara a esse respeito, percebia intuitivamente a forma dual da cultura. Ela é experiência vivida, desenvolvida e corporalizada no dia a dia da vida e interações de grupos específicos. Porém, ela também possui outra característica. Refiro-me à capacidade de certos grupos da sociedade de transformar a cultura em uma mercadoria, acumulá-la, fazer dela o que Bourdieu chamou de "capital cultural". Parecia-me que o capital cultural e o capital econômico podiam ser pensados de formas semelhantes[19]. No entanto, ambos os sentidos de cultura – vivida e mercantilizada – estavam pouco desenvolvidos em minhas pesquisas anteriores, talvez por causa dos debates e questões em que desejava intervir.

Grande parte da minha análise da educação em *Ideologia e currículo* concentrou-se em duas questões: (1) um debate com as teorias liberais do currículo e da educação em geral, procurando mostrar o que é realmente ensinado nas escolas e quais poderiam ser seus efeitos ideológicos; e (2) um debate interno aos estudos de esquerda em educação sobre o que as escolas fazem.

A primeira dessas questões decorreu da minha concordância geral com a ideia promovida por estudiosos como Bowles e Gintis, Althusser e outros, de que as escolas são importantes agências de reprodução social. Nossas tentativas de reformar essas agências tenderam a ser equivocadas em grande parte porque não reconhecíamos adequadamente o funcionamento socioeconômico da instituição. Juntamente com esses outros pesquisadores, propus-me a documentar como esse funcionamento ocorria de fato. As perguntas que fiz eram diferentes das que costumavam dominar nosso campo voltado para a eficiência. Em vez de perguntar como poderíamos fazer um aluno adquirir mais conhecimento curricular, formulei perguntas de cunho mais político: "Por que e como aspectos específicos de uma cultura coletiva são representados nas escolas como conhecimento factual objetivo? Como, concretamente, o conhecimento oficial pode representar as configurações ideológicas dos interesses dominantes em uma sociedade? Como as escolas legitimam esses padrões limitados e parciais de conhecimento como verdades inquestionáveis?" (Apple, 1979c).

---

19. É importante ter em mente, entretanto, que o capital *não* é uma coisa, mas um feixe de relações.

Os interesses que guiam meu trabalho provieram dessas questões. Como mencionei acima, fiquei impressionado com o fato de que, em nossa longa história (de Bobbitt e Thorndike a Tyler e, digamos, Popham e Mager) de transformar o currículo em apenas uma preocupação com métodos eficientes, quase despolitizamos completamente a educação. Nossa busca por uma metodologia neutra e a contínua transformação do campo em um "instrumento neutro" a serviço de interesses estruturalmente não neutros ocultou de nós mesmos o contexto político e econômico de nosso trabalho. O tipo de escrutínio político/econômico em que estava envolvido era muito semelhante ao realizado por Katz, Karier e Feinberg na história e filosofia da educação, por Bowles e Gintis, Carnoy e Levin na economia da educação, e por Young, Bernstein e Bourdieu na sociologia da educação. Embora houvesse semelhanças, havia e ainda há sérias discordâncias entre muitos de nós da esquerda que examinamos e agimos nas instituições educacionais. Essas discordâncias levaram à formulação da segunda questão aqui mencionada.

Grande parte dessa pesquisa neomarxista tratava a escola como uma espécie de caixa-preta, e eu estava tão insatisfeito com isso quanto com a tradição dominante na educação. Seus epígonos não entravam na escola para descobrir como ocorria a reprodução. Estranhamente, tratava-se de algo em muitos aspectos análogo à racionalidade no currículo tyleriano, uma vez que o foco tendia a ser cientificista e colocava ênfase na entrada e saída, no consenso e na produção eficiente. As interpretações sobre a escola eram claramente diferentes daquelas de Tyler e dos "especialistas" em currículo voltados para a eficiência. Todavia, as escolas ainda eram vistas como objeto de uma entrada (alunos), que os processava eficientemente (por meio de um currículo oculto) a fim de transformá-los em agentes para uma força de trabalho desigual e altamente estratificada (saída). Assim, o papel principal da escola era ensinar uma consciência ideológica que ajudasse a reproduzir a divisão do trabalho na sociedade. Essa abordagem ia bem até certo ponto, mas ainda havia dois problemas. *Como* isso se dava? Será que eram práticas comuns a *todas* as escolas?

Dediquei muito tempo em *Ideologia e currículo* tentando responder a essas questões. Interroguei o ensino usando uma variedade de técnicas – históricas, econômicas, culturais e etnográficas. No caminho, ficou claro que pelo menos três elementos básicos da escolarização precisavam ser examinados. Esses elementos eram: as interações e regularidades diárias do currículo oculto que ensinavam de forma tácita importantes normas e valores; o *corpus* formal do conhecimento escolar – ou seja, o currículo ostensivo –, planejado e encontrado nos vários materiais e textos e filtrado pelos professores; e, por fim, as perspectivas fundamentais que os educadores (leia-se aqui as ideias de Gramsci sobre o papel dos intelectuais) mobilizam para planejar, organizar e avaliar o que acontece nas escolas (Apple, 1979c, p. 14). Cada um desses elementos foi examinado para mostrar que os significados e práticas cotidianas tão comuns nas salas de aula – embora estivessem lá claramente para ajudar as crianças individualmente – tendem a ser menos instrumentos de ajuda e mais parte de um complexo processo de reprodução econômica e cultural das relações de classe em nossa sociedade.

Uma palavra nessa última frase realça a questão "isso é tudo o que as escolas fazem?" – a palavra *cultural*. Assim como para Bernstein, Bourdieu e, especialmente, Gramsci, também para mim ficou evidente que as escolas eram instituições culturais, além de econômicas, e examinar a reprodução da divisão social do trabalho não seria suficiente para esgotar a contribuição das escolas para a criação da hegemonia ideológica. Portanto, a forma e o conteúdo do currículo mais uma vez se mostravam de grande importância se quiséssemos compreender como a dominação cultural funciona e como "a unidade é criada". O que os pesquisadores que lidavam quase exclusivamente com o problema da reprodução econômica estavam negligenciando era a cultura preservada, transmitida e rejeitada no interior da instituição. A maneira como o currículo era organizado, os princípios sobre os quais era construído e avaliado, e, finalmente, o conhecimento ele mesmo – tudo isso era de crítica importância se quiséssemos entender como o poder era reproduzido. Não quis dizer apenas poder econômico, mas também poder cultural, embora os dois se entrelacem consideravelmente (Collins, 1979).

Mas o foco no currículo e na cultura ainda deixava de fora um aspecto muito importante das escolas, e aqui também tentei ir além de teóricos da reprodução econômica como Bowles e Gintis. Eles procuraram ver a escola como um lugar onde normas, disposições e valores economicamente enraizados eram ensinados, algo que também registrei seja na etnografia do que é ensinado na pré-escola, seja na análise dos currículos de estudos sociais e ciências apresentadas em *Ideologia e currículo*. Essa posição tendia a ver as escolas e seu currículo ostensivo e oculto como parte de um mecanismo de *distribuição* apenas. Tudo corria bem. Afinal, as escolas realmente distribuem conhecimentos e valores ideológicos. Mas isso negligenciava um fator essencial do funcionamento de nosso aparato educacional. Sustentei que o sistema educacional constitui um conjunto de instituições fundamentais também para a *produção* do conhecimento. Como o leitor verá no capítulo 2, esse foi e é um elemento-chave em minha argumentação sobre como se deve interpretar a educação. As escolas são organizadas não apenas para ensinar o "conhecimento sobre o 'o que', o 'como' e o 'para'" exigido pela nossa sociedade, elas também são organizadas de tal maneira que acabam auxiliando na produção do conhecimento técnico/administrativo necessário, entre outras coisas, para expandir mercados, controlar a produção, o trabalho e as pessoas, realizar pesquisas básicas e aplicadas necessárias para a indústria e criar necessidades "artificiais" generalizadas na população (Castells, 1980; Noble, 1977). Era possível acumular esse conhecimento técnico/administrativo. Ele funcionava como uma forma de capital, e, assim como o capital econômico, tal capital cultural tendia a ser controlado e a servir aos interesses das classes mais poderosas na sociedade[20]. Os capitais econômico e cultural estavam inextricavelmente ligados. Os conhecimentos considerados mais legítimos na escola, e que serviam como um complexo filtro para estratificar grupos de alunos, estavam ligados a necessidades específicas do nosso tipo de formação social. As escolas produziam conhecimento de um tipo específico ao mesmo tempo em que recriavam categorias de *desvio* que estratificavam os alunos. A criação de desvios e a produção de capital cultural estavam indissoluvelmente conectadas.

Assim, comecei a perceber a necessidade de interpretar a escolarização como um sistema tanto de produção quanto de reprodução. Nossa análise sobre o que é admitido nas escolas e por que, sobre o que conta como

---

20. Aqui eu discutia com Bourdieu, sustentando que ele não ia tão longe a ponto de considerar o modo de produção do capital cultural.

conhecimento e valores legítimos, seria incompleta se não percebêssemos os papéis complexos e contraditórios desempenhados pelas escolas. Como argumentaram alguns dos "novos" sociólogos da educação, as escolas processam tanto pessoas quanto conhecimentos. Mas o "processamento" do conhecimento inclui não apenas sua distribuição diferencial conforme as diversas espécies de pessoas, mas também sua produção e acumulação final por aqueles que estão no poder.

Apesar disso parecer terrivelmente abstrato, suas raízes estavam e estão em algo muito mais concreto. Como alguém que lecionou por anos tanto no nível fundamental quanto no médio e que trabalhou continuamente com professores e diretores na condição de professor, eu estava em busca de maneiras de entender tanto as minhas ações quanto as deles. Os professores, por exemplo, culpavam-se (ou a seus monitores) individualmente pelo fracasso dos alunos, tal como eu. Contudo, parecia-me cada vez mais *não* ser uma questão de quantidade de esforço investida por professores, diretores, coordenadores e outros especialistas em currículo. Com efeito, poucos grupos trabalham mais arduamente e em circunstâncias as mais incertas, difíceis e complexas do que os professores e os diretores de escola. Ia ficando mais claro para mim que a própria instituição e suas conexões com outras poderosas agências sociais geravam as regras e práticas dominantes na vida dos educadores. Culpar professores, castigar indivíduos, tudo isso carecia de utilidade. Apreender como e, especialmente, por que a instituição fazia o que fazia de um jeito que ia além das ações individuais, que constrangia tais ações ideológica e materialmente, parecia-me muito mais ético. Nesse sentido, poderíamos tomar decisões muito melhores sobre ações curriculares e pedagógicas justificadas. Embora a compreensão do controle fosse apenas um pequeno passo na direção de desafiá-lo, era um passo que me parecia essencial se quiséssemos um dia desnudar o controle e começar a perceber os benefícios diferenciais – tanto econômicos quanto culturais – resultantes.

Ao mesmo tempo, à medida que eu mesmo me tornava ainda mais consciente desses benefícios diferenciais e das estruturas em que a educação se encontrava, minha própria prática política foi se transformando. A análise, ainda que deficiente em um nível que eu começava a apreender, era instigante. Isso exigiu um envolvimento ainda mais profundo na política e ação socialista em diversos planos, repercutindo, assim, sobre minha própria análise original. Meu trabalho inicial não parecia "teorizar" adequadamente as coisas que tanto eu quanto os grupos de trabalhadores, pais e professores progressistas com os quais trabalhava estávamos fazendo. Isso se tornava cada vez mais urgente.

Conflito e contradição no trabalho e na cultura

Depois de haver lido o item anterior, que trata das teorias da reprodução simples e seus problemas, talvez tenha ficado claro para o leitor que parte do problema era o fato de que a metáfora dominante por trás da maioria das análises feitas em *Ideologia e currículo* era reprodução. Eu a ampliei de modo a incluir considerações culturais, além de econômicas, e defendi a ideia de que a escola é um aparato produtivo, não só reprodutivo. Porém, a abordagem ainda se apoiava sobre uma base demasiado funcional. Concebia as escolas, especialmente o currículo oculto, como correspondendo adequadamente às necessidades ideológicas do capital; só precisávamos entender como isso era feito. O que estava claramente faltando em minhas formulações da época era uma análise que se concentrasse tanto em contradições, conflitos, mediações e (especialmente) resistências quanto na reprodução. Embora tivesse me posicionado contra modelos mecanicistas de infraestrutura/superestrutura em que a forma econômica determinava totalmente a forma e o conteúdo culturais, e embora quisesse mostrar que a esfera cultural possuía algum grau de autonomia relativa, eu manuseava na época uma noção de determinação que carecia de um maior desenvolvimento teórico. Tratava-se de uma noção que me levava a deslizar em direção a uma lógica de correspondência funcional entre o que as escolas ensinavam e as "necessidades" de uma sociedade desigual, noção que não conseguia dar conta plenamente de tudo o mais que podia estar acontecendo.

Ao lutar contra esse problema, o trabalho de meu colega Erik Olin Wright sobre a natureza das determinações mostrou-se bastante útil. Ele identificou modos básicos de determinação, alguns dos quais indicavam uma situação em que uma instituição ou uma prática simplesmente reproduzia uma determinada ideologia ou ordem social. Mas ele também mostrou que poderia estar acontecendo muitas outras coisas. Poderiam existir significados e práticas que contradiziam os interesses ostensivos – e ocultos – de uma classe dominante. Importantes "instituições" – como o Estado – mediavam os interesses do capital. E, sobretudo, poderiam existir ações e lutas concretas, embora às vezes não conscientes, levadas a cabo por grupos reais de atores humanos que poderiam estar tanto mediando quanto transformando estruturas e significados existentes de maneiras significativas (Wright, E., 1978).

Comecei a perceber que as explicações funcionalistas do currículo oculto – orientadas para demonstrar tanto a socialização efetiva dos estudantes, assim como dos trabalhadores, quanto a não contestação do poder das formas técnicas/administrativas usadas pelo capital – eram parte do próprio processo de reprodução ideológica contra o qual estava disposto a lutar. Isso implicava que eu tinha de examinar duas áreas – resistências tanto na escola quanto no local de trabalho. Se Wright (e a minha própria experiência pessoal) estivesse correto, então eu deveria ser capaz de encontrar processos contraditórios em curso nessas instituições, e não apenas uma correspondência entre o que a indústria deseja e o que acontece. E esses processos contraditórios deveriam se intensificar conforme os desdobramentos da crise estrutural.

Essa consciência crescente do modo como operam as resistências e contestações, e minha própria atividade política junto a trabalhadores de indústrias e de escritórios, a discentes, docentes, diretores de escolas, levaram-me a examinar o rápido crescimento das pesquisas sobre o controle cotidiano do trabalho. Uma coisa se evidenciou rapidamente. Quando se examina o processo de trabalho, a vida real de homens e mulheres em nossos escritórios e indústrias, torna-se claro que aquilo de que estamos diante é muito mais complexo do que a literatura sobre currículo oculto, na qual simples correspondências entre a escola e a economia emergem de forma descomplicada, nos faria esperar. Essa complexidade é muito importante, pois a validade das teorias da correspondência depende da acuidade de sua visão sobre o processo de trabalho. Mais que encontrar sempre trabalhadores guiados por laços monetários, pela autoridade, pelo planejamento de especialistas e pelas normas de pontualidade e produtividade, a organização real e o controle do processo de trabalho iluminam a dimensão das resistências e engajamentos bem contraditórios de trabalhadores em todos os níveis. Uma citação do capítulo 3 dará uma ideia do meu futuro argumento:

> Passamos a ver não um processo de trabalho totalmente controlado pela gestão, não estruturas rígidas de autoridade e normas de pontualidade e conformidade, mas uma complexa cultura do trabalho. Essa cultura do trabalho representa uma base importante para a resistência dos trabalhadores, a ação coletiva, o controle informal do ritmo e da habilidade e a reafirmação da humanidade. [...] trabalhadores e trabalhadoras parecem envolvidos em atividades explícitas e informais que passam despercebidas quando falamos apenas em termos de reprodução.

Está claro, então, que os trabalhadores resistem de maneiras sutis e importantes. Eles muitas vezes contradizem e transformam parcialmente os modos de controle em ocasiões para a resistência e a manutenção de suas próprias normas informais orientadoras do processo de trabalho. Se ocorre alguma reprodução, ela envolve não só a aceitação de ideologias hegemônicas, mas também oposição e resistências. Entretanto, devemos lembrar que essas resistências ocorrem em um território estabelecido pelo capital, não necessariamente pelas pessoas que trabalham em nossos escritórios, lojas e fábricas.

Também precisamos ter em mente algo mencionado anteriormente e que será retomado com mais detalhe nos capítulos 3 e 4. Essas resistências culturais informais, esse processo de contestação, podem agir de modo contraditório, em última análise tendendo à reprodução. Ao resistirem e estabelecerem uma cultura do trabalho informal que tanto recria certo senso de controle do trabalhador sobre o processo de trabalho quanto rejeita muitas normas supostamente incidentes sobre os trabalhadores, estes também podem estar reforçando implicitamente as relações sociais da produção capitalista. Sim, eles podem controlar parcialmente o nível de habilidade e o ritmo de seu trabalho, mas isso não impacta realmente os requisitos mínimos de produção; eles tampouco desafiam efetivamente os "direitos" da gestão. Resistências em um nível podem reproduzir parcialmente a falta de controle em outro.

Todas essas análises sobre a vida em nossos locais de trabalho foram de boa valia para mim. Meu trabalho sobre "o outro lado do currículo oculto", sobre a realidade do processo de trabalho, havia me fornecido muitos *insights* sobre os modos cotidianos de desenvolvimento das formas culturais de oposição. Meu interesse em ideologia e na relativa autonomia da cultura continuava forte, pois se a resistência e a contestação eram reais, então também poderiam ser mobilizadas para uma transformação estrutural mais severa. Elas poderiam ser usadas para "conquistar" pessoas para nosso lado, por assim dizer. Modelos de infraestrutura/superestrutura eram, nesse caso, claramente limitados tanto teoricamente quanto politicamente, e agora eu realmente estava indo além deles. Havia algo mais a estimular as minhas tentativas de ir mais longe, de lidar tanto com a cultura quanto com a economia de forma mais séria, de articular os princípios tanto da produção do conhecimento quanto da reprodução. Grandes progressos ocorriam no tema da produção e da reprodução cultural, especialmente por etnógrafos marxistas.

Investigações etnográficas recentes, em particular aquelas realizadas por estudiosos como Paul Willis no Centre for Contemporary Cultural Studies [CCCS] da Universidade de Birmingham, forneceram elementos críticos que me permitiram aplicar na análise da escola parte do que aprendi sobre o processo de trabalho. Willis e outros demonstraram que, em vez de serem lugares onde cultura e ideologias são impostas aos estudantes, as escolas são os *espaços* onde essas coisas são produzidas. E assim como no trabalho, elas são produzidas de maneira muito contraditória e por um processo baseado na contestação e luta (Everhart, 1979; Willis, P., 1977). Mais uma vez, a resistência e a importância da cultura vivida vieram à tona. As considerações gerais que apresentei em minha discussão anterior sobre reprodução não eram mais meras abstrações. A herança das perspectivas mecanicistas estava sendo deixada ainda mais de lado.

Essas investigações etnográficas ajudaram a deixar bem claro que não há um processo mecânico no qual as pressões externas da economia ou do Estado submeteriam inexoravelmente as escolas e os alunos nelas presentes aos processos envolvidos na legitimação e na acumulação de capital econômico e cultural. Os alunos possuem um poder que se baseia em suas próprias formas culturais. Eles agem de maneira contraditória, apoiando esse processo reprodutivo ao mesmo tempo que o "penetram" parcialmente[21]. Como minha discussão acerca de parte da literatura essencial sobre classes sociais e resistências culturais no capítulo 4 irá mostrar, grupos de estudantes da classe trabalhadora com frequência rejeitam expressamente o mundo da escola. Essa resistência está repleta de contradições e em alguma medida dará azo a tentativas por parte do Estado de intervir em momentos de intensa agitação social e ideológica.

Além do trabalho de Willis, outros estudos norte-americanos indicaram situações semelhantes. Por exemplo, a etnografia de Robert Everhart sobre estudantes do ensino fundamental II ilumina como esses jovens de maioria proletária passam uma boa parte do tempo "cabulando" aulas e recriando formas culturais que lhes conferem algum grau de poder no ambiente escolar (Everhart, 1979). Embora esses estudantes não rejeitem totalmente o currículo formal, eles dedicam à escola apenas o mínimo de trabalho exigido e tentam minimizar até mesmo essas próprias exigências. Esses estudantes, assim como os "rapazes" no estudo de Willis, resistiam. Eles ofereciam apenas o necessário para não comprometer a possibilidade de mobilidade que alguns deles poderiam ter. No entanto, eles já "sabiam" que se tratava apenas de uma possibilidade, possibilidade que de forma alguma estava garantida. A maioria deles iria, de fato, permanecer nas trajetórias econômicas estabelecidas por seus pais. Os elementos de autosseleção, de formas culturais de resistência, que tanto reproduziam quanto contradiziam as "necessidades" do aparato econômico, demonstravam a relativa autonomia da cultura. Também forneciam um elemento crítico para qualquer avaliação rigorosa das atividades da escola. Pois, sem entrar na escola, sem ver como e *por que* os estudantes rejeitaram o currículo ostensivo e o oculto, e sem relacionar isso a concepções não mecanicistas de reprodução e contradição, não conseguiríamos compreender a complexidade do trabalho desempenhado pelas escolas enquanto espaços de produção ideológica (Apple, 1980, p. 55-76)[22].

---

21. Empregar conceitos como o de penetração é, contudo, arriscado, sobretudo face ao domínio de termos e imagens sexistas em nossa linguagem (cf. Bisseret, 1979).

22. Há outros modos relevantes de conceber a produção cultural como um processo de produção *per se*. Cf., p. ex., as contribuições compiladas por Barrett *et al.* (1979), Coward e Ellis (1977) e Wexler (1982).

Foi muito importante neste ponto a contribuição de uma etnografia especificamente marxista. Diferentemente das representações vulgares que procuram a marca da ideologia econômica em tudo, uma abordagem mais sofisticada veria a ideologia de um ângulo distinto. Ela não é uma forma de falsa consciência "imposta" por uma economia. Pelo contrário, é parte de uma cultura vivida resultante das condições materiais das práticas cotidianas. É um conjunto de significados e práticas que contêm de fato elementos de bom senso, bem como elementos reprodutivos. E é porque possui esses elementos de bom senso (como no caso dos trabalhadores que examinei) que ela torna objetivamente possível o engajamento em atividades centradas na educação política que podem desafiar as bases ideológicas das relações patriarcais, de dominação e de exploração na sociedade em geral. A possibilidade objetiva da educação política é algo a que retornarei em capítulos posteriores.

Enquanto tudo isso estava acontecendo, à medida que comecei a compreender melhor como um arcabouço conceitual mais refinado poderia me ajudar a analisar as práticas políticas e culturais que observava (e de que participava), também comecei a perceber que a partir de então poderia responder de forma mais coerente a algumas das questões mais tradicionais que afligiam a educação. Se eu quisesse entender por que nossos esforços de reforma frequentemente falhavam, por que mesmo os nossos currículos mais criativos não conseguiam alcançar muitos dos estudantes mais "desfavorecidos", teria que lidar com as ferramentas de pesquisa e o arcabouço conceitual advindos das etnografias de viés marxista e seus grandes *insights*. Estávamos muito mais perto de compreender isso plenamente graças a esses estudos sobre resistência, contestação e cultura vivida.

Educação e Estado

O estímulo inicial que recebi de Wright – no tocante a processos e instituições contraditórios mediadores de pressões econômicas e detentores de suas próprias necessidades, que podem não ser totalmente reprodutoras dos interesses do capital – apontou para uma área que servia de contraponto ideal a meu foco sobre a criação da hegemonia ideológica e sobre a autonomia relativa da cultura. Tratava-se da esfera política, o

Estado, e sua própria interação com a ideologia e a economia. O Estado tornou-se um ingrediente essencial em minha análise à medida que comecei a perceber que o poder, o grau e a abrangência da regulação e da intervenção estatais na economia e em todo o processo social tendem a aumentar em função do "desdobramento gradual do processo de acumulação de capital", da necessidade de consenso, do apoio popular a esse processo e da contínua "desclassificação" das pessoas devido à reorganização do discurso político e jurídico em torno do indivíduo como agente econômico (Gintis, 1980, p. 189-232; Jessop, 1977, p. 353-373), entre outras coisas. Assim, havia uma interação dinâmica entre as esferas política e econômica encontradas na educação. Embora a primeira não fosse redutível à última – e embora possuísse, tal como a cultura, um grau significativo de autonomia relativa –, o papel desempenhado pela escola *enquanto um aparato estatal* está intima relacionado aos problemas centrais de acumulação e legitimação enfrentados pelo estado e por um modo de produção em geral (cf. Dale, 1982).

Parecia-me estranho que tivéssemos ignorado tão completamente o papel do Estado na educação, com a exceção de algumas pesquisas predominantemente liberais sobre a "política da educação"[23]. Afinal, o simples reconhecimento de que aproximadamente um sexto da força de trabalho nos Estados Unidos é empregada pelo Estado (Castells, 1980, p. 125)[24] e de que o próprio ensino é uma forma de trabalho, que responderá às mudanças nas condições gerais da intervenção estatal no processo de trabalho, deveria de pronto nos fazer ficar alertas a isso em todas as nossas discussões sobre a educação. Algo especialmente válido se estivermos interessados, como eu estava, na construção e reconstrução de ideologias hegemônicas por meio de aparatos estatais como a escola.

---

23. Não pretendo depreciar completamente esses trabalhos. Certos textos são úteis e interessantes (cf., p. ex., Boyd, 1978, p. 577-592; Kirst; Walker, D., 1971, p. 479-509; e, especialm., Wise, 1979). Para críticas das teorias liberais do Estado, cf. Miliband (1977).

24. Castells nota que se levarmos em consideração a quantidade de empregos que depende da produção de bens e serviços militares, veremos que quase um terço de nossa força de trabalho depende em larga medida da atividade econômica do Estado (cf. Castells, 1980, p. 125-130).

Ficou bem claro para mim que a noção de hegemonia não era algo independente. Com efeito, ela está intrinsecamente ligada ao Estado desde o começo. Ou seja, a hegemonia não é um fato social já estabelecido, mas sim um processo no qual os grupos e classes dominantes "conseguem angariar o consenso ativo daqueles a quem governam" (Mouffe, 1979a, p. 10)[25]. Como parte do Estado, a educação deve ser vista, então, como um elemento importante na tentativa de criar esse consenso ativo. As conexões com minhas preocupações anteriores ficaram evidentes. Primeiramente, a literatura sobre o Estado permitiu-me avançar meus argumentos contra as teorias dominantes da educação, teorias que tratavam a educação como um empreendimento essencialmente neutro.

De forma igualmente importante, as pesquisas sobre o Estado permitiram-me aprofundar meus argumentos face a algumas figuras da esquerda que permaneciam ainda relativamente economicistas. Diferentemente delas, eu acreditava que o fato de a educação ser uma face do Estado e um agente ativo no processo de controle hegemônico não deveria nos levar a presumir que todos os aspectos do currículo e do ensino são redutíveis aos interesses de uma classe dominante (Mouffe, 1979a, p. 10; cf. tb. Carnoy, 1982; Dale, 1982). Como a maior parte dos elementos das teorias liberais, essa suposição também era simplesmente incorreta. O próprio Estado é um espaço de conflito entre classes e segmentos de classe, bem como entre grupos de gênero e raça. Por *ser* o espaço desse conflito, ele deve

---

[25]. Cf. também o argumento de T. Gitlin de que há, claro, um sério perigo (que é preciso reconhecer penosamente) no uso excessivo de conceitos como hegemonia na explicação da reprodução cultural e econômica. Essa preocupação de T. Gitlin se expressa perfeitamente quando o autor observa que "[precisamos] traduzir a discussão da hegemonia cultural para termos mais mundanos, uma vez que grande parte da discussão até agora permanece abstrata, quase como se a hegemonia cultural fosse uma substância com vida própria, uma espécie de neblina imóvel que teria se instalado sobre toda a vida pública das sociedades capitalistas para confundir a verdade do *telos* proletário. Assim, para as perguntas 'por que as ideias radicais são suprimidas nas escolas?', 'por que os trabalhadores se opõem ao socialismo?' etc., há sempre uma única resposta délfica: hegemonia. 'Hegemonia' se torna a explicação mágica de último recurso. E enquanto tal, não é útil nem como explicação, nem como guia para a ação. Se 'hegemonia' explica tudo no campo da cultura, ela não explica nada". Entretanto, sua própria análise se baseia amplamente no conceito e testemunha a força de seu uso reiterado (cf. Gitlin, T., 1979, p. 252).

ou forçar todos a pensarem da mesma forma (tarefa bastante difícil que está além de seu poder e que destruiria sua legitimidade), ou extrair o consentimento de uma grande parcela desses grupos em disputa. Assim, para manter sua própria legitimidade, o Estado precisa gradualmente, mas também continuamente, acolher muitos interesses de grupos aliados ou mesmo opostos (Mouffe, 1979a, p. 182).

Essa relação supõe um processo contínuo de acordos, conflitos e lutas para manter a hegemonia. Os resultados, portanto, não são um simples reflexo dos interesses de uma economia ou classes dominantes. Mesmo as reformas propostas para alterar seja a forma como as escolas são organizadas e controladas, seja o que é efetivamente ensinado nelas serão parte desse processo. Elas também farão parte de um discurso ideológico que reflete os conflitos internos ao Estado e as tentativas do aparato estatal de manter tanto a sua própria legitimidade quanto a do processo de acumulação adjacente.

Isso impactou bastante minha análise das escolas e de suas atividades curriculares e pedagógicas cotidianas. Com isso, consegui compreender melhor por que essas práticas curriculares e de ensino não advinham jamais de uma "mera" imposição; tampouco eram geradas a partir de uma conspiração para, digamos, reproduzir as condições de desigualdade em uma sociedade. O fato de que exatamente o oposto é o caso, de que elas serão guiadas por um desejo de ajudar e melhorar as coisas, é compreensível se reconhecermos que apenas dessa forma diversos interesses sociais podem *ser* integrados no interior do Estado. Ao integrar elementos ideológicos variados de grupos diferentes e amiúde antagônicos em torno de seus próprios princípios unificadores, é possível obter um consenso e manter a sensação de que as práticas baseadas nesses princípios hegemônicos realmente ajudam esses grupos antagônicos (Donald, 1979; Mouffe, 1979a, p. 193).

Como o Estado é capaz de parecer um feixe de "instituições neutras" agindo pelo interesse geral? (Holloway; Picciotto, 1978, p. 24)[26]. A estratégia hegemônica mais eficaz parece ser "integrar reivindicações democráticas

---

26. Considerar ou não o Estado como um feixe de instituições remete a uma controvérsia ainda maior. Cf., p. ex., Jessop (1977), os artigos compilados nos volumes supracitados organizados por Holloway, Picciotto, Mouffe e Apple; e Wolfe (1974, p. 131-159).

populares e econômicas corporativas em um programa que favoreça a intervenção estatal com vistas à acumulação" (Jessop, 1978, p. 45). Que essa é exatamente a estratégia atualmente empregada ficará muito claro em minhas discussões sobre o papel contraditório do Estado na acumulação e na manutenção de relações sociais hegemônicas nos capítulos 2, 4 e 5. Lá veremos como a escola é um espaço no qual o Estado, a economia e a cultura estão interligados e como muitas reformas atualmente propostas e as inovações curriculares em vigor "refletem" essas inter-relações.

Ideologia e forma curricular

Até aqui falamos sobre o Estado, o processo de trabalho e o currículo ostensivo e oculto em dois espaços. Descrevi meu próprio processo de entendimento dos modos contraditórios de funcionamento das ideologias tanto no trabalho quanto na escola. Ao mesmo tempo, argumentei que os modos usuais pelos quais a esquerda tem examinado esses espaços tendem a ser um tanto limitados. Mesmo considerando o movimento do meu próprio pensamento ao longo dos últimos anos, devemos, porém, ser cautelosos para não exagerar no argumento contra as metáforas de reprodução, pois não pretendo sugerir que a lógica e a ideologia do capital não incidam de forma muito poderosa na escola e em seu currículo. Com efeito, como ficará claro no capítulo 5, essa lógica tem impactado profundamente a prática cotidiana da escola. Para entender isso, precisamos retornar à ideia de cultura não como experiência vivida, mas como forma mercantilizada. Isso implica outra abertura para compreender como as escolas agem enquanto espaços de produção e reprodução ideológica.

Em minhas investigações ao longo da última década, tenho sustentado que, se quisermos compreender plenamente como as ideologias funcionam nas escolas, teremos que analisar a concretude do dia a dia da vida escolar. Hoje é de imensa importância entender como a lógica e os modos de controle do capital entram na escola pela via da *forma* assumida pelo currículo, não apenas de seu conteúdo. E essa relação entre forma e conteúdo será fundamental em minha análise da reprodução e contradição.

Se pretendemos entender por que alguns desses fenômenos notáveis estão acontecendo nas escolas e em nossas vidas dentro e fora delas, precisamos compreender o desenvolvimento histórico de nossa formação social. Sem sermos redutores, precisamos sim entender as mudanças e as crises em nossa economia e na forma e no conteúdo ideológicos em parte geradas por ela e que agem sobre ela. Mais uma vez, deparo-me com a importância do conhecimento curricular para minha análise.

Devemos interrogar dois aspectos do currículo. O primeiro diz respeito ao próprio conteúdo. O que ele contém? E, igualmente importante, o que ele não contém? Nas palavras de Macherey, interrogamos, assim, os silêncios de um texto para descobrir os interesses ideológicos em jogo (Macherey, 1978). Na esteira de Raymond Williams, chamei essa análise da matéria mesma do currículo de "tradição seletiva" (cf. Apple, 1979c; Williams, 1977).

O segundo aspecto a ser examinado é a forma. Como se combinam o conteúdo, a cultura formal? O que está acontecendo no nível da organização do próprio conhecimento? Darei um exemplo que será consideravelmente aprofundado mais adiante. Por uma série de razões econômicas, políticas e ideológicas, uma grande quantidade de currículos nos Estados Unidos se organiza em torno da individualização. Ou seja, independentemente do conteúdo específico de matemática, estudos sociais, ciências, interpretação textual etc., o currículo é organizado de tal forma que os alunos muitas vezes trabalham em níveis individuais de habilidade, debruçando-se sobre "folhas de exercícios" pré-especificadas individualizadas e tarefas individuais. Tomemos como exemplo um dos *kits* de leitura curriculares mais populares, aquele confeccionado pela Science Research Associates (SRA – subsidiária da IBM), o Kit de Leitura SRA. Os alunos são testados para estabelecer seus níveis de habilidade, são classificados individualmente em um nível específico codificado por cores e trabalham em seguida com uma sequência padronizada de materiais, com histórias e "construtores de habilidades" individualizados.

Examinemos a própria forma. A atividade pedagógica, curricular e avaliativa mais importante é projetada de tal modo que os alunos interajam apenas individualmente com o professor, não entre si (exceto durante "intervalos"). O professor "gerencia" o sistema. Isso aumenta a eficiência e ajuda na disciplina. Pode-se perguntar: o que há de errado nisso? Trata-se de uma pergunta errada se estivermos interessados na reprodução ideológica e em como a escola responde às crises. Uma pergunta melhor é: qual é a codificação ideológica inscrita no material? Como ele organiza nossa experiência de maneira semelhante ao consumo passivo e individual de bens e serviços pré-formatados, sujeitos à lógica da mercantilização tão necessária para a contínua acumulação de capital em nossa sociedade?

Talvez um exemplo retirado de outro componente do aparato cultural de uma sociedade, e que contribuiu bastante para minha compreensão inicial dessas questões, possa ser útil aqui. Esse exemplo é retirado da provocativa análise de Todd Gitlin sobre como os dispositivos formais do horário nobre televisivo encorajam os telespectadores a se verem como indivíduos acumuladores e antipolíticos. Ele considera importantes para a reafirmação da hegemonia as seguintes características: a "curva normal da ação narrativa", em que personagens-padrão lidam com uma nova versão da situação-padrão, a complicação da trama em que "personagens-tipo" mostram seu comportamento-padrão, a resolução da trama em 22 ou 50 minutos – todas essas regularidades da fórmula repetida são "*performances* que ensaiam a fixidez social". Elas "expressam e consolidam a obduração de um mundo social impermeável a mudanças substanciais" (Gitlin, T., 1979, p. 254).

Tais fórmulas, contudo, não estão isoladas. Elas devem ser vistas em relação às estruturas temporais e à comercialização, pois, ao organizar o "tempo livre" dos indivíduos em unidades intercambiáveis de ponta a ponta, a televisão "estende e se harmoniza com a industrialização do tempo. O tempo dos meios de comunicação e o tempo da escola, com suas respectivas unidades e curvas de ação, espelham o tempo do trabalho cronometrado". Desse modo, o tempo livre é industrializado, a duração é homogeneizada e, dada a fórmula mobilizada, até mesmo a animação pessoal é rotinizada pela estrutura da trama-padrão utilizada. O importante aqui é a forma desse aspecto do aparato cultural (Gitlin, T., 1979, p. 255).

Até a forma da experiência social de assistir TV contribui para a recriação da experiência ideológica. O telespectador encontra-se isolado e com frequência só se envolve em interações sociais durante os comerciais (cf., p. ex., Williams, 1974). Os comerciais determinam os momentos em que as coisas acontecem na trama. O fato de os comerciais serem tão dominantes é indicativo de seus efeitos sobre nossa consciência como um todo. Eles têm um papel importante em nos "acostumar a pensar em nós mesmos e nos comportar como um *mercado*, em vez de como um *público*, como consumidores em vez de cidadãos" (Gitlin, T., 1979, p. 255). Repare que a análise desse caso de impacto ideológico de um elemento (a televisão) do aparato cultural mais amplo não examinou o conteúdo – o que aconteceu, quais perspectivas foram apresentadas, o papel ideológico da tradição seletiva em funcionamento nesse exemplo. Embora essas questões sejam de crucial importância, perderemos algo igualmente importante se negligenciarmos a forma que o conteúdo assume – sua organização de significados e ações, suas sequências temporais e implicações interpessoais, sua integração com os processos de acumulação de capital e de legitimação de ideologias. As perguntas a serem feitas devem versar precisamente sobre a forma do currículo e também sobre a interação social nas escolas, pois é no terreno das formas curriculares dominantes que o controle, a resistência e o conflito se desenrolam. E é nesse campo que a crise estrutural torna-se visível e as questões sobre o currículo oculto, a intervenção do Estado e o controle do processo de trabalho são integradas no nível da prática escolar.

Para compreender plenamente as implicações desses argumentos, precisamos prestar atenção a um ponto que esteve implícito em minha breve discussão a respeito do Estado. As escolas são lugares onde os professores *trabalham*. Tendemos a esquecer esse fato com frequência. E alterações na forma do currículo como as que venho discutindo também têm um impacto profundo sobre esse trabalho. Elas correspondem a uma relação fundamentalmente transformada entre o trabalho de uma pessoa, suas habilidades, sua consciência, suas produções e as outras pessoas. A análise mais detida dessas mudanças (algo a ser feito no capítulo 5) – e elas serão tão contraditórias quanto as mudanças que vemos hoje em qualquer aspecto do processo de trabalho em geral – nos permitirá mostrar as ações que podem ser adotadas por grupos progressistas dentro das escolas e entre os professores. Essa dupla apreensão – a de que novas formas de currículo engendram tanto novos modos de controle quanto possibilidades de ação política – abre uma porta para nossa compreensão do que acontece nas escolas e fornece um elemento-chave para nossa análise. Como? Certos princípios baseados no conhecimento técnico/administrativo produzido originalmente pelo aparato educacional têm orientado a organização e o controle dos locais de trabalho nas economias corporativas. Esses princípios têm penetrado não apenas o chão de fábrica, mas também franqueado cada vez mais todo o aparato produtivo da sociedade. O trabalho manual e mental, o trabalho no setor da produção e o do setor de serviços, a venda e a montagem, e sim, até mesmo o ensino, têm sido incorporados de forma lenta – mas segura – às lógicas dessas formas de organização e controle. De forma importante, o ensino é um processo de trabalho, um trabalho que possui, sem dúvida, características específicas que não podem ser reduzidas ao trabalho de um vendedor, ao trabalho em uma fábrica ou em um escritório de uma companhia de seguros, mas que ainda assim configura um processo de trabalho. E é na escola enquanto local de trabalho que o conhecimento técnico/administrativo produzido pela escola a ela retorna para controlar e racionalizar o trabalho tanto dos professores quanto dos alunos.

Com efeito, como veremos adiante, devido à atual crise estrutural nas esferas econômica, política e cultural da vida social, os elementos primários utilizados para organizar e controlar o processo de trabalho em nossa sociedade – entre os quais a separação entre trabalho mental e trabalho manual, o divórcio entre concepção e execução, a lógica da desqualificação e o controle da força de trabalho – estão sendo reconstituídos de maneiras complexas e paradoxais nas escolas neste momento. E, assim como outros locais de trabalho e contextos culturais, esses elementos estão sujeitos à aceitação e à rejeição a um só e mesmo tempo. Ao retornarmos à vida cotidiana das escolas para examinar esses tópicos no capítulo 5, podemos completar o círculo de nossas investigações sobre como as escolas tanto reproduzem quanto contradizem as "necessidades" de nossa sociedade desigual.

A circulação do conhecimento técnico/administrativo

Evidentemente, este capítulo apenas introduziu questões complexas relativas a Estado, classe, cultura, reprodução, resistência, contradição, conhecimento e escolaridade. Mas minhas proposições passadas sobre a forma curricular e sua relação com o processo de trabalho do ensino nos levam de volta ao ponto conceitual com o qual iniciei a segunda seção deste capítulo: a escola como um aparato tanto produtivo quanto reprodutivo.

Uma linha condutora perpassa esses argumentos – a importância do conhecimento técnico/administrativo e sua ideologia correlata. A escola ajuda a produzi-lo como uma forma de "capital"; ele é encontrado e contestado no local de trabalho como uma forma de controle; ele adentra o Estado e a escola. Cada um desses espaços o transforma até ele retornar à escola e ser reproduzido e produzido novamente. Assim, vislumbramos um processo contínuo, porém contraditório.

Pretendo tornar esse ponto mais claro, uma vez que ele não é senão uma síntese de muitos argumentos que já foram e que serão feitos aqui. Podemos pensar o conhecimento técnico/administrativo como corporificado e em circulação no Estado, na escola e na economia.

De formas variadas, trata-se de um processo circular. O conhecimento técnico/administrativo é produzido a longo prazo na e através da organização da educação. Como veremos no capítulo 2, sua acumulação para uso daqueles no poder (por meio de leis de patentes, práticas de contratação, processos de credenciamento, e assim por diante) é uma forte tendência em nossa formação social. Essas formas de conhecimento, ou "capital cultural" – e a ideologia da racionalização que tanto o sustenta quanto é em parte engendrada por ele –, são empregadas na economia e *cada vez mais no Estado*, à medida que o próprio Estado se vê envolvido na crise maior de acumulação e legitimação do capital. Todavia, tanto no trabalho quanto na escola, os trabalhadores e os estudantes medeiam, transformam e até rejeitam aspectos desse conhecimento. No processo, ele é em certa medida alterado, mas sua circulação continua a se disseminar conforme a crise persiste. Assim, por meio de um conjunto de interconexões complexas, a lógica do capital, corporificada no conhecimento técnico/administrativo, retorna à sua fonte – o aparato educacional – enquanto um modo de controle.

Trata-se de um processo complicado, assim como o são as conexões entre as três esferas que mencionei. Se simples fosse, poderíamos lidar facilmente com as condições econômicas que descrevi anteriormente, enfrentadas por tantas pessoas agora. E, claro, elas não o são. Pois nossos problemas são tão decorrentes da falta de compreensão das conexões entre economia, cultura e política quanto da falta de vontade e das condições objetivas que tornam tão difícil construir e manter um grande movimento de trabalhadores e trabalhadoras com o propósito de transformá-las.

Agora que tracei o arcabouço conceitual e político que desenvolvi e prefigurei, de forma geral, meus argumentos básicos, permita-me ser um pouco mais específico sobre o conteúdo de cada um dos próximos capítulos.

O capítulo 2 parte da noção de cultura como mercadoria, apontando algumas das limitações das teorias econômicas atuais sobre o que as escolas fazem, incluindo algumas respeitáveis abordagens marxistas. Ao longo dele, lido com a interação dialética entre a escola como um aparato produtivo e como um aparato reprodutivo. Ao focar a cultura como uma mercadoria, descrevo as conexões entre a função da escola de auxiliar na produção do conhecimento técnico/administrativo necessário à acumulação de capital e ao controle do trabalho, por um lado, e o papel da escola na estratificação da população discente e na "criação" do desvio, por outro.

Os capítulos 3 e 4 voltam-se para a cultura como experiência vivida e para o papel contraditório desempenhado por essa cultura. Veremos a cultura como base fundamental para o possível desenvolvimento da resistência e de alternativas às práticas ideológicas do capital e do Estado, ao mesmo tempo em que reproduz parcialmente as condições de existência dessas mesmas práticas ideológicas.

Mais especificamente, o capítulo 3 desafiará novamente as teorias econômicas da reprodução dominantes, especialmente aquelas concernidas ao currículo oculto. Nele, examinarei o processo de trabalho no próprio local de trabalho, seguindo os pontos levantados por Erik Olin Wright sobre a possibilidade de ações não reprodutivas ocorrerem em espaços específicos. O foco estará nas vidas cotidianas dos *trabalhadores* em lojas, fábricas, escritórios e outros espaços. Rejeição e contradição, bem como reprodução, serão seus temas orientadores.

O capítulo 4 aprofundará minha análise dos processos de rejeição, mediação e transformação. Ali, irei analisar a maneira como as formas culturais relacionadas à classe – e ao gênero – são vivenciadas nos padrões de interação cotidianos de muitos *estudantes*. Continuarei registrando a invulgar importância de ir além das teorias simplistas da infraestrutura/ superestrutura ao mostrar a relativa autonomia da cultura. As conexões e contradições entre o econômico e o cultural/ideológico ficarão evidentes. Ao mesmo tempo, irei relacionar essas conexões e contradições à crise que causam no Estado ao examinar as reformas atualmente propostas (como créditos fiscais e programas de vales) visando capacitar a escola a responder de forma mais adequada à crise estrutural. Por fim, assim como nos capítulos anteriores, traçarei algumas sugestões de ação.

O capítulo 5 nos leva de volta ao processo de mercantilização, pelo qual o conhecimento técnico/administrativo retorna à escola. Aqui, a forma e o conteúdo cultural se mostram em sua existência reificada, enquanto o Estado e o capital tentam controlar tanto o conteúdo do que é ensinado quanto a forma de sua transmissão e o processo de trabalho do ensino. O capítulo deverá analisar a forma curricular cada vez mais encontrada atualmente nas escolas e relacioná-la com os argumentos apresentados anteriormente sobre o processo de trabalho. Em resumo, o capítulo 5 nos permitirá ver como o Estado integra reivindicações populares democráticas e corporativas a fim de promover tanto a legitimação quanto a acumulação.

O capítulo 6 deverá sintetizar os argumentos apresentados e examinar os prospectos para o sucesso da ação progressista tanto na escola quanto nas instituições adjacentes. Ação progressista que se faz ainda mais necessária hoje, momento em que a sombra da crise se espraia.

2
Conhecimento técnico, desvio e o Estado
A mercantilização da cultura

Um pequeno livro de histórias escritas para crianças que estão começando a aprender a ler contém mais ou menos o seguinte diálogo: Boris, o Urso, e Morris, o Alce, se encontram na floresta. Boris, certamente o mais esperto dos dois e alguém que está por dentro das coisas, pergunta a seu amigo se ele gosta de charadas. Morris fica intrigado com a pergunta. De repente, num lampejo, ele responde algo como: "Bem, não sei direito. Qual é o gosto delas?" Boris, exasperado, com desprezo brilhando em seus olhos, retruca a seu companheiro: "Escute aqui, uma charada não é de comer!" Morris agora entende: "Claro! Eu sei. É de beber".

Encontro-me agora um tanto na posição de Morris. Um sem-número de Boris continuam me afirmando uma única maneira de interpretar um determinado fenômeno, embora nesse caso seja a escola e não uma charada. A maioria desses Boris, incluindo muitos reformadores de currículo e estudiosos da educação, dizem-me que as escolas são os motores de uma democracia meritocrática. Uma parcela menor, uma com a qual, admito, me identifico em muitos aspectos, interpreta as escolas de forma mais estrutural. Eles me dizem que as escolas são simplesmente mecanismos para a reprodução da divisão do trabalho. Mas eu sei que o primeiro grupo de Boris está claramente errado[27], e o segundo grupo infelizmente parece estar muito enamorado com uma visão da escola como caixa-preta.

---
27. Para uma resenha das pesquisas sobre a relação entre escolaridade e desigualdade, cf. Persell (1977).

Minha própria experiência dentro da caixa-preta e minha pesquisa sobre o lugar ideológico e econômico da atividade pedagógica e curricular do dia a dia dentro dela fazem-me perguntar, assim como Morris, se isso é tudo o que uma charada pode fazer. Podemos entender o que as escolas são e fazem sem reduzi-las, como na charada, a uma única função, mas ao mesmo tempo sem abrir mão dos interesses estruturais que guiam os teóricos da reprodução? Podemos construir uma teoria "externa" mais sutil das escolas – uma teoria um pouco mais complexa do que aquela embutida na teoria unidimensional da recriação de uma força de trabalho hierarquizada, mas que ainda nos ajude a explicar tanto algumas das qualidades internas das escolas quanto as conexões entre essas qualidades e uma economia desigual?

É evidente que estamos caminhando rumo a esse fim. Isso ocorre em parte porque o impressionante desenvolvimento de estudos etnográficos e etnometodológicos tem levado a um aumento de nossa compreensão das formas internas (e das restrições a essas formas) pelas quais professores e alunos "negociam" suas respectivas realidades em sala de aula (cf., p. ex., Woods; Hammersly, 1977). Isso também tem levado a descrições mais claras das maneiras como os alunos são imputados como desviantes pelos professores dentro da escola (p. ex., Hargreaves *et al.*, 1975; Sharp; Green, 1975). No entanto, embora esses tipos de investigação nos ajudem a desvendar os significados performados por ou impostos sobre educadores e crianças em suas vidas cotidianas, às vezes elas se revelam menos adequadas do que gostaríamos quando expõem as possíveis *razões* para a evolução de determinados significados e para o domínio de certas concepções de desvio. É claro que descrever "x" não é necessariamente o mesmo que explicar a razão de "x" existir.

Esse processo de explicação pode ser realizado de duas maneiras. Pode-se explicar as condições da existência de "x" dentro de uma instituição, focando "internamente" o que sustenta ou contradiz a ação no ambiente imediato em que esse "x" se encontra. Ou, como gostaria de fazer neste capítulo, podemos nos debruçar sobre a relação entre "x" e os modos de produção e forças ideológicas e econômicas "externas" nos quais "x" está imerso. Minha abordagem, portanto, *será* estrutural. Pretendo revelar as conexões entre a criação e imputação de certos tipos de desvios nas escolas e as condições econômicas e culturais desiguais que podem fornecer uma série de razões para a existência dessas condições nessas instituições. Isso *não* nega a importância das perspectivas internalistas sobre a educação, nem supõe que a análise estruturalista da vida escolar, tal como a noção de charada de Boris, pode tudo explicar[28]. Com efeito, as descrições microssociais de nossas práticas de senso comum são essenciais para aqueles que desejam adotar uma perspectiva macroeconômica ao menos por nos lembrar das contribuições de Gramsci e de Williams. Como eles continuamente nos lembram, a hegemonia ideológica, como peça dos próprios mecanismos de controle, não é algo que se vê apenas no nível do comportamento macrossocial e das relações econômicas, nem é algo que paira sobre nossas cabeças, por assim dizer. A hegemonia é constituída por nossas práticas cotidianas. É todo o nosso conjunto de significados e ações de senso comum que constrói o mundo social como o conhecemos (Williams, 1977), um mundo do qual participam aspectos avaliativos, docentes e curriculares internos às instituições educacionais.

Mesmo tendo tudo isso em mente, gostaria de afirmar que, até entendermos os laços existentes entre essas práticas curriculares e pedagógicas internas às escolas e as estruturas "externas" de dominação de uma sociedade, teremos uma explicação necessariamente incompleta de "x". Assim, embora descrições bastante minuciosas do funcionamento interno das escolas e da imputação de desvios estejam começando a aparecer, é preciso complementá-las com uma teoria estrutural da educação e do lugar do desvio nela. Tal teoria teria que conectar os tipos de conhecimento considerados importantes nas escolas (conhecimento de alto *status* ou legítimo), os tipos de estudante rotulados como desviantes, as "necessidades" ideológicas, políticas e econômicas da sociedade em que as escolas estão inseridas e, por fim, o papel do Estado em tudo isso, de maneira que responda mais adequadamente a essa complexidade do que as simples teorias da reprodução econômica atualmente existentes.

---

28. Sustentei alhures que a distinção entre explicações micro e macro não é útil (cf. Apple, 1978b, p. 495-503).

O que as escolas fazem e o que elas não fazem

Deve ficar claro desde o início que há um risco na mobilização do conceito de desvio. Seu uso tradicional tende a evocar a ideia de que os desviantes seriam diferentes *e* inferiores. Nessa visão convencional, as escolas são basicamente instituições meritocráticas. Elas levam à mobilidade em larga escala entre grupos e indivíduos em uma população. Qualquer falta de mobilidade, qualquer falha no desempenho, é definida como uma deficiência do indivíduo ou grupo que falhou. Pode-se dizer que aqui o desvio é "merecido" pelo desviante, uma vez que o currículo ostensivo e oculto, as relações sociais na sala de aula e as categorias pelas quais os educadores organizam, avaliam e atribuem significado às atividades nas escolas são percebidos como essencialmente neutros. Essa alegação de neutralidade é menos precisa do que se pode imaginar. Como observei no capítulo 1, o corpo formal do conhecimento escolar e o currículo oculto frequentemente contêm compromissos ideológicos (Apple, 1979c). As categorias usadas pelos educadores para pensar, planejar e avaliar a vida escolar favorecem consistentemente as regularidades sociais existentes e desiguais (Apple, 1979c; cf. tb. Bernstein, 1977).

E, finalmente, as escolas não são tão meritocráticas como muitos estudiosos da educação nos fariam acreditar. Embora muitas pessoas ainda aceitem a noção de que a escolarização serve para maximizar a possibilidade de mobilidade individual, levando de forma direta à capacidade de ter uma vida melhor no futuro, análises recentes sugerem o contrário. Pois se realmente vivêssemos em uma ordem meritocrática, "esperaríamos encontrar um aumento ao longo do tempo da correlação entre pontuações em testes e critérios de sucesso na vida adulta, e a diminuição da correlação entre origem familiar e sucesso na vida adulta" (Olneck; Crouse, 1978, p. 13-14). Não é o que se verifica, porém. Em vez disso, evidências atuais indicam que não há um enfraquecimento consistente da conexão entre origens e conquistas derivadas da escolarização (Olneck; Crouse, 1978, p. 15; cf. tb. Carnoy; Shearer, 1980).

Em vez de analisar as características internas e externas das escolas dessa perspectiva, que parece corresponder a uma percepção empírica e ideológica equivocada, pretendo argumentar que um dos papéis sociais fundamentais e latentes da escola é a "amplificação do desvio". Ou seja, a escola *naturalmente gera* certos tipos de desvios. Esse processo de geração natural está intimamente relacionado ao lugar complexo ocupado pelas escolas na reprodução econômica e cultural das relações de classe – por um lado, ligado à função da escola como um aparato ideológico do Estado[29] e, por meio disso, à produção de agentes (com as disposições e valores "apropriados") que satisfaçam as necessidades da divisão social do trabalho na sociedade, e, por outro lado, ligado ao lugar das instituições educacionais na produção de certas formas de conhecimento exigidas por uma sociedade desigual. É a interação (muitas vezes encoberta pelas teorias da "caixa-preta") entre esses dois fatores, em especial o último, que receberá minha atenção aqui. Em síntese, pretendemos interpretar esse aspecto como um problema de começar a desatar os laços que unem o papel econômico e o papel cultural da escola.

Como devemos entender isso? De início, examinemos algumas proposições gerais, que parecem ter algum respaldo empírico, sobre o que as escolas parecem realizar enquanto instituições inseridas em nossa sociedade. As escolas parecem fazer várias coisas. Elas são órgãos reprodutivos, pois ajudam *sim* a selecionar e a certificar uma força de trabalho. Nesse sentido, os teóricos da reprodução não estão errados. Mas as escolas vão além. Elas contribuem, em termos culturais, para a manutenção de privilégios ao mobilizar a forma e o conteúdo da cultura e do conhecimento de grupos poderosos e ao defini-los como conhecimento legítimo a ser preservado e transmitido. Dessa forma, elas atuam como agentes do que Raymond Williams chamou de "tradição seletiva". As escolas, portanto, também são agentes na criação e recriação de uma cultura dominante. Elas ensinam normas, valores, disposições e cultura, contribuindo para a hegemonia ideológica de grupos dominantes (Williams, 1977).

Entretanto, isso não é tudo. As escolas ajudam a legitimar novos conhecimentos, novas classes e estratos sociais; e é muitas vezes na batalha entre as culturas de classes e grupos mais antigos e emergentes por um

---

29. Não subscrevo completamente a perspectiva althusseriana aqui. Para críticas a essa perspectiva, cf. Connell (1979, p. 303-345), Erben e Gleesen (1977, p. 73-92) e P. Willis (1977).

lugar no currículo escolar que se pode ver os conflitos de classe e gênero e as contradições econômicas se desdobrando nas atividades cotidianas (Meyer, 1977; cf. tb. Collins, 1977, p. 601-602).

Observe que tal listagem das principais funções sociais das instituições educacionais necessariamente inclui preocupações tanto culturais quanto econômicas. As escolas alocam pessoas e legitimam conhecimentos. Elas legitimam pessoas e alocam conhecimentos. Ora, é possível abordar essa combinação (e *não* se trata de funções separadas, mas que se interpenetram) de forma positiva ou negativa. Trata-se basicamente de algo bom, mau ou contraditório. Mas é preciso falar ao mesmo tempo do controle *tanto* da cultura *quanto* da economia para entender o que as escolas fazem. Assim, como veremos, o controle do conhecimento e do poder econômico caminham juntos, mas não do modo que estamos acostumados a pensar.

O conhecimento escolar: distribuição ou produção

A relação entre conhecimento e economia não é uma novidade. Trata-se de uma relação frequentemente reconhecida, embora de modos diferentes, tanto por marxistas como por não marxistas. Duas abordagens recentes, por exemplo – uma pretensamente neutra e outra de esquerda –, estão entre as respostas a essa relação e têm dominado nosso pensamento sobre o que fazem as escolas. Basicamente, embora ambas não sejam senão tipos ideais que compreendem diferenças reais, podemos chamar essas abordagens de teoria do capital humano e teoria da alocação. Em geral, a teoria do capital humano afirma que as escolas são agências fundamentais para o crescimento industrial e para a mobilidade. As escolas maximizam a distribuição do conhecimento técnico e administrativo entre a população. À medida que os estudantes adquirem esse conhecimento, podem "investir" suas habilidades e conhecimentos adquiridos e subir na escala rumo a melhores posições. Isso deve gerar taxas de mobilidade individual mais altas e garantir o suprimento de pessoas bem treinadas necessárias para uma economia em expansão. O treinamento técnico generalizado, a mobilidade e o crescimento econômico estão interligados. O planejamento consciente da "força de trabalho" e o estímulo a currículos científicos, técnicos e orientados para carreiras nas escolas mostram-se aqui essenciais (Karabel; Halsey, 1977a, p. 12-16).

Quase como uma resposta direta às premissas de muitos adeptos da escola do capital humano, os teóricos da alocação afirmam o oposto. As escolas não existem para estimular uma mobilidade de classe generalizada. Em vez disso, elas basicamente atuam como dispositivos de seleção. Elas alocam indivíduos "em seus devidos lugares" dentro da divisão hierárquica do trabalho e distribuem disposições, normas e valores (por meio do currículo oculto) necessários aos trabalhadores para sua participação efetiva em seu degrau na escala ocupacional. O ensino de mensagens ocultas diferenciais (por posição de classe), a importância relativamente pequena da competência técnica e a ausência de mobilidade de classe estão interligados aqui (cf., p. ex., Bowles; Gintis, 1976). Para os teóricos do capital humano, "possuir" algum conhecimento leva a um maior poder pessoal na arena econômica. Para os teóricos da alocação, internalizar conhecimento oculto – disposições, normas e valores – leva à permanência do poder em mãos alheias.

Decerto, as teorias da alocação dos economistas políticos da educação nos ensinaram muito, é claro. Apesar de terem subestimado sistematicamente o importante papel desempenhado pelo corpo formal do conhecimento escolar na reprodução que desejam explicar (Apple, 1979b), forneceram uma base política importante a partir da qual se pode interpretar as mensagens encobertas que as escolas parecem ensinar de maneira tão poderosa.

Em outro lugar, indiquei estudos etnográficos que mostraram como o currículo oculto nas escolas ensina efetivamente normas "essenciais" e distinções ideológicas aos estudantes – normas e distinções "exigidas" por um mercado de trabalho (Apple; King, 1977). Essas pesquisas tendiam a confirmar parte do argumento apresentado pelos economistas políticos de que um importante papel econômico da escola era justamente esse ensino oculto. Assim, para Bowles e Gintis, esse ensino encoberto evocado pelas relações sociais da sala de aula era diferencialmente distribuído. Em essência, em vez de um único sistema público de ensino, no capitalismo avançado existem dois. Cada um desses sistemas ensina normas, valores e disposições diferentes, conforme a classe social e a trajetória econômica de cada um (Bowles; Gintis, 1976; cf. tb. Anyon, 1980, p. 67-92; Baudelot; Establet, 1975). A escola, aqui, atua como um filtro entre a casa e o mercado de trabalho. Ela define alguém como normal ou desviante, e essas definições de desvio correspondem aproximadamente às necessidades da economia exterior à escola. Apesar de um tanto mecanicista, trata-se de uma análise parcialmente verdadeira.

De fato, como mencionei anteriormente, embora minhas simpatias políticas se alinhem com as preocupações estruturais associadas às posições dos teóricos da alocação e não com os teóricos do capital humano, ambos os grupos ignoram e deixam escapar um importante papel da escola. Ambos os grupos supõem, pelo menos em termos do conhecimento encontrado na instituição, que as escolas são instituições de *distribuição*. O primeiro grupo supõe que uma importante função do aparato educacional é maximizar a distribuição do conhecimento técnico para que os indivíduos também possam maximizar suas chances de sucesso em um mercado competitivo. As limitações dessa abordagem (uma concepção de mercado competitivo e aberto etc.) são evidentes (Castells, 1980; Karabel; Halsey, 1977a; O'Connor, 1973). O outro adota certamente uma posição estrutural, mas também supõe que a única maneira efetiva de interpretar a escola é concebê-la como um mecanismo distribuidor de normas e disposições que reforçam e reproduzem posições de classe ancoradas na economia. Isso é correto em muitos aspectos e certamente serve para desmascarar grande parte das crenças meritocráticas ainda amplamente difundidas, crenças que consideram como dado o "fato" de que a distribuição desse conhecimento técnico garante o avanço em uma sociedade que é desigual desde a raiz. Todavia, ambas as posições, e especialmente qualquer posição que queira entender plenamente o papel da escola na reprodução da desigualdade, devem ser complementadas por um enfoque simultâneo na escola como uma instituição produtiva e não apenas distributiva.

Embora isso certamente não esgote todas as realizações de um sistema educacional, será preciso examinar de duas maneiras a escola enquanto aspecto do aparato produtivo de uma sociedade: a primeira, como instituição que ajuda a produzir agentes para posições externas à escola, no setor econômico da sociedade; a segunda, como instituição que produz as formas culturais necessitadas direta e indiretamente por esse mesmo setor econômico. Defendo que há uma interação, uma interação bastante complexa, entre o papel da escola na produção de agentes para a divisão social do trabalho (um papel reconhecido pelos economistas políticos da educação) e o lugar da escola como um modo de produção de capital cultural. Em suma, para que possamos entender essa interação, teremos que começar a "decifrar a lógica" do processo de acumulação capitalista, já que a produção, a acumulação e o controle de certos tipos de conhecimento são aspectos integrantes desse processo (Wright, 1978, p. 111).

Como observou Erik Olin Wright, a acumulação de capital está no cerne da reprodução das sociedades capitalistas (Wright, 1978, p. 112)[30]. Falando metaforicamente, apesar de a escola não ser a estação de bombeamento dessa economia, ela se encontra no mesmo corpo e contribui para o processo de acumulação tal como existe hoje. Examinemos esse corpo um pouco mais de perto.

Conhecimento escolar e acumulação de capital

Proponho que pensemos no conhecimento como uma forma de capital. Se as instituições econômicas são organizadas de forma que determinadas classes aumentem sua participação no capital econômico, instituições culturais como as escolas parecem fazer o mesmo. As escolas desempenham um papel fundamental em auxiliar a acumulação de capital cultural.

Utilizo aqui a ideia de capital cultural de uma maneira específica, diferente da de Bourdieu e outros. Para Bourdieu, por exemplo, o estilo, a linguagem, as disposições culturais etc. dos grupos dominantes – ou seja, seu capital cultural – podem ser investidos nas escolas, de forma a preservar sua dominação (Bourdieu; Passeron, 1977). Nesse sentido, avançam por causa da "posse" desse capital cultural. Há certa validade nessa concepção de capital cultural. Contudo, ela não captura o papel da escola na *produção* de uma espécie de capital. O trabalho de Bourdieu

---

30. Mas Wright sustenta que a necessidade de um processo continuamente emergente de acumulação de capital não é sempre benéfico para a reprodução. Com efeito, isso pode gerar crises estruturais em seu próprio interior (cf. Wright, 1978, p. 111-180).

ainda remete a algo como uma teoria da alocação. Para ele, o capital cultural é usado como um dispositivo para alocar os alunos, por classe, em sua posição "adequada" na sociedade. Alunos que não detêm esse capital são, por definição, desviantes. Essa abordagem não apreende o fato de que as escolas também atuam como um dos principais modos de produção dos bens culturais necessários a uma sociedade capitalista. Isso exigirá uma explicação ulterior.

Eis meus argumentos avançados em *Ideologia e currículo* a respeito do papel ideológico do conhecimento escolar:

> Nosso tipo de sistema econômico é organizado de forma a criar apenas uma certa quantidade de empregos e ainda manter níveis altos de lucratividade para as corporações. Em essência, o aparato econômico está em seu nível *mais eficiente* quando há uma taxa (mensurada) de desemprego entre aproximadamente 3% e 6% (embora nós saibamos que se trata de uma mensuração notoriamente imprecisa e que devemos acrescentar a questão das taxas muito mais altas para negros [e outros grupos], altos níveis de subemprego [e do trabalho remunerado e sub-remunerado das mulheres]). A oferta de trabalho para esses indivíduos exigiria a redução de taxas de retorno aceitáveis e provavelmente requereria ao menos uma reorganização parcial dos chamados "mecanismos de mercado" que distribuem empregos e recursos. Nesse sentido, a descrição de nosso sistema econômico como um *gerador natural* de níveis especificáveis de desemprego e subemprego não seria uma metáfora equivocada. A principal preocupação desse modelo seria a maximização da produção de lucro – a distribuição de recursos e empregos sendo uma preocupação apenas subsidiária.
> Ora, um modelo semelhante parece ser válido quando pensamos no conhecimento em relação a uma tal economia. Uma economia capitalista avançada requer a produção de altos níveis de conhecimento técnico para manter o aparato econômico funcionando de forma eficaz e se tornar mais sofisticado na maximização das oportunidades de expansão econômica. Dentro de certos limites, o que realmente é necessário *não* é a distribuição generalizada desse conhecimento de alto *status* para a população em geral. O necessário é a maximização

> de sua produção. Desde que o conhecimento seja contínua e eficientemente produzido, a escola mesma, pelo menos nesse aspecto importante de sua função, continua sendo eficiente. Assim, níveis baixos de realizações por parte de estudantes de grupos "minoritários", filhos de famílias pobres etc., podem ser tolerados. Isso tem menos importância para a economia do que a geração do próprio conhecimento. Mais uma vez, a produção de uma determinada "mercadoria" (neste caso, o conhecimento de alto *status*) é mais importante do que a distribuição dessa mercadoria. Enquanto isso não interferir na produção do conhecimento técnico, a questão de distribuí-lo de forma mais equitativa pode ser igualmente tolerada.
>
> Assim, se para o "mercado econômico" é mais eficiente um nível relativamente constante [ou uma variação controlada pelo Estado ou pela corporação] de desemprego, é mais eficiente gerar realmente esse desemprego, as instituições culturais, por sua vez, geram "naturalmente" [desvios] e níveis baixos de desempenho. A distribuição ou a escassez de certas formas de capital cultural têm menos importância no cálculo de valores [gerados por essa formação social] do que a maximização da produção do próprio conhecimento (Apple, 1979c, p. 36-37)[31].

Assim, as escolas não atuam "meramente" como mecanismos de distribuição de um currículo oculto e de distribuição de pessoas para seus lugares "adequados" fora delas. Elas são elementos importantes no modo de produção de mercadorias em uma sociedade.

O que há de errado nisso? Claro que as escolas produzem conhecimento. Não se trata de algo do senso comum? No entanto, é naquilo que parece tão próprio do senso comum que podemos começar a descobrir algumas das conexões entre o conhecimento escolar, a reprodução da divisão do trabalho e o processo de acumulação. Para fazê-lo, precisamos entender como o conhecimento técnico/administrativo é efetivamente empregado. Precisamos situá-lo novamente nas relações estruturais que contribuíram para sua geração, pois o conhecimento técnico *não* é necessariamente uma mercadoria neutra no contexto de uma economia

---

31. Agradeço a Walter Feinberg pela ideia de que as escolas servem para maximizar a produção de conhecimento técnico (cf. Feinberg, 1977, p. 249-269).

capitalista. Trata-se de algo particularmente importante nos dias de hoje, quando vai se tornando cada vez mais clara a monopolização corporativa quase total do conhecimento técnico e da inteligência tecnológica (Noble, 1977, p. xxvi).

A posição de Andre Gorz mostra-se particularmente importante nesse ponto. Gorz sustenta que "é preciso sempre lembrar que os 'meios de produção' não são apenas fábricas e máquinas; são também a tecnologia e a ciência corporificadas nas máquinas e instalações, que dominam os trabalhadores como uma 'força produtiva distinta do trabalho'" (Gorz, 1976, p. ix).

Em termos gerais, muitos aspectos do conhecimento técnico são essenciais em qualquer economia industrial avançada. O *modo* como é empregado em nossa economia é um fator crucial. O enorme aumento do volume de produção suscitou a necessidade de um rápido crescimento da quantidade de informações técnicas e administrativas. Isso vem de par com uma maior necessidade de "pesquisas de mercado" e de pesquisas de relações humanas requeridas pelas empresas para aumentar a taxa de acumulação e o controle do trabalho. Tudo isso exige a produção de informações por meio de máquinas (e também a produção de máquinas mais eficientes). Esses produtos – a mercadoria do conhecimento – podem não ser materiais no sentido tradicional desse termo, mas não há dúvida de que são produtos economicamente essenciais (*Il Manifesto*, 1976, p. 124). Quando se acrescenta o imenso papel desempenhado pelas indústrias relacionadas ao aparato de defesa na acumulação corporativa – algo que destaquei em minhas notas do capítulo 1 –, a importância desse tipo de capital cultural aumenta.

Apesar de não ser uma regra rígida e tender a variar historicamente em economias como a nossa, o conhecimento técnico tem sido produzido e organizado de forma voltada a beneficiar interesses corporativos. Por exemplo, em sua interessante (e às vezes problemática) análise do papel das inovações técnicas no crescimento de uma economia capitalista, Stephen Marglin observa que o viés da mudança tecnológica tem sido quase sempre consistente com a organização e reorganização industrial. Ou seja, a eficiência técnica resultante da acumulação *e do controle* do conhecimento técnico/administrativo foi patrocinada e introduzida por gestores corporativos para que pudessem aumentar sua cota de lucros econômicos, não apenas para tornar a organização mais eficiente. A função social da divisão hierárquica do trabalho baseada em critérios técnicos, portanto, não visava apenas à eficiência técnica, mas à acumulação. Ao mesmo tempo, o poder da gestão de controlar e supervisionar os trabalhadores aumentou pelo simples fato de que a hierarquia do trabalho baseada na técnica fragmentou ofícios e habilidades em unidades atomizadas para que pudessem ser reorganizadas no chão de fábrica (Marglin, 1976, p. 13-54). O estudo de Harry Braverman sobre a atomização e a perda de controle progressivas dos empregos industriais e administrativos ilustra graficamente parte dos desdobramentos históricos desse processo (Braverman, 1974).

A importância do uso, do controle e da acumulação do capital cultural técnico torna-se ainda mais evidente quando se examina a história de nossas indústrias mais baseadas em tecnologia e ciência. Por exemplo, nas indústrias extrativa, petrolífera, siderúrgica, de borracha e, sobretudo, automobilística, a introdução sistemática da "ciência" como meio de produção pressupôs e, em seguida, reforçou o monopólio industrial.

Assim, em sua recente análise da história da relação entre ciência, tecnologia, instituições educacionais e indústria, Noble argumenta que

> esse monopólio significava o controle não apenas dos mercados e das usinas e equipamentos produtivos, mas também da própria ciência. Inicialmente, o monopólio sobre a ciência assumiu a forma do controle de patentes – ou seja, o controle sobre os *produtos* da tecnologia científica. Em seguida, passou a controlar o próprio *processo* de produção científica por meio da pesquisa industrial organizada e regulamentada. Por fim, passou a incluir o domínio dos pré-requisitos sociais desse processo: o desenvolvimento das instituições necessárias para a produção tanto do conhecimento científico quanto de pessoas conhecedoras, e a integração dessas instituições no sistema corporativo da indústria baseada em ciência. "A revolução científico-técnica", como explica Harry Braverman, "não pode ser compreendida em termos de inovações específicas." [...] Ela "deve ser compreendida em sua totalidade como um modo de produção no qual a ciência e a engenharia exaustiva foram

integradas como parte do funcionamento ordinário. A inovação-chave não está na química, na eletrônica, na maquinaria automática [...] ou em qualquer um dos produtos dessas ciências-tecnologias, mas sim na transformação da própria ciência em capital" (Noble, 1977, p. 6).

Assim, à medida que a indústria se vinculava cada vez mais à divisão e ao controle do trabalho e às inovações técnicas, se ela pretendia expandir seus mercados e o consumo, fazia-se necessário garantir uma acumulação relativamente constante de dois tipos de capital, o econômico e o cultural. Essas necessidades exigiam uma influência muito maior sobre os lugares onde tanto os agentes quanto o conhecimento eram produzidos – a escola e, especialmente, a universidade. Atualmente, esse processo de influência se intensifica frequentemente sob a forma de intervenção estatal a ser descrita com mais detalhes em breve.

As observações anteriores de Noble sobre a importância do controle de patentes iluminam um ponto essencial, pois aqui se pode ver uma área em que a acumulação de conhecimento técnico desempenha um papel econômico relevante. Controlar a produção de conhecimento técnico era importante para a produção sistemática de patentes e para a monopolização de um mercado. Embora o principal objetivo de grande parte da pesquisa industrial fosse encontrar soluções técnicas para problemas imediatos de produção, a organização e o controle da produção de conhecimento eram essenciais se alguém quisesse "antecipar tendências inventivas e registrar patentes para manter aberto o caminho do progresso técnico e da expansão comercial" (Noble, 1977, p. 95). O controle de aspectos importantes da ciência e do conhecimento técnico era realizado por meio de monopólios de patentes e da organização e reorganização da vida universitária (especialmente de seus currículos). Assim, como Noble volta a mostrar de forma tão clara, a indústria e as ideologias geradas por ela desempenharam e continuam a desempenhar um papel excepcionalmente importante na determinação (isto é, na definição de limites estruturais) dos tipos de currículo e das práticas pedagógicas considerados apropriados ou legítimos para uma parte significativa da vida universitária e dos institutos tecnológicos. Diante da crise econômica que enfrentamos atualmente, devemos esperar uma influência ainda maior dos interesses do capital em um futuro próximo.

Em certo aspecto, utilizar as universidades para gerar e preservar o conhecimento técnico com base na pesquisa básica e aplicada foi bastante eficiente. O custo e o risco tanto da formação de pessoal qualificado para trabalhar na indústria quanto da produção da pesquisa fundamental da qual depende grande parte da pesquisa industrial baseada em ciência são assumidos em grande medida pelo público (Noble, 1977, p. 128, 147). Em parte, isso explica por que os currículos ostensivos das escolas – o conhecimento legítimo dentro da caixa-preta – parecem estar voltados para a universidade. Ou seja, o fato de que uma grande parte da escolarização esteja voltada para a faculdade e a escola técnica[32] fornece ainda mais evidências da interpenetração do duplo papel da escola na produção tanto de agentes quanto de mercadorias culturais.

Até agora, argumentei que é preciso ver as escolas como instituições tanto produtivas quanto distributivas para se obter uma imagem mais completa do que elas parecem fazer. Ao mesmo tempo, se examinarmos os laços entre a produção econômica e a produção cultural, essa imagem pode ganhar ainda mais definição. Pretendo ir um pouco mais além aqui, explorando esses laços.

O foco na produção do conhecimento técnico nos permite ver como as escolas ajudam a manter uma distinção que está no cerne da divisão social do trabalho – aquela entre trabalho mental e manual (cf. Poulantzas, 1975, p. 238). Aqueles alunos identificados como capazes de produzir – por meio de seu trabalho excedente posterior – uma porção significativa de conhecimento técnico/administrativo estão sendo cada vez mais "situados" no lado "mental" dessa dicotomia. Isso é feito no âmbito interno mediante o funcionamento "natural" do programa curricular e orientador da escola. Aqueles que rejeitam ou são rejeitados por esse cálculo de valores em particular são "colocados", também aqui pelos programas internos de orientação e currículo da escola, em uma trajetória que permita a extração de seu trabalho excedente mais tarde

---

32. Como Karabel (1972, p. 521-562) mostrou, qual dessas instituições se vai frequentar depende muitas vezes da trajetória pessoal dentro de sua classe econômica.

na forma de serviço e/ou trabalho manual[33]. O fato de a cultura, a linguagem e os valores dos grupos dominantes serem empregados nas séries iniciais do ensino nessas escolas contribui para a localização dos filhos de pobres e de minorias étnicas no lado "manual" dessa dicotomia. Esse processo obviamente não é tão tranquilo quanto parece. Os estudantes não necessariamente se conformam a essas condições, um ponto ao qual retornarei no capítulo 4 com minha discussão sobre as qualidades internas das escolas e sobre a cultura vivida dos estudantes.

Observe novamente como isso parece funcionar em ambos os aspectos do papel produtivo da escola ao contribuir também para a produção de agentes exigidos pelas necessidades da divisão social do trabalho. Por um lado, aqueles indivíduos que não são "vistos" como contribuindo para a maximização da produção do conhecimento técnico/administrativo são considerados desviantes e, portanto, podem ser efetivamente classificados em diferentes níveis também regidos por normas e valores apropriadamente diferenciados. Por outro lado, são produzidos "especialistas", cuja função ideológica é importante. Nas palavras de Wright, "especialistas de vários tipos em todas as etapas do processo de produção ajudam a legitimar a subordinação do trabalho ao capital ao fazerem parecer natural a ideia de que os trabalhadores são incapazes de organizar eles mesmos a produção". Em essência, devido à extensa divisão entre trabalho mental e manual, os trabalhadores são ao fim e ao cabo excluídos do conhecimento necessário tanto para a compreensão quanto para a orientação de importantes aspectos do processo de produção (Wright, E., 1978, p. 38). A acumulação e o controle corporativos do conhecimento técnico estão intimamente ligados a essa divisão, uma divisão que é, como vimos, fundamental também para a acumulação e o controle do capital econômico.

Essa relação entre a acumulação de capital econômico e cultural significa que *não* é essencial que todos detenham um conhecimento técnico sofisticado. Desde que o conhecimento esteja disponível, a escola é relativamente eficiente nesse aspecto de sua função produtiva. À medida que as condições para a maximização da produção de conhecimento técnico/

---

33. Para um estudo do funcionamento desses programas internos, cf. Rosenbaum (1976).

administrativo são atendidas e à medida que os estudantes respondem ou rejeitam boa parte das mensagens da vida escolar basicamente via classe (e raça e gênero), a escola pode empregar esse conhecimento como um complexo filtro que separa os alunos de acordo com seus postos futuros em um mercado hierarquizado. As origens voltam a estar ligadas às realizações (mas não por meio de algum processo mecanicista, pois também há mobilidade *individual*).

É preciso sempre remeter tudo isso ao processo de acumulação. É preciso gerar reservas de capital para momentos de crise na economia. Para isso, parece ser também necessário dois outros tipos de reservas: (1) uma reserva de trabalhadores, que podem ocupar postos quando estes se tornam disponíveis, e (2) de capital cultural, formas de conhecimento que podem ser usadas para criar novas técnicas de produção, de monopólio de patentes, de estímulo a necessidades e mercados e de divisão e controle do trabalho. Assim, pode-se aventar a hipótese de que o conhecimento técnico funciona nas escolas como força de conhecimento reserva da mesma forma que uma economia precisa de força de trabalho reserva. Ambas as reservas irão desempenhar papéis importantes em uma crise econômica.

Reconheço que isso é bem complexo. No entanto, o ponto básico de minha análise nesta seção tem algo de apelo estrutural. Embora o conteúdo do conhecimento técnico não tenha necessariamente um valor de face ideológico, os usos aos quais se presta nas economias corporativas e a forma como ele funciona nas e por meio das escolas são "determinados" por padrões estruturais atualmente existentes. Ou seja, o domínio do controle corporativo do uso e da acumulação final do conhecimento técnico estabelece limites para as formas que ele assumirá nessa sociedade e em última análise para os tipos de conhecimento e de pessoas selecionados como legítimos nas escolas de sociedades capitalistas[34].

---

34. Erik Olin Wright especifica seis modos de determinação, entre os quais figuram os sugeridos aqui: determinação estrutural e seleção. A estes se somam as limitações estruturais, a seleção, a reprodução/não reprodução, os limites de compatibilidade funcional, a transformação e a mediação (cf. Wright, 1978, p. 15-23). Retornarei a esse ponto no capítulo 3. Outros interesses de *grupo de status* também se inserem aí, é claro. Para uma interessante discussão a esse respeito, cf. Collins (1979).

Em meus comentários introdutórios, notei, no entanto, que para entender essas complexas interconexões seria preciso observar as relações não apenas entre o conhecimento, o desvio e a reprodução econômica e cultural. Também teríamos que começar a lidar com o poder do Estado. É para isso que vamos nos voltar agora.

O papel do Estado

Em seu recente estudo comparativo do poder estatal e dos aparatos estatais, Goran Therborn propôs que o aparato estatal em sua organização e funcionamento pode ser visto como expressão das relações de dominação de classe (Therborn, 1978, p. 11). Trata-se de um ponto relevante para meu argumento, uma vez que o papel do Estado (com a escola como seu braço crítico) tem se mostrado cada vez mais importante para entender o que as escolas fazem.

Como tem ficado cada vez mais difícil para as corporações sozinhas garantirem um fluxo de conhecimento técnico e de pessoal tecnicamente especializado e semiqualificado, o aparato educacional do Estado, por meio de suas prioridades e políticas curriculares, de financiamento e de avaliação, assume proeminente responsabilidade. O Estado, que desde a década de 1930 nos Estados Unidos tem se orientado por políticas alocativas para a redistribuição de alguns recursos produzidos pela economia, mobiliza cada vez mais políticas produtivas. Isso fica claro na economia, esfera em que o Estado regula, controla, subsidia interesses setoriais, patrocina pesquisas e fornece apoio financeiro à produção de bens "essenciais", sobretudo aqueles diretamente relacionados com a indústria militar. O Estado age nacional e internacionalmente como uma força na "garantia" de suprimentos que contribuem para a produtividade da economia (Wright, 1978, p. 162)[35].

---

35. Com isso não estou afirmando que o Estado e a indústria serão necessariamente bem-sucedidos na regulação desses vários aspectos da produção e da economia. Como observei, está se tornando mais claro que o Estado tem diversas funções a desempenhar, não apenas o supracitado papel cada vez mais ativo no estímulo à acumulação, algumas das quais potencialmente em contradição com as outras. Para discussões interessantes sobre a diversidade de funções desempenhadas pelo Estado, cf. O'Connor (1973), Offe e Ronge (1975, p. 137-147) e Roger Dale (1979).

Diferentemente de períodos anteriores, antes da Segunda Guerra Mundial, por exemplo, quando o Estado intervinha na economia com objetivos delimitados, hoje a intervenção estatal cresce tão rapidamente que chega a ser um traço definidor de países capitalistas avançados. Embora os países possam diferir na maneira como intervêm – a nacionalização de certas indústrias na França e Itália, os gastos públicos maciços dos Estados Unidos –, não há mais dúvida sobre a amplitude dessa intervenção (Castells, 1980, p. 69), que geralmente assume algumas formas fundamentais. Primeiro, o Estado subsidia diretamente o capital por meio de medidas fiscais, como empréstimos e créditos, e indiretamente pelo fornecimento de energia, transporte etc. Uma segunda forma, bastante importante para meus argumentos aqui, remetem ao papel do Estado de avocar para si mais custos sociais do capital privado. Ou seja, ele socializa os custos de coisas como pesquisa científica, educação e treinamento da força de trabalho. Dessa forma, embora essas despesas sejam fundamental e primordialmente destinadas a aumentar a lucratividade e produtividade da indústria, os custos são "espalhados" para todos nós. Assim, se o capital acumula benefícios de forma desproporcional, as despesas são assumidas pelo grosso da população trabalhadora via Estado. A indústria pode aumentar sua parcela de conhecimento técnico/administrativo sem que o capitalista tenha que aumentar suas próprias despesas em pesquisa tecnológica (Castells, 1980, p. 70).

A intervenção estatal tem, é claro, outras funções. A contribuição do Estado para a expansão de canais de venda de mercadorias, a manutenção de um enorme aparato militar no espaço doméstico e no exterior e a absorção de trabalhadores "excedentes" ao aumentar a proporção de funcionários públicos assalariados, tudo isso presta serviços importantes à economia (Castells, 1980, p. 70-71). Por fim, o Estado desempenha um papel cada vez mais importante no que tem sido chamado de "reprodução das relações sociais" e na organização da divisão social do trabalho. Nesse sentido, inúmeras leis e regulamentos em educação, saúde, meios de comunicação, família, relações de propriedade etc. tendem a reproduzir as formas de relações sociais e contratuais necessitadas pelo capital (Castells, 1980, p. 71), embora também possam ser estimuladas pelas necessidades específicas do *próprio* Estado, evidentemente.

Cada uma dessas formas de intervenção estatal foram em grande medida geradas a partir da contínua e agora piorada crise de acumulação de capital. Diante disso, o Estado desenvolveu e continuará a desenvolver estratégias para tentar lidar com crises em "todo o processo de produção, reprodução, circulação e regulação de capital, mercadorias, recursos e trabalho" (Castells, 1980, p. 104).

Em resumo, fica claro que o Estado passou a ocupar o centro de nossa economia ao sustentar a acumulação de capital, fornecer serviços, criar novos mercados e proteger os antigos, além de absorver no funcionalismo público grande parte da população "excedente". Ao fazê-lo, traça uma tendência sistemática: *socialização dos custos e privatização dos lucros* (Castells, 1980, p. 130). Temos aqui um padrão clássico em operação. Muitos investimentos em "capital humano" e desenvolvimento de recursos são absolutamente necessários para a indústria, mas, como indicamos, custam bem caro. O Estado assumirá o grande custo inicial de pesquisa e desenvolvimento básicos. E "transferirá" os frutos disso para o "setor privado" assim que se tornar lucrativo (Castells, 1980, p. 125)[36]. O papel do Estado na acumulação do capital é muito evidente aqui, em seu papel subvencionador da produção do conhecimento técnico/administrativo.

O destaque dado a esse tipo de conhecimento tem implicações importantes para as necessidades de legitimação do Estado, assim como para as necessidades de acumulação na esfera econômica. Com o crescente poder da nova pequena burguesia sobre o aparato econômico e cultural, o foco no conhecimento técnico/administrativo permite à escola fazer duas coisas. Primeiro, aumentar sua própria legitimidade aos olhos desse crucial segmento de classe e, igualmente importante, permitir que esse mesmo segmento de classe *utilize o aparato educacional para se reproduzir* (cf. Bernstein, 1977). Gerentes de nível intermediário, funcionários semiautônomos, técnicos, engenheiros, contadores, funcionários públicos etc. tanto podem ver a escola de forma positiva (o que é importante neste

---

36. Por outro lado, é possível reconhecer a presença do "socialismo limão", no qual o Estado assume as indústrias que estão falindo e absorve os custos. O fato de as indústrias nacionalizadas estarem quase sempre em péssimo estado quando são assumidas indica uma alta taxa de falência e a má qualidade de serviços e produtos. Isso depois é usado para atacar o socialismo em geral. Obviamente, trata-se de um raciocínio bem circular.

momento de intensa desconfiança de nossas instituições básicas) quanto utilizá-la na reprodução de suas próprias credenciais, posições e privilégios, visando a suas futuras contratações pelo Estado e pela indústria[37].

Devemos, portanto, levar em consideração as necessidades específicas do aparato estatal. A escola não apenas responde às "necessidades do capital", ela deve preservar sua própria legitimidade perante sua outra clientela. Nesse caso (embora nem sempre em todos os demais), há uma conjuntura específica de interesses entre os requisitos da indústria na produção de capital cultural e os interesses de grande parte da nova pequena burguesia em sua própria mobilidade. Dessa forma, surgem dessa conjuntura tipos específicos de intervenção estatal.

Os efeitos dessas preocupações com acumulação e legitimação, e as ideologias por elas promovidas, podem ser observados na educação em geral, bem como em seu papel "produtivo" específico. Tal como na economia, exemplos desse padrão de intervenção estão se tornando mais visíveis. Entre eles, temos a ênfase na educação baseada em competências, gestão de sistemas, educação profissional, futurismo (muitas vezes uma cifra para planejamento de "força de trabalho"), grandes e contínuos financiamentos no desenvolvimento de currículos de matemática e ciências (quando comparados ao financiamento das artes), programas nacionais de avaliação, faculdades comunitárias, institutos tecnológicos e assim por diante. Tudo isso indica o papel às vezes sutil, às vezes bastante ostensivo, da intervenção estatal na escolarização, visando maximizar a produção eficiente de agentes e conhecimentos exigida por uma economia desigual[38].

Esses pontos sobre a esfera econômica e a educação podem se tornar ainda mais claros se observarmos mais de perto a economia (interna) norte-americana. Quando há uma má alocação de mercadorias e recursos, decorrente do funcionamento do "mercado", o Estado intervém minimamente para realocar recursos para os menos favorecidos. Assim, quando altos índices de desemprego são gerados naturalmente em tempos de crise, depressão e recessão, o Estado aumenta os fundos das

---

37. Cf. a discussão de Randall Collins (1979) sobre o mercado de credenciais. Para uma discussão sobre o lugar desse grupo na estrutura de classe, cf. P. Walker (1979).
38. Cf. a útil discussão sobre educação em Wise (1979).

políticas de compensação ao desemprego. Quando o sistema de saúde sob controle corporativo não atende a uma grande quantidade de pobres e excluídos, o Estado começa a atuar nessa área. Quando fundos de pensão são perdidos devido à inflação e à crise da economia, o Estado age para garantir algum grau de apoio. Observe que todos esses tipos de ação, embora aparentemente úteis, significam duas coisas. Primeiro, e de forma mais perceptível, isso significa uma aceleração do ritmo da intervenção estatal. Segundo, significa que cada uma dessas intervenções é pensada tanto para *não* desafiar o funcionamento básico do aparato econômico quanto para manter a legitimidade das instituições políticas aos olhos da população. O fato de as condições causadoras da necessidade de intervenção ativa serem naturalmente geradas pelo aparato produtivo da sociedade é encoberto por essa intervenção estatal aparentemente menos custosa (em comparação com o valor econômico e o compromisso do Estado com a acumulação de capital corporativo).

É crucial perceber que esse padrão de intervenção, quando examinado de perto, não é um ato neutro em termos de distribuição de benefícios. Como Vicente Navarro mostrou em seu estudo sobre os efeitos da intervenção estatal em duas áreas sociais – saúde e inflação –, o padrão de benefícios gerados por esses programas tem consistentemente beneficiado os 20% mais ricos da população, muitas vezes em detrimento dos 80% mais pobres (Navarro, 1976, p. 91).

Esse mesmo padrão – a intervenção do Estado para apoiar a produção, a legitimação e a acumulação e para aliviar os piores efeitos da "má alocação" –, com os benefícios incidindo de forma desproporcional sobre aqueles que controlam a acumulação de capital econômico e cultural, é encontrado na educação. Ele (o Estado) também irá agir para remediar os resultados negativos, mesmo que seja apenas para manter sua própria legitimidade. Ao classificar um grande número de crianças como desviantes (alunos de aprendizagem lenta, necessitantes de reforço, com problemas disciplinares etc.) e fornecer financiamento e apoio jurídico para professores especiais e para "diagnóstico" e "tratamento", o Estado financia extensos projetos compensatórios. Embora esses projetos possam parecer neutros, úteis e voltados para aumentar a mobilidade, eles na verdade desarmam o debate sobre o papel da escolarização na reprodução do conhecimento e das pessoas "exigida" pela sociedade. Ao alojar as causas últimas desses desvios na própria criança ou em sua cultura, e não na pobreza, em conflitos e disparidades gerados pelas hierarquias culturais e econômicas historicamente em evolução na sociedade, o Estado estará contribuindo para esse desarme. Nossa presunção de que as escolas sejam sobretudo agências de distribuição, em vez de importantes agências do processo de acumulação, contribui para esse ocultamento.

Se nas relações econômicas atuais um dos principais resultados dos esforços de uma grande parte da força de trabalho é o aumento da acumulação e do controle do capital econômico por uma parcela relativamente pequena da população, e a consequente amenização de seus piores efeitos por meio de programas sociais financiados pelo Estado, o mesmo pode ser dito do setor cultural de uma sociedade. O aparato cultural de uma sociedade, sobremaneira a escola, é organizado de tal maneira que contribui para a produção de uma mercadoria – por meio do trabalho excedente de seu pessoal –, que é controlada e acumulada em última análise por uma pequena parcela da população. Grupos de pessoas que "não podem" contribuir para a maximização dessa produção são rotulados e estratificados. Eles então se tornam recebedores de quantias relativamente pequenas de dinheiro do Estado a fim de remediar algumas das principais consequências desse regime, sob a premissa de que se trata apenas de um problema de má alocação; ou seja, de que a escola se organiza para *distribuir* esse conhecimento técnico. Contudo, essa estimativa sobre o que as escolas fazem parece funcionar como uma equivocação ideológica. Pois tenho sustentado que, assim como a economia é organizada *não* para distribuição, mas para acumulação, também as escolas, de maneira complexa e muitas vezes contraditória, são organizadas não para a distribuição ampla de mercadorias culturais, mas para sua produção e acumulação por uma classe corporativa e pela nova pequena burguesia.

Não pretendo sugerir que tal fato seja uma conspiração consciente. Primeiro, mesmo quando isso é resultado de políticas curriculares e de políticas educacionais gerais deliberadas, consciência do propósito não é o mesmo que conspiração (Noble, 1977, p. xxv). Segundo, é bastante difícil que isso possa ser diferente dados os atuais arranjos institucionais.

Trata-se do resultado de uma "causação estrutural", não de um planejamento manipulativo consciente por parte de alguns industriais.

Também não estou defendendo uma espécie de determinismo tecnológico, em que as forças do conhecimento técnico aniquilam tudo o que é bom e verdadeiro em nossas vidas. Pelo contrário, argumento que um dos principais mecanismos pelos quais uma ordem social desigual se reproduz envolve seleção, organização, produção, acumulação e controle de tipos específicos de capital cultural. Uma sociedade capitalista avançada conta com um componente fundamental, uma espécie particular de mercadoria cultural – o conhecimento técnico/administrativo. Esse conhecimento não é algo imperativo, que atropela tudo que está em seu caminho. Ele simplesmente define o que é possível, não o que é necessário. Os imperativos não são determinados pelo que pode ser feito, mas pelas decisões ideológicas e sociais sobre o que deve ser feito (Noble, 1977, p. 258). Esse "deve" só pode ser compreendido quando se remete a instituições como a escola, parcialmente organizadas para produzir esse tipo de mercadoria cultural, ao contexto dos arranjos sociais que determinam os usos destinados às mercadorias.

Com efeito, trata-se de um processo bem contraditório, no qual a escola muitas vezes se vê sem esperanças. Por um lado, a escola deve contribuir para a acumulação ao produzir tanto agentes para um mercado de trabalho hierarquizado quanto o capital cultural do conhecimento técnico/administrativo. Por outro lado, nossas instituições educacionais devem legitimar ideologias de igualdade e mobilidade de classe, sendo vistas de forma positiva por tantas classes e segmentos de classe quanto possível. Em tempos de crise fiscal, essa contradição estrutural se exacerba. A necessidade de eficiência *econômica* e ideológica e de produção estável tende a entrar em conflito com outras necessidades *políticas*. O que vemos é a escola tentando encontrar uma resolução para os papéis inerentemente contraditórios que ela mesma deve desempenhar.

O que os princípios de correspondência não explicam

Essa discussão sobre certas relações que ligam as escolas ao tecido social mais amplo tem sido bastante esquemática; é o que percebi, especialmente desde que me limitei a articular algo parecido com os princípios de correspondência que ligam alguns aspectos dos currículos escolares, do Estado e da economia. No entanto, em nossas tentativas de não nos tornar Boris e de diminuir a confusão de Morris, precisamos lembrar que nenhuma explicação sobre o que as escolas fazem é adequada se se limitar a essas teorias da correspondência. Com efeito, como mostrarei nos próximos capítulos, e como mostrei aqui, os princípios de correspondência que conectam *diretamente* a atividade das escolas com as necessidades de uma economia corporativa não conseguem explicar completamente a natureza do lugar da educação na esfera política, sua autonomia relativa, sua história interna ou a diversidade da instituição; também não conseguem compreender as reais práticas e significados de professores, alunos e trabalhadores em suas respectivas atividades em salas de aula e nos locais de trabalho (Apple, 1978b; Apple, 1980, p. 55-76). Devido à situação contraditória em que se encontram, as escolas podem "tentar" estratificar os estudantes e empregar categorias de desvio para que diferentes alunos recebam formas específicas de auxílio. Nossas instituições educacionais podem, portanto, dar tratamento diferenciado aos alunos de acordo com a classe, o gênero e a raça devido a essas categorias, ajudando a reproduzir a divisão social do trabalho, como sustentaram Bowles e Gintis. Mas isso não é um processo mecanicista em que "pressões externas" advindas da economia ou do Estado moldam inexoravelmente as escolas e os alunos a processos relativos à acumulação de capital econômico e cultural.

Como veremos mais adiante, ocorre algo semelhante a um processo de autosseleção ou de seleção institucional. Uma oferta hierarquizada de trabalhadores diferenciados também é naturalmente gerada, pois alguns estudantes definem a *escola* como desviante, como algo que não se encaixa em suas próprias respostas culturais e econômicas. Dessa forma, a escola pode se envolver tanto na produção de agentes quanto na maximização do conhecimento técnico. Assim, pode-se lidar tanto com a criação de agentes quanto com a produção de mercadorias culturais num mesmo momento histórico. Ao mesmo tempo, a escola também pode atuar como um importante legitimador da ordem social existente, pois a vida cotidiana no interior da caixa-preta do sistema educacional "mantém os valores meritocráticos que justificam benefícios diferenciados, e a separação dos 'bem-sucedidos' dos 'fracassados' oferece lições diárias sobre a desigualdade" (Karabel; Halsey, 1977a, p. 25). Portanto, as práticas curriculares e pedagógicas usadas para organizar as rotinas na maioria das escolas – o currículo diferenciado, as práticas em grupos, o currículo oculto – exercem um importante papel ao permitir que os estudantes internalizem o fracasso baseado nesse processo de classificação como um problema *individual* ("A culpa é minha. Se ao menos eu tivesse me esforçado mais..."). Para muitos estudantes, o rótulo de desviante que a escola lhes atribui enquanto atuam em sua própria cultura vivida os transforma de fato em desviantes. Nas palavras de Goffman, sua trajetória moral é tal que levam o rótulo até o fim (Goffman, 1961; cf. tb. Rosenbaum, 1976).

Encontrando espaços de atuação

Ao abordar as instituições educacionais não apenas como parte de um sistema de distribuição, mas como um sistema específico de produção, tenho tentado começar a desvendar alguns dos mecanismos que realmente operam nas escolas para que também possamos entender melhor a interpenetração entre a reprodução cultural e a reprodução econômica de nossa sociedade. Pode-se argumentar que as teorias que dominam nosso entendimento da charada da escolarização – as que se debruçam sobre a distribuição – exercem uma forma relativamente eficaz, embora sutil, de controle social[39]. Elas organizam nossas ideias e pesquisas sobre escolas concebidas como mecanismos de distribuição. De certa forma, as escolas o são. Elas parecem "tentar" distribuir, ou ao menos fornecer as condições para se gerar um currículo oculto, muitas vezes recortado por classe, raça e gênero, e que contribui para legitimar os arranjos estruturais nos quais as escolas se inserem.

No entanto, de outra maneira, no campo da educação em geral, o foco na distribuição tem levado muitas pesquisas sobre educação a examinar uma gama bastante limitada de fenômenos. Estudiosos do currículo e

---

39. O ponto é similar ao argumento de Whitty, de que o foco sobre a autonomia do professor e sua profissionalização, característico do início da década de 1970, desativou qualquer conflito entre a pesquisa escolar e as demandas políticas e econômicas infligidas às escolas (cf. Whitty, 1978, p. 131).

da educação em geral tendem, portanto, a observar as técnicas que os professores empregam em seu ensino, os melhores projetos de currículo etc., presumindo que transformações nessas áreas tornarão as escolas mais eficientes na distribuição das informações supostamente neutras que precisam ser ensinadas por essas instituições. Mas e se essa *não* for a única tarefa do aparato educacional?

Ao criticar essas teorias e tradições de pesquisa dominantes e defender uma perspectiva que concebe as escolas como aspectos de um conjunto de arranjos produtivos, sustentei que o Estado assumirá um papel cada vez mais crítico não apenas na organização da produção no nível econômico, mas também no nível "cultural". Ele intervirá ativamente para garantir a produção de determinados tipos de mercadorias culturais (aqui o conhecimento técnico), apoiando sanções, patrocinando programas, instituições e pessoas relacionadas à maximização desse processo de produção de mercadorias. Conjecturei que isso está relacionado a mudanças e crises no processo de acumulação e de legitimação dentro das (e entre as) economias corporativas e a mudanças na estrutura de classes.

Contudo, falar sobre o conhecimento como uma forma de capital, sobre a cultura como mercadoria, e relacioná-las ao problema da acumulação deve sempre ser visto como um conjunto de metáforas. Como sabemos, as mercadorias corporificam *feixes de relações* entre atores e classes concretas (Oilman, 1971; Wright, E., 1979). Essas metáforas podem supor tacitamente uma apreciação relativamente não contraditória da escolarização, do conflito, da classe e da cultura. Descrevi, portanto, apenas um quadro de uma série mais complexa de arranjos e lutas contraditórios. Tratou-se de uma descrição que deve ser complementada por análises historicamente orientadas da mediação e contradição ou, nas palavras de Willis, das penetrações e limitações (Willis, P., 1977).

Assim, como não me canso de observar, tenho consciência de que o que apresentei até aqui é apenas um esboço, e este inadequado em vários aspectos. As metáforas que empreguei ao começar a desvendar as razões estruturais da existência de "x" (neste caso, enquanto tipos particulares de escola e de desvio) podem nos levar a pensar de forma demasiadamente determinista. Podem também nos deixar muito presos a teorias da escolarização de tipo caixa-preta. Embora nos últimos anos eu tenha me posicionado veementemente contra abordagens economicamente mecanicistas e de correspondência simples na explicação do que as escolas fazem (cf., p. ex., Apple, 1979c), isso não significa que possamos ignorar as relações que as escolas têm com o modo de produção econômico no qual se inserem. Vincular as práticas internas pedagógicas, curriculares, de rotulação e de orientação das escolas à acumulação e ao controle do capital econômico e cultural externos a elas, embora menos ancoradas na interação diária das salas de aula do que alguns de nós gostariam (ou do que estou acostumado), é ao menos um passo inicial em direção a uma apreciação mais produtiva do papel das escolas em nosso regime tão pouco meritocrático.

Por fim, não devemos ficar totalmente pessimistas face a análises como esta. Com efeito, *existem* contradições que surgem diretamente do processo por mim descrito que podem e devem ser exploradas. O crescente papel desempenhado pelo Estado, por exemplo, no processo de produção cultural e econômica significa que essas intervenções estão na arena *política* e podem se tornar conflitos políticos, e não apenas técnicos (Wright, E., 1978, p. 237). Elas podem, assim, proporcionar a oportunidade de abrir mais debates, mais ações coletivas, mais educação política e assim por diante. Isso, aliado à clara tendência em direção ao que Wright chamou de "proletarização" dos trabalhadores do Estado (que irei analisar com mais detalhes no capítulo 5), torna bem mais viáveis estruturalmente os laços políticos entre os atores comprometidos. Castells, em sua discussão sobre algumas das contradições geradas em nossa sociedade atual, deixou claro que o rápido crescimento da intervenção estatal pode criar oportunidades para o trabalho político, visto que abre o próprio Estado a críticas. Castells descreve o processo da seguinte maneira:

> A contradição duradoura que decorre da necessidade do capital de desenvolver as forças produtivas é [...] fundamental. Ela diz respeito às condições sociais da pesquisa científica e da inovação tecnológica. A pesquisa científica e a inovação tecnológica requerem investimentos massivos que só são lucrativos a longo prazo. Elas também exigem um alto grau de autonomia na tomada de decisões relativas às exigências de determinadas unidades de capital. Em outras palavras, o processo de inovação tecnológica só pode ser eficaz em condições de produção que escapam à lógica capitalista. O aumento contínuo de inovações

> só pode existir em uma sociedade em que a organização social e as características do processo de trabalho favoreçam a criatividade humana. Isso requer um sistema de educação altamente desenvolvido, não apenas formação profissional e manipulação ideológica. Isso exige um setor não capitalista de serviços sociais em expansão capaz de fornecer informações aos trabalhadores e de estimular sua iniciativa. Isso implica, principalmente, que deve haver uma boa dose de iniciativa no processo de produção, o que basicamente contradiz o modelo de autoridade na organização de uma empresa capitalista. Muitas dessas funções sociais são necessárias para o desenvolvimento das forças produtivas, mas são incompatíveis com a lógica capitalista. Elas são, portanto, assumidas pelo Estado [...]. [Assim], *para expandir e evitar os limites existentes no processo de acumulação, o capital cresce gerando, em proporções cada vez maiores, um setor de atividades, regras e aparatos que negam sua própria lógica*. O capital busca sua acumulação aumentando sua dependência do Estado (Castells, 1980, p. 57).

Ele prossegue registrando a contradição entre legitimação e acumulação, que pode ensejar dificuldades:

> O capital precisa desenvolver as forças produtivas para dar seguimento à sua acumulação. Há, porém, uma contradição cada vez maior entre as condições sociais necessárias para o desenvolvimento das forças produtivas e as relações sociais capitalistas. Como o capital molda a sociedade, o Estado é utilizado cada vez mais como um mecanismo básico para absorver, amortecer e regular as contradições surgidas no processo de acumulação. Mas o Estado não é um mero aparato regulador capitalista. Ele expressa as contradições da sociedade e deve também cumprir as funções de legitimar os interesses dominantes e de integrar a classe dominada ao sistema. A crescente intervenção estatal no sentido de apoiar a lógica capitalista em todas as esferas da vida econômica e social *corrói sua base de legitimidade* como representante do interesse geral (Castells, 1980, p. 58, grifo nosso)[40].

---

40. Flagramos aqui Castells num momento mais economicista, mas seus argumentos são persuasivos.

É justamente por esses meios que a esfera política se torna um espaço de luta, uma luta que pode ameaçar, em última análise, a legitimidade mesma da esfera econômica.

Mas quais programas devem ser desenvolvidos dentro do Estado? Por se encontrar o Estado em uma posição vulnerável por causa dessas pressões contraditórias, devemos nos concentrar em quais tipos de ação educacional concreta? Como observam Carnoy e Shearer, é preciso analisar as escolas de engenharia, nas quais é gerado grande parte do conhecimento técnico. Devemos instituir centros de "engenharia democrática". Isso pode ser feito criando novas escolas; também pode se concretizar por meio do trabalho político em instituições que treinam engenheiros para a indústria. Podemos encetar o debate político sobre os fins e os meios dessas instituições. Atitudes e valores democráticos seriam enfatizados em cada um desses tipos de instalação. Ao mesmo tempo, "essas escolas de engenharia democrática também poderiam promover programas-piloto em educação tecnológica para trabalhadores, de modo que, à medida que empresas com ambientes de trabalho mais democráticos sejam estabelecidas, os trabalhadores possam ser educados conforme suas novas responsabilidades" (Carnoy; Shearer, 1980, p. 232).

Ações similares são necessárias na administração e gestão. Existem institutos de gestão democrática em funcionamento que combinam a necessidade de proficiência econômica e técnica com valores e planejamento democráticos e cooperativos (Carnoy; Shearer, 1980, p. 232). A distribuição mais equitativa dessas habilidades técnicas e administrativas entre trabalhadores e trabalhadoras em nossos escritórios, lojas e indústrias é uma tarefa bastante importante. Ela aponta para a necessidade de desenvolver modelos de educação do trabalhador – por meio de sindicatos, grupos de estudo, grupos feministas, uso criativo de meios de comunicação como televisão a cabo, rodízios de empregos, faculdades de trabalhadores em universidades e/ou espaços auto-organizados etc. – a fim de reduzir o poder ideológico do especialista e dar início à democratização do conhecimento técnico/administrativo.

Isso se tornará ainda mais crucial à medida que as empresas enfrentem a crise na acumulação fechando indústrias e/ou transferindo suas fábricas para outros lugares. Para manter seus empregos e prover uma base econômica para suas comunidades, serviços sociais e escolas, os trabalhadores e os empregados dessas indústrias precisarão de muitas habilidades técnicas, financeiras e de gestão para refinanciar, reabrir e gerir essas empresas por conta própria. Sua educação deve começar agora, antes que a crise se aprofunde ainda mais. Isso proporcionará mais oportunidades para essas pessoas demonstrarem que *existem* alternativas viáveis aos modos existentes de controle corporativo do trabalho, e também possibilitará o desenvolvimento de práticas educacionais alternativas entre os trabalhadores, que irão romper com práticas autoritárias que hoje talvez sejam dominantes.

Na própria escola – em níveis muito abaixo da universidade –, novos modelos de administração democrática precisam ser experimentados. À medida que as técnicas de gestão mobilizadas pelo Estado procedam cada vez mais da indústria, os mesmos conflitos entre produção e eficiência, de um lado, e flexibilidade e iniciativa, de outro, irão certamente emergir. Isso pode permitir que grupos de professores, pais e estudantes comecem a estabelecer formas de gestão menos autoritárias e burocráticas nas escolas, formas que prefigurarão as alternativas democráticas que vêm lentamente se desenvolvendo em muitos locais de trabalho e que serão menos românticas e mais esmeradamente políticas do que as intentadas na educação no final da década de 1960 e início da década de 1970.

Por fim, o fato de o próprio Estado poder perder parte de sua legitimidade permite uma apreciação mais honesta das instituições dentro do Estado, entre elas a escola. Em vez de culpar os professores pelo "fracasso" da educação, educadores politicamente conscientes, trabalhando em estreita colaboração com pais e grupos de homens e mulheres trabalhadores, podem começar a mostrar algumas das relações estruturais entre a atual forma de funcionamento das escolas e a reprodução da desigualdade, contribuindo para a formação de laços entre professores progressistas e esses grupos. A possibilidade e a importância dessas "coalizões" são algo a que retornarei mais adiante.

Existem muitos Morris precisando da solução da charada sobre a atuação das escolas. Embora o significado da charada não esteja tão claro para nós, como está para Boris, uma coisa é certa: o sentido não será desvendado a menos que situemos as qualidades internas da instituição e suas relações com agências "externas" em uma análise mais complexa da nossa ordem social. Essa análise pode ser difícil de ser feita, especialmente porque, pelo menos nos Estados Unidos, teremos que reaprender as lições das tradições de esquerda que até recentemente estavam terrivelmente atrofiadas, tradições que abordam contradições e ocasiões, e também a reprodução. Todavia, nossas dores mais "intelectuais" precisam ser comparadas a uma dor de outro tipo. Precisamos apenas lembrar dos versos de John Masefield:

> Tirar o mundo inteiro da cama,
> e lavá-lo, e vesti-lo, e aquecê-lo, e alimentá-lo,
> ir trabalhar e voltar para a cama de novo.
> Acredite em mim, Saul, custa mundos de dor
> (Masefield *apud* Rubin, 1976, p. ix).

Precisamos de um compromisso coletivo que ajude a eliminar esse tipo de dor.

3

O outro lado do currículo oculto
Cultura como experiência vivida I

Introdução

No capítulo 2, ao tratar a cultura como parte de um processo mais amplo de mercantilização e acumulação, examinei os modos pelos quais o sistema educacional produz tipos específicos de conhecimento que são ao fim e ao cabo acumulados e usados na esfera econômica; também analisei como seu papel político às vezes complementa e contradiz esse processo. Alertei o leitor a não supor que sempre há uma correspondência efetiva entre as necessidades da indústria em termos de capital cultural ou de normas e disposições – a ideologia – de seus empregados, por um lado, e o que acontece nas escolas, por outro. Se os estudantes estão estratificados segundo as categorias de desvio geradas em parte pela função produtiva do sistema educacional, isso não significa que precisamos aceitar a ideia de que as "camadas inferiores" desses estudantes necessariamente recebam um currículo oculto que simplesmente os prepararia para encontrar e aceitar seus lugares nos degraus inferiores da "escala econômica".

Devemos de fato ter muito cuidado ao supor que as ideologias e os processos de controle que acompanham a expansão do conhecimento técnico/administrativo sejam sempre bem-sucedidas. Irei mostrar neste capítulo e no próximo que essas ideologias e processos podem não levar a uma imposição simples e direta de controle no trabalho e na escola, uma vez que a cultura também é vivida, e dada a interseção das esferas econômica e cultural. Assim como devemos interpretar o papel da escola enquanto aparelho produtivo e reprodutivo como derivado das pressões contraditórias que recebe, também precisamos entender que os empregos e os efeitos finais do conhecimento técnico/administrativo no próprio local de trabalho também são resultado de contradições similares. Mais uma vez, devemos abandonar a ideia de que um simples processo de reprodução estaria em funcionamento.

Além da simples reprodução

As leis da física determinam a forma de qualquer objeto em um espelho comum. A imagem pode ser distorcida por imperfeições no vidro, mas, em geral, o que você vê coincide com sua imagem real. A composição interna do espelho reproduz o objeto externo que está diante dele. Essas leis podem ser úteis para pensar a óptica, mas é questionável seu uso para pensar as escolas. Mas nós, especialmente muitos de nós do lado esquerdo do espectro político, tendemos a agir como se fosse pertinente. Vemos as escolas como um espelho da sociedade, especialmente no currículo oculto da escola. Uma "sociedade" precisa de trabalhadores dóceis; as escolas, por meio de suas relações sociais e de seu ensino velado, praticamente garantem a produção dessa docilidade. Trabalhadores obedientes no mercado de trabalho refletem o "mercado de ideias" da escola. Todavia, como tentarei mostrar neste capítulo, as analogias com espelhos são simples demais *tanto* para a escola *quanto* para o objeto externo supostamente espelhado, o local de trabalho.

Podemos dispor as premissas por trás da maioria das recentes análises sobre currículo oculto em torno de uma teoria da correspondência. Em termos gerais, as teorias da correspondência sugerem que a economia exige de seus trabalhadores características, traços comportamentais, habilidades e disposições específicas. Essas necessidades econômicas são poderosas a ponto de "determinar" o que acontece em outros setores da sociedade, particularmente na escola. Assim, se examinarmos nossas instituições educacionais, espera-se que concluamos que as coisas tácitas ensinadas aos estudantes tendam a refletir a personalidade e as disposições que esses estudantes deverão "precisar" mais tarde, quando ingressarem no mercado de trabalho.

Um dos desdobramentos mais recentes desse tipo de análise certamente pode ser encontrado em *Schooling in capitalist America*, de Bowles e Gintis. Para eles, o currículo oculto se diferencia conforme a classe econômica e a trajetória econômica esperada de um agente. As proposições apresentadas por Bowles e Gintis levaram diversos pesquisadores a argumentar que esse currículo oculto diferenciado pode ser observado no fato de que aos estudantes da classe trabalhadora são ensinados pontualidade, ordem, respeito à autoridade e outros componentes da formação de hábitos. Aos estudantes de classes mais altas são ensinadas abertura intelectual, resolução de problemas, flexibilidade etc. – habilidades e disposições que lhes permitirão atuar como gestores e profissionais qualificados, não como trabalhadores não qualificados ou semiqualificados. Embora as causas socioeconômicas desse currículo oculto diferenciado sejam consideradas bem complexas, o papel fundamental da escola é visto como o de reproduzir de algum modo a divisão do trabalho que se dá fora dela. A escola é uma instituição determinada.

Ora, estudiosos da fenomenologia social, da filosofia da ciência, da teoria crítica e outros têm sustentado que a forma como agimos no mundo, seja no mundo educacional, econômico ou político, é parcialmente determinada pelo modo como o percebemos. Embora esse tópico possa ser tão geral a ponto de ser relativamente trivial, é importante que as conexões entre percepção e ação não sejam ignoradas. Isso é particularmente válido para qualquer análise séria sobre escolarização que deseje ir além das teorias da correspondência. As teorias da correspondência tendem a nos "levar" a ver a escola apenas em termos de reprodução. Sua lógica considera a atividade da instituição como voltada apenas para a reprodução de uma ordem social. Tanto a forma e o conteúdo do corpo formal do conhecimento escolar quanto o currículo oculto ajudam a criar as condições para a reprodução cultural e econômica das relações de classe em nossa sociedade.

Certamente, há evidências que sustentam esse tipo de proposição, algumas das quais coletadas por mim (cf. Apple, 1979c; Bernstein, 1977; Bourdieu; Passeron, 1977; Karabel; Halsey, 1977b; Tapper; Salter, 1978). No entanto, abordar a escola apenas em termos de reprodução, como uma função passiva de uma ordem social externa desigual, dificulta a criação de qualquer ação educacional séria. Pois se as escolas são *totalmente* determinadas e não podem fazer mais do que espelhar as relações econômicas externas a elas, então nada pode ser feito no interior da esfera educacional. Esse cenário é certamente pessimista – ao qual retornarei mais adiante. Contudo, devemos apontar para algo para além dessa perspectiva pessimista. Algo também inadequado enquanto teoria da relação entre todas as instituições sociais e entre a escola e outras poderosas forças socioeconômicas, uma vez que o conceito de reprodução não esgota o nexo de relações que une instituições e pessoas. Pode se tratar de um elemento importante, mas certos aspectos constitutivos da vida cotidiana podem ser mais bem descritos não como imagens espelhadas das exigências de forças econômicas e sociais maiores, mas como aspectos genuinamente contraditórios. Assim, se considerarmos as escolas apenas como instituições reprodutivas, iremos provavelmente negligenciar a interação dinâmica entre a educação e a economia, e correr o risco de reduzir a complexidade dessa relação a uma simples paródia do que realmente existe no nível da prática.

Para ir além, precisamos pensar de forma mais clara as muitas maneiras de "determinar" instituições e pessoas. Quais "modos de determinação" realmente existem, modos que vão além da "mera" reprodução? Embora sejam dispositivos heurísticos que podem nos permitir analisar as relações dialéticas entre as instituições de uma sociedade, podemos distinguir pelo menos seis modos de determinação que representam os constrangimentos estruturais e as contradições presentes em uma determinada sociedade: (1) limitações estruturais; (2) seleção; (3) reprodução/não reprodução; (4) limites de compatibilidade funcional; (5) transformação e (6) mediação.

Podemos especificá-los ainda mais: o grau de variação de uma estrutura institucional como a escola ou o trabalho pode variar (um exemplo de limitações estruturais); mecanismos como padrões de financiamento, apoio econômico e político e intervenções estatais descartando certas decisões possíveis (um exemplo de seleção); quais aspectos de um conjunto de instituições ou relações são funcionais para a recriação básica de um modo de produção ou de uma prática ideológica (um exemplo de reprodução/não reprodução); quais aspectos das estruturas institucionais e práticas culturais são *não* apenas reprodutivos, mas genuinamente contraditórios (um exemplo dos limites de compatibilidade funcional); quais processos perpassam e contribuem para moldar a interação entre elementos como a luta de classes (um exemplo de mediação); e, por fim, quais ações e lutas concretas estão agora alterando significativamente as instituições e os processos (um exemplo de transformação)[41]. Entre esses feixes de relações, relações que nos permitem ir muito além das analogias com espelhos, irei abordar dois deles neste capítulo – mediação e transformação. Irei me valer dessas duas noções para começar a desvendar parte da complexidade associada ao currículo oculto e à cultura vivida, por oposição à mercantilizada.

No capítulo 1, defendi que a literatura tradicional sobre o currículo oculto tem se guiado por uma concepção demasiadamente restrita de socialização. As fragilidades conceituais dessa abordagem (uma perspectiva unidirecional da socialização seria uma metáfora adequada para iluminar o que acontece nas escolas?) nos permitem questionar seu duradouro domínio. Mas, como veremos com muito mais profundidade no próximo capítulo, uma temática empírica é igualmente importante. Podemos dizer que se trata de algo preciso? Os estudantes sempre internalizam sem questionamento essas normas e disposições? Uma maneira de descobrir é operar de forma reversa, começando pelos lugares onde as pessoas realmente trabalham.

O currículo oculto e as normas do local de trabalho

O *status* das teorias sobre o currículo oculto não depende apenas da acuidade de sua percepção do que realmente acontece nas salas de aulas. O fio que une as escolas a agências externas tem outra ponta. Refiro-me ao próprio local de trabalho. É possível descrever a realidade do que é ensinado aos alunos com excepcional clareza e ainda assim continuar equivocado sobre os efeitos reais desse ensino oculto, pois as normas e

---

41. Remeto essa discussão aos seis modos de determinação elaborados por Erik Olin Wright (1978, p. 15-29). A análise de Wright é mais complexa do que minha glosa acima, particularmente seu tratamento do papel das crises ideológicas, econômicas e estatais nesses processos de determinação.

os valores que organizam e guiam o dia a dia da vida dos trabalhadores *não são os mesmos* que os encontrados nas escolas.

No restante deste capítulo, pretendo mostrar, portanto, uma face do outro lado dessa figura. Proponho-me a argumentar que a literatura sobre o currículo oculto, devido a seu modelo de socialização demasiado determinista e a seu foco exclusivo na reprodução, às expensas dos outros fenômenos que podem estar acontecendo, tem a tendência de retratar os trabalhadores como algo similar aos autômatos, *totalmente* controlados pelos modos de produção, pelos procedimentos técnicos e administrativos e pelas formas ideológicas da nossa sociedade. Em termos mais teóricos, agentes existem (como papéis sociais abstratos), mas não têm agência. Nesse sentido, as estruturas, então, existem, mas os atores não (cf. Bridges, 1974, p. 161-190; Poulantzas, 1975).

Também pretendo dizer algo mais. Quero argumentar que essas explicações excessivamente deterministas e economicistas do currículo oculto são elas próprias elementos da sutil reprodução, em nível ideológico, de perspectivas requeridas para a legitimação da desigualdade. Quero dizer simplesmente isso. As análises produzidas recentemente por vários estudiosos e educadores de esquerda são elas próprias reproduções da visão ideológica da dominação corporativa. Ao ver as escolas como reflexos totais de um "mercado de trabalho" desigual, mercado em que os trabalhadores simplesmente fazem o que lhes é dito e se conformam passivamente às normas e relações de autoridade do trabalho, essas análises aceitam a ideologia da gestão como algo empiricamente preciso.

Para desvendar essas questões, teremos que examinar o próprio processo de trabalho. Boa parte dos estudos recentes sobre a relação entre o currículo oculto e o processo de trabalho tem sido fortemente influenciada por trabalhos como o de Harry Braverman, uma investigação histórica extremamente importante sobre a expansão dos procedimentos corporativos para garantir o controle gerencial do processo de produção (Braverman, 1974).

Braverman apresenta um argumento poderoso sobre a implacável penetração da lógica corporativa na organização e no controle da vida cotidiana no trabalho. Em seu retrato, os trabalhadores estão continuamente perdendo suas habilidades (ao passo que outros são "requalificados"). As habilidades que eles outrora possuíam – habilidades de planejamento, compreensão e atuação na fase completa da produção – foram enfim retiradas deles e abrigadas em um departamento de planejamento controlado pela gestão (Montgomery, 1976, p. 485-509). Para que a acumulação corporativa prossiga, o planejamento deve ser separado da execução, o trabalho mental, separado do trabalho manual, e essa separação precisa ser institucionalizada de uma maneira sistemática e formal. O exemplo arquetípico disso é, evidentemente, o taylorismo e suas muitas variantes. Em termos simples, a gestão planeja, os trabalhadores apenas executam. Assim, um dos princípios organizacionais fundamentais do local de trabalho é fazer com que "o cérebro do gerente" não esteja "sob o boné do operário" (Burawoy, 1979a, p. 5)[42].

Esse tipo de análise é uma contribuição importante, principalmente por "desmistificar" várias suposições entretidas por muitos educadores, analistas de políticas públicas e outros. Em particular, questiona seriamente a suposição de que existe uma tendência histórica generalizada a aumentar o nível de habilidade nas ocupações industriais por toda a nossa economia. O oposto disso, segundo Braverman, é também válido. É possível conceber a expropriação capitalista de habilidades e de conhecimentos, a racionalização do trabalho e a crescente centralização do controle do trabalho de tal forma que todas as decisões importantes sejam tomadas cada vez mais longe do momento de produção (Burawoy, 1979a, p. 89).

Braverman também identifica algo mais para completar essa história. À medida que o processo de desqualificação – ou o que pode ser chamado de degradação do trabalho – avança, os trabalhadores também vão perdendo poder. Embora esse processo nunca seja totalmente bem-sucedido, à medida que a lógica corporativa e o poder penetram ainda mais em suas

---

42. Os elementos básicos do gerenciamento científico eram na verdade bem simples e podem ser dispostos em quatro princípios básicos: 1) deve haver planejamento centralizado e roteirização centralizada de cada uma das fases sucessivas da produção; (2) cada operação deve ser sistematicamente analisada e decomposta em seus componentes ou tarefas mais simples; (3) na realização de sua tarefa, cada trabalhador deve estar sujeito a instruções detalhadas e à supervisão; (4) os pagamentos de salários devem ser cuidadosamente pensados para induzir os trabalhadores a fazer o que os planejadores e supervisores centralizados lhes instruíram (cf. Montgomery, 1979, p. 114). Para uma análise mais detalhada da relação pessoal de Taylor com a administração científica, cf. Nelson (1980).

vidas e instituições, os trabalhadores se tornam apêndices do processo de produção. Eles são confrontados, em última análise, pelos resultados do conhecimento originalmente gerados a partir do aparato educacional e pela ação do taylorismo e da administração científica, pelas técnicas de gestão das relações humanas ou, por fim, pela ameaça da autoridade. Diante de tudo isso, os trabalhadores não podem fazer muita coisa. Enredados na teia da gestão, eles são relativamente passivos, obedientes e trabalham pesado. A relação monetária substitui a habilidade artesanal e o controle do trabalhador.

Apesar de Braverman não o indicar expressamente, o currículo oculto diferenciado na escola tem servido para prepará-los bem, pois se essa é a lógica inexorável do controle corporativo, então devemos esperar que os trabalhadores necessitem de normas e disposições específicas para funcionar em um mercado de trabalho hierarquizado. Eles irão precisar de hábitos que contribuam para o fluxo suave e racional da produção. Eles precisarão aquiescer à autoridade "especializada". Eles não irão precisar de compromisso coletivo, habilidade artesanal, criatividade ou controle.

Porém, assim como é uma séria deficiência considerar as escolas apenas como um meio de reprodução (e, assim, perder o que estará documentado no capítulo 4 – os modos como a vida cotidiana e a história interna das escolas medeiam e proveem a possibilidade de que alguns estudantes atuem contra poderosas mensagens sociais), também essa visão, apresentada por Braverman de forma tão poderosa, pode nos levar a negligenciar coisas similares passíveis de ocorrer no trabalho. Examinemos isso de forma bem mais detalhada.

O que encontramos no nível de execução, no próprio chão de fábrica? Será que a lógica inexorável e as técnicas do capital convocam as lições aprendidas (ou pelo menos ensinadas) com o currículo oculto da escola? Aqui pode se mostrar útil um exame da separação entre concepção (ou planejamento) e execução. Pesquisas recentes sobre a história das relações entre gestão e trabalho, especialmente o taylorismo, pintam um quadro um tanto diferente do de Braverman. Está ficando cada vez mais claro que o que falta nessa abordagem é a resposta real dos trabalhadores a essas normas e estratégias organizacionais, bem como sua capacidade de resistir a elas. Esse ponto geral é claramente captado por Burawoy:

> Uma coisa é a gestão apropriar-se do conhecimento, outra é monopolizá-lo. O próprio Braverman diz: "[...] uma vez que os trabalhadores não são destruídos como seres humanos, mas simplesmente utilizados de maneiras desumanas, suas faculdades críticas, intelectivas e conceituais, por mais atenuadas ou diminuídas que estejam, sempre representam em algum grau uma ameaça ao capital". Mais do que uma separação entre concepção e execução, encontramos uma separação entre a concepção dos trabalhadores e a concepção da gestão, entre o conhecimento dos trabalhadores e o conhecimento da gestão. A tentativa de fazer viger o taylorismo leva os trabalhadores a recriarem a unidade entre concepção e execução, mas em oposição às diretrizes da gestão. Os trabalhadores mostram muita engenhosidade em derrotar e ser mais sagazes que os agentes da administração científica antes, durante e depois da "apropriação do conhecimento". Em qualquer fábrica, existem formas "oficiais" ou "aprovadas pela gestão" de realizar tarefas, e existem os conhecimentos dos trabalhadores, elaborados e revisados em resposta a qualquer ofensiva da administração (Burawoy, 1979a, p. 33-34).

Resumidamente, o fato de que uma grande proporção de adultos trabalhadores tem sido capaz de manter sua própria configuração coletiva de normas informais de produção e sua capacidade de "desafiar" o supervisor e o "especialista" vem sendo confirmado estudo após estudo (Burawoy, 1979a, p. 34). Com efeito, um dos principais resultados das tentativas de separar totalmente a concepção da execução e de enfatizar a conformidade e a obediência dos trabalhadores à gestão na busca pela expansão dos objetivos de produção revelou-se exatamente o oposto do que os gestores pretendiam. Em vez de criar sempre uma "força de trabalho obediente", essas tentativas muitas vezes *promoveram* resistência, conflito e luta. Elas intensificaram a ação coletiva dos trabalhadores no momento da produção e, ao fazê-lo, minou tanto o controle da gestão quanto as normas que eram "exigidas" no trabalho (Burawoy, 1979a, p. 40)[43].

Como se sabe, essas formas de resistência têm uma história extraordinariamente longa. A existência de uma luta constante e amarga na qual

---

43. Cf. tb. a análise do "fracasso" do taylorismo em Noble (1977).

os trabalhadores estavam profundamente preocupados com as "prerrogativas da gestão" é atestada pelo fato de que as lutas mais ferozes das primeiras ondas de greves industriais foram lutas pela regulamentação e pelo reconhecimento sindicais e foram também greves solidárias a outros trabalhadores que tinham queixas similares. Aconteceram nessas greves as derrotas mais amargas. Greves por salários foram eminentemente bem-sucedidas (Montgomery, 1979, p. 24), o que nos dá uma ideia do motivo de haver um certo economicismo nos sindicatos.

Porém, até mesmo as demandas salariais muitas vezes escondiam (e ainda escondem) uma acalentada animosidade contra os métodos gerenciais. Por exemplo, nas famosas greves dos trabalhadores de munições à época da implantação do taylorismo, as demandas se deram em torno das escalas salariais dos ferramenteiros, que variavam entre 38 e 90 centavos por hora a depender da tarefa. Mas esses mecânicos estavam exigindo uma taxa salarial padrão para todos. Tratava-se na verdade de uma contestação indireta de toda uma gama de práticas gerenciais, inclusive do "direito" da gestão a dividir o trabalho e a estabelecer novas classes de trabalho muitas vezes arbitrárias, tirando-as das mãos dos trabalhadores (Montgomery, 1979, p. 103; cf. tb. Noble, 1977).

Mesmo aqueles trabalhadores relativamente desqualificados lutavam tanto por salários quanto por controle. Com efeito, mais uma vez é difícil separar uma coisa da outra, mesmo analiticamente. Quando a gestão promovia "aceleradas" ou se valia de uma autoridade aparentemente arbitrária com o propósito de aumentar o ritmo do trabalho – obtendo assim uma maior produção com a mesma mão de obra num mesmo intervalo de tempo –, a resistência dos trabalhadores assumia muitas vezes a forma de uma "auto-organização" contínua e secreta em pequenos grupos informais" (Noble, 1977, p. 104). Isso servia tanto para fortalecer seus próprios sistemas informais de controle quanto para prevenir uma maior exploração econômica.

Fatos similares vinham à tona durante as crises econômicas. Em tempos de dificuldades econômicas, quando havia ameaças de demissão, muitos trabalhadores costumavam diminuir o ritmo. Trabalhadores organizados e não organizados encontravam meios de proteger trabalhadores mais antigos que talvez não conseguissem acompanhar o ritmo acelerado do trabalho e tomavam outras medidas para manter tanto os empregos quanto o controle (Noble, 1977, p. 143-151). Estamos lidando com exemplos históricos, mas devemos ter muito cuidado para não supor que se trata apenas de uma curiosidade histórica: o controle da produção pelos trabalhadores não era algo estático que ora existia, ora deixava de existir. Em vez disso, consistiu e ainda consiste em uma luta contínua, que tem assumido *formas variadas* (Noble, 1977, p. 10).

O embasamento de minhas proposições – de que trabalhadores de diversos níveis têm resistido e continuam a resistir sutilmente, de que não são inteiramente socializados para se tornarem operários obedientes, como querem as teorias da correspondência – encontra-se em boa medida na literatura sobre controle burocrático. Um estudo recente sobre o crescimento dos mecanismos burocráticos no trabalho sintetiza essa situação. Daniel Clawson, após uma revisão extensiva da literatura sobre o tema, sustenta que o rápido crescimento dos controles burocráticos é evidência da luta de trabalhadores de fábricas e escritórios. Pois se se pudesse contar com a obediência e o respeito à autoridade de todos os trabalhadores, se eles continuassem a trabalhar tão intensamente quanto possível, se eles não "pegassem materiais que não lhes pertencem" e se eles fizessem sempre o que a administração gostaria que fizessem, então não haveria por que dispender tantos recursos na supervisão e no controle burocrático e hierárquico (Clawson, 1978)[44].

Apesar dos riscos envolvidos na extrapolação desse caso, outros pesquisadores o confirmaram amplamente. Por exemplo, diversos estudiosos argumentam não apenas que a burocratização crescente do trabalho é uma resposta às tentativas dos trabalhadores de manter algum controle, mas também que o próprio controle burocrático gera ainda mais conflito. Como formula exemplarmente Richard Edwards,

> nesse sentido, o controle burocrático criou entre os trabalhadores norte-americanos um descontentamento, uma insatisfação, um ressentimento, uma frustração e um tédio imensos

---

44. A relação entre o crescimento do gerenciamento burocrático e o controle do trabalho é igualmente bem documentada no estudo de Clawson (cf. tb. Edwards, R., 1979).

em relação a seus ofícios. Não precisamos aqui enumerar os diversos estudos que medem a alienação: o célebre relatório HEW [Health, Education and Welfare] "Work in America", por exemplo, já o fez. Argumentou-se ali que o melhor índice de satisfação ou insatisfação no trabalho é a resposta do trabalhador à pergunta "a que tipo de trabalho você se candidataria se pudesse começar tudo de novo?" A maioria dos trabalhadores, tanto fabris quanto de escritórios – e uma proporção cada vez maior destes últimos –, disseram que escolheriam um trabalho diferente. Esse resultado geral é consistente com uma vasta literatura sobre o assunto. A insatisfação e a alienação crescentes entre os trabalhadores, impulsionadas pela maior segurança no emprego e pela expectativa de construir uma carreira em uma única empresa, criam problemas diretos para os empregadores (sobretudo a diminuição da produtividade) (Edwards, R., 1979, p. 123).

Esse conflito tem obrigado os empregadores a elaborar planos de aumento salarial, de ampliação de atribuições, de autogestão dos trabalhadores, de cogestão entre trabalhadores e empregadores etc. Não devemos esquecer, porém, que esses mesmos planos podem, em última análise, ameaçar o controle dos empregadores sobre o trabalho. Nesse sentido, como argumenta R. Edwards, "o problema é que um pouco jamais é o suficiente. Se alguma segurança no emprego suscita demandas por remunerações vitalícias, então certo controle sobre as decisões no local de trabalho aumenta a demanda por democracia industrial" (Edwards, R., 1979, p. 124)[45].

Como nos lembra David Montgomery, a história da expansão do controle gerencial sobre o trabalho não é uma história de simples imposição. Uma análise completa deve sempre sublinhar "as iniciativas dos próprios trabalhadores, mais do que sua manipulação por seus chefes" (Montgomery, 1979, p. 4). Como ele observa, a resistência dos trabalhadores e seus próprios programas de controle frequentemente são as

---

45. Edwards distingue três modos de controle: simples, técnico e burocrático. Cada um deles remete a modos específicos de resistência e é um de seus resultados. Sua análise desses diferentes modos de controle irá fundamentar boa parte de minha própria investigação no cap. 5.

causas, e não apenas os efeitos, da rápida evolução e difusão das práticas de gestão. Até mesmo práticas como a "moderna" gestão de pessoal foram desenvolvidas como respostas "cooptadoras e repressivas" a iniciativas dos próprios trabalhadores (Montgomery, 1979, p. 4).

Como devemos interpretar tudo isso? As teorias da correspondência afirmariam que as escolas são extremamente bem-sucedidas em ensinar normas específicas que continuam atuantes no local de trabalho. Porém, se esses novos pesquisadores do processo de trabalho, na melhor das hipóteses, estiverem corretos, essa suposta correspondência descreveria apenas parcialmente o que é vivenciado no trabalho. Exploremos mais a fundo esse tópico.

Se quisermos compreender a vida real dos trabalhadores em vários níveis da "escala ocupacional", uma importante via é o que tem sido chamado de *cultura do trabalho*. A cultura do trabalho não é facilmente visível para o observador externo e, assim como nos estudos sobre o currículo oculto, é necessária uma vivência para se chegar a compreender sua organização e suas sutilezas. No entanto, mesmo com seu caráter sutil, práticas informais e inequívocas variações, a cultura do trabalho pode ser definida em termos gerais como "uma esfera relativamente autônoma de ação no trabalho, um domínio de valores e regras informais e costumeiras que *medeia* a estrutura de autoridade formal do local de trabalho e protege os trabalhadores de seu impacto" (Benson, 1978, p. 41, grifo nosso). Em síntese, a cultura do trabalho, enquanto "esfera de ação relativamente autônoma", não é necessariamente apenas uma forma reprodutiva. Ela constitui um domínio de ação que tanto fortalece quanto favorece atividades transformadoras.

Essa mesma cultura do trabalho serve como base para o desenvolvimento de normas alternativas, que são muito mais ricas do que aquelas retratadas pelas teorias da mera correspondência. Essas normas proporcionam um espaço para a resistência dos trabalhadores, pelo menos um controle parcial das habilidades, ritmo e conhecimento, para a coletividade (em vez de completa fragmentação das tarefas) e para algum grau de autonomia ante a gestão.

Observando mais detalhadamente, existem várias normas que permeiam o local de trabalho de muitas indústrias, normas que vão além de uma mera aparência de autonomia e que "se manifestam todos os dias nas formas de interação que reproduzem a cultura do trabalho". Uma das mais poderosas é a cooperação, como no caso dos arranjos de compartilhamento de trabalho. Ela também está presente na prática de guardar peças terminadas nas indústrias de madeira e metal. Essas peças são emprestadas a outros trabalhadores "que tiveram um dia difícil (porque a máquina quebrou, porque não se sentiram bem etc.)" (Aronowitz, 1978, p. 142).

Exemplos que contradizem a passividade, a desqualificação e a perda de controle também são encontrados em outros lugares. Trabalhadores industriais, como os de usinas siderúrgicas, mantêm um grau significativo de autonomia criando e recriando uma cultura de chão de fábrica que lhes permite assumir algum protagonismo na produção. Mesmo em indústrias altamente mecanizadas, fica evidente a "combatividade" dos trabalhadores para proteger o que não seria um erro chamar de "solidariedade". O relato de Steve Packard sobre o cotidiano nas usinas siderúrgicas registra isso muito bem:

> Certo dia, um operador de guindaste branco foi designado para um bom guindaste que deveria ter sido reservado para um trabalhador negro. Os operadores de guindaste negros decidiram sabotar a produção até que essa besteira fosse corrigida. Eles receberam um apoio discreto da maioria dos operadores de guindaste brancos, que também achavam que o encarregado estava errado.
> Nada pode funcionar sem os guindastes transportando o aço, e assim os negros paralisaram silenciosamente toda a usina. Eles mantiveram os guindastes na marcha mais lenta e trabalharam em supercâmera lenta. Os encarregados logo começaram a sair de seus escritórios, olhando ao redor, esfregando os olhos incrédulos. Foi como se todo o prédio tivesse tomado LSD ou o ar tivesse virado uma espécie de geleia: tudo, exceto os encarregados, se movia a um décimo da velocidade normal (Packard *apud* Aronowitz, 1978, p. 142; cf. tb. Packard, 1978; Theriault, 1978).

Aqui temos um exemplo supremo dos limites da gerência em controlar os trabalhadores, para dizer o mínimo. A vida cultural tácita da usina, o poder da cooperação dos trabalhadores, impõem restrições consideráveis às diretrizes de lucratividade, autoridade e produtividade almejadas pelos empregadores (Aronowitz, 1978, p. 143).

Como se sabe, essa resistência tomou muitas vezes caminhos patentemente economicistas. Fazemos greves e barganhamos por salários e benefícios, mas não com tanta frequência por controle e poder (cf. Aronowitz, 1973). Em certas indústrias – como no caso das minas de carvão –, a tradição de resistência aberta está ainda muito mais presente. Mas a resistência aberta e formalmente organizada (ou mesmo sua relativa falta de organização) não é tão relevante para o meu argumento quanto o fato da resistência informal ao controle no momento da produção[46].

Como observa Noble, em vez de ficarmos com um aríete corporativo de um lado e a impotência e o desespero totais do outro, encontramos novamente evidências contrárias ao nível das práticas informais. Assim, na indústria metalúrgica, ao longo dos anos foram desenvolvidas novas tecnologias com o objetivo expresso de aumentar a produção e desqualificar as funções. Essas tecnologias aumentam a taxa de acumulação de capital de duas maneiras: mais mercadorias vendidas e salários menores pagos a trabalhadores que não passam de "apertadores de botões". Uma das tecnologias mais importantes nesse sentido foi o desenvolvimento, nas últimas décadas, do controle numérico. De forma resumida, o controle numérico envolve a decomposição das especificações de uma peça a ser produzida numa máquina em uma representação matemática dessa peça. Essas representações são então elas mesmas traduzidas em uma descrição matemática do caminho desejado para a máquina de corte que produzirá a peça. Isso leva, finalmente, a um sistema de controle no qual centenas ou milhares de instruções discretas são traduzidas em um código numérico a ser lido automaticamente pela máquina. O controle numérico é, portanto, um meio de separar totalmente a concepção da execução, de "driblar o papel [do trabalhador] como fonte de inteligência na produção (*em tese*)" e de a gerência exercer maior controle e extrair mais obediência de seus funcionários (Noble, 1979, p. 11).

---

46. Entretanto, não devemos nos esquecer de que mesmo essas resistências podem ser "incorporadas" pelo gerenciamento (e pelos sindicatos mais conservadores), distanciando a resistência da produção (cf., p. ex., Burawoy, 1979b).

Não foi em vão que grifei "em tese". A introdução do controle numérico não foi tranquila. Serei mais específico. A resistência, aberta ou dissimulada, era e ainda é bastante comum. Greves e paralisações não têm sido raras. Na fábrica da General Electric em Lynn, Massachusetts, a introdução do controle numérico provocou uma greve que paralisou a fábrica por um mês. Os trabalhadores entenderam claramente a questão. Como observou um operador de máquina,

> [a] introdução da automação significa que nossas habilidades estão sendo degradadas e, em vez de termos a perspectiva de progredir para um emprego mais interessante, temos agora a perspectiva de desemprego ou de um emprego sem futuro. Mas existem alternativas que os sindicatos podem explorar. Devemos estabelecer a posição de que os frutos da mudança técnica podem ser divididos – alguns para os trabalhadores, e não todos para a gerência, como é o caso hoje em dia. Devemos exigir que o mecânico acompanhe a complexidade da máquina. Então, em vez de ter seu trabalho subdividido, o mecânico deve ser treinado para programar e reparar seu equipamento – uma tarefa perfeitamente ao alcance da maioria das pessoas na indústria.
>
> Demandas como essas atingem diretamente as cláusulas de prerrogativa da gerência que constam em muitos contratos de negociação coletiva. Portanto, para lidar com a automação de forma eficaz, é preciso combater outro ingrediente primário do sindicalismo empresarial: a ideia de "deixar a gerência administrar o negócio". A introdução de equipamentos [de controle numérico] torna imperativa nossa luta contra essas ideias (Noble, 1979, p. 48).

Trata-se claramente de resistência e luta abertas e organizadas. Mas e quanto às normas informais da cultura do trabalho no chão de fábrica? O que se passa ali? Os trabalhadores encarnam as normas de obediência à autoridade, pontualidade etc. quando não há greve? No controle numérico, embora tudo o que um operador de máquina precisa fazer se resuma a pressionar botões para iniciar ou parar a máquina ou para carregá-la e descarregá-la, isso raramente acontece. Também aqui o processo real de trabalho no momento da produção nem sempre corresponde às normas "exigidas". No chão de fábrica, muitas vezes encontramos trabalhadores envolvidos no que é chamado de "cadência" ou "síndrome dos 70%" – a limitação coletiva da produção no chão de fábrica, na qual os trabalhadores cooperam para definir a velocidade de alimentação da máquina a 70%-80% de sua capacidade. Também é possível observar trabalhadores exigindo mais da máquina a fim de obter produtos suficientes para ajudar os demais. E, por fim, temos as formas mais sutis de resistência, expressas em negativas, em atitudes de não cooperação e na "rejeição voluntária da autoridade". Como dizem certos gerentes – "quando você coloca um sujeito em uma máquina de controle numérico, ele fica temperamental... E, por osmose, a máquina também fica temperamental" (Noble, 1979, p. 45-46).

Mulheres trabalhando

Até agora, esbocei um cenário com trabalhadores predominantemente industriais e do sexo masculino com o propósito de descobrir se a literatura sobre o currículo oculto está correta ao ver uma correspondência entre o que é ensinado nas escolas às crianças da classe trabalhadora e o que lhes é "exigido" em seu futuro ingresso em um mercado de trabalho estratificado. Mas o que dizer das mulheres? Se os trabalhadores do sexo masculino ontem e hoje demonstram fortes sinais de comprometimento coletivo, com suas lutas e tentativas de manter o controle de suas habilidades e conhecimentos (ainda que muitas vezes de maneira informal) – agindo, portanto, contra (não necessariamente reproduzindo) as normas esperadas pelo mercado de trabalho –, podemos dizer o mesmo para outros grupos de trabalhadores?

Mesmo considerando o caráter relativamente recente de um grande número de pesquisas sobre o dia a dia do trabalho feminino, alguns pontos chamam a atenção na literatura. Em muitas ocasiões, as mulheres foram bastante eficazes em resistir às exigências da produção e às normas impostas pela gerência nas fábricas. Nas indústrias de calçados e vestuário, "a sindicalização das trabalhadoras provavelmente teve um impacto radical na organização". Compartilhamento, respeito mútuo, resistência ao controle da gerência, todas essas normas compensatórias vieram à tona de forma ainda mais evidente quando as trabalhadoras da indústria de calçados, por exemplo, se organizaram em conjunto com os trabalhadores homens. Nesse caso, pelo menos, as trabalhadoras foram bastante agressivas perante seus empregadores (Montgomery, 1976, p. 500-501).

Isso não ocorria "apenas" com as trabalhadoras fabris. Fatos semelhantes são encontrados em áreas que, por uma série de razões econômicas e ideológicas, procuravam de adrede contratar mulheres, como escritórios e lojas (cf. Altbach, 1974; Rothman, 1978). É talvez nestas últimas, nas lojas varejistas em particular, que encontramos os casos mais interessantes.

São abundantes os exemplos de sutis resistências entre vendedoras. Por exemplo, quando as diretrizes da gerência no sentido de reforçar a obediência no ambiente de vendas interferiam nas regras informais da cultura do trabalho, em geral elas eram eficazmente sabotadas ou alteradas. Caso incluíssem tarefas extras, tais diretrizes eram simplesmente recusadas, ou então combatidas informalmente. As vendedoras agiam de forma desleixada ou "excêntrica" na montagem de novas vitrines, por exemplo. Enquanto grupo, elas podiam recuperar o tempo que a gerência havia extraído delas por meio dessas tarefas extras prolongando por conta própria a hora de almoço. Ou podiam insultar a autoridade da gerência ignorando propositalmente o código de vestimenta da loja (Benson, 1978, p. 49).

As normas compensatórias da cultura do trabalho costumavam ir além. Como grande parte do trabalho das vendedoras era público, realizado no departamento de vendas, muitas funcionárias desenvolveram maneiras muito inteligentes de enfrentar o assédio e o abuso de autoridade da gerência. As vendedoras podiam facilmente constranger um comprador ou um gerente de setor diante de seus superiores ou de um cliente importante. Além disso, a solidariedade entre elas no combate às diretrizes e ao controle da gerência era continuamente reforçada por sanções informais. Uma vendedora que transgredisse a cultura do trabalho poderia encontrar seu estoque misteriosamente bagunçado. Algumas gavetas podiam estar no caminho de certas canelas. E tal como acontecia aos gerentes de setor, a transgressora podia ser constrangida diante dos clientes e da alta gerência (Benson, 1978, p. 49). Tudo isso não nos deixa com a impressão de uma total internalização e aceitação dos imperativos de normas e valores da ideologia gestora.

Em muitas lojas, a resistência e o comprometimento coletivos foram além. A cultura do trabalho no departamento de vendas também desenvolveu importantes maneiras de controlar o ritmo e o significado do trabalho, maneiras que espelham aquelas presentes em minha discussão anterior sobre o cotidiano no chão de fábrica. Assim como na fábrica, onde os trabalhadores encontraram modos eficazes de transformar, silenciar ou resistir às exigências da gerência, as atendentes também desenvolveram uma cultura do trabalho que estabelecia limites efetivos no resultado e arrefecia a competitividade entre os departamentos de vendas. Este trecho ilustra bem essas táticas:

> Cada departamento tinha uma noção do total de vendas que correspondia a um dia satisfatório de trabalho. As vendedoras usavam várias táticas para manter seus "livros" (o somatório das vendas) dentro de limites aceitáveis: registros muito baixos podiam comprometer a situação da trabalhadora ante a gerência, assim como somas extraordinariamente altas podiam colocá-la em maus lençóis com suas colegas. Quando o "livro" registrava um grande volume de vendas, a atendente podia evitar clientes no fim do expediente ou chamar uma colega para ajudá-la. As vendedoras conseguiam bater a cota informal com impressionante regularidade, nivelando as flutuações nos hábitos de compra dos clientes por meios jamais imaginados pela gerência. Elas ajustavam o número de transações concluídas para compensar pelo tamanho das compras; se chegavam a fazer grandes vendas já no início do dia, passavam a trabalhar no estoque. Em temporadas de verão com pouco movimento ou em condições climáticas adversas, elas adotavam táticas mais agressivas de vendas; já nas temporadas de pico, ignoravam clientes que excediam suas cotas (Benson, 1978, p. 50).

Os gerentes não eram os únicos destinatários dessas práticas informais. Também os clientes delas participavam, uma participação que naturalmente crescia, uma vez que, ao contrário da fábrica, o departamento de vendas não envolvia apenas a produção de mercadorias, mas a "produção de consumidores". Por meios sutis – selecionando os clientes na fila de espera, fingindo não notar os clientes enquanto trabalhavam no estoque ou conversavam com as colegas, desaparecendo no setor de estoque, sendo rudes etc. –, as vendedoras transmitiam uma mensagem cifrada tanto para a gerência quanto para o cliente. Lidamos com os clientes em nossos próprios termos, não nos seus. Embora você possa estar em uma posição de classe superior, nós levamos vantagem aqui – controlamos as mercadorias (Benson, 1978, p. 51).

Existem, é claro, casos mais antigos. Pode-se esperar encontrar práticas "culturais" informais similares no trabalho de secretariado, por exemplo. Contudo, o principal ponto a se atentar aqui é o forte questionamento do mito – e pode se resumir a isso, um mito – da trabalhadora passiva. Como vimos, homens e mulheres têm sim alguma agência. Ela pode ser informal e relativamente não organizada, podendo se encontrar, portanto, no nível cultural e não no nível político. Mas essa agência não é simplesmente reprodutiva. Metaforicamente falando, o espelho da reprodução está com várias rachaduras.

Contra o romantismo

Neste capítulo, procurei trazer um conjunto de contraexemplos com o objetivo de iluminar a qualidade da pesquisa que está sendo feita sobre o currículo oculto nas escolas. Argumentei que as teorias da correspondência – mesmo se contam com a sofisticação estatística e etnográfica necessária para revelar o que as escolas realmente ensinam – *dependem* da pertinência de suas concepções sobre o processo de trabalho. O uso exclusivo da metáfora da reprodução, entretanto, as leva a aceitar a ideologia da gestão (isto é, os trabalhadores seriam sempre guiados pela relação monetária, pela autoridade, pelo planejamento especializado, pelas normas de pontualidade e produtividade) como uma descrição verdadeira do que acontece fora da escola. Quando a metáfora da reprodução é complementada por pesquisas que descrevem outros modos de determinação, tais como mediação e transformação, entre outros, e quando se examina a organização e o controle reais do processo de trabalho, temos uma imagem um tanto diferente de importantes aspectos da vida cotidiana.

Mais que o controle do processo de trabalho por princípios administrativos, técnicos e ideológicos da gestão, mais que estruturas rígidas de autoridade e normas de pontualidade e conformidade, temos uma complexa cultura do trabalho. Essa mesma cultura do trabalho serve de base para a resistência do trabalhador, a ação coletiva, o controle informal do ritmo e da habilidade e a reafirmação da própria humanidade. Nos contraexemplos que ofereci, trabalhadores e trabalhadoras parecem estar engajados em uma atividade aberta e informal que de algum modo passa despercebida quando falamos apenas em termos reprodutivos, termos que nos fazem ver a escola e o local de trabalho como caixas-pretas[47].

Esses temas são importantes, pois a organização e o controle do trabalho nas economias corporativas *não podem* ser entendidos sem referência às tentativas abertas ou cobertas de resistência ao controle racionalizante dos patrões (Brecher, 1978, p. 3). Uma teoria do currículo oculto que perde de vista esses riscos perde sua vitalidade conceitual, para não falar de sua precisão empírica.

Castells descreve a importância da resistência dos trabalhadores em termos estruturais:

> O principal obstáculo estrutural à produção e circulação capitalista é a resistência dos trabalhadores à exploração. Uma vez que o aumento da margem de mais-valia é o elemento básico exigido para a acumulação de capital, a luta pela quantidade relativa de trabalho pago e não pago é o primeiro determinante da taxa de exploração e, portanto, da taxa de lucro e da velocidade e forma do processo de acumulação. Não se trata de um fator subdeterminado. Historicamente, a resistência do trabalhador tende a aumentar e o capital se torna cada vez mais incapaz de apropriar o mesmo montante de trabalho em termos absolutos (Castells, 1980, p. 48)[48].

Dito isso, devemos, no entanto, ter muito cuidado para não adotar uma posição excessivamente romântica. Concentrei-me no outro lado das normas e disposições que regulam o trabalho, que significam luta, resistência, conflito e ação coletiva e que compensam a obediência, a conformidade, a estrutura de autoridade burocrática e as relações com os

---

47. Discuti mais demoradamente os problemas de se conceber as instituições como caixas-pretas em Apple (1982a).
48. É importante lembrar que as formas dessa resistência variarão ao longo do tempo a depender das alterações das condições ideológicas e materiais.

especialistas que a gestão procura impor. Embora precisemos entender como as condições reais vividas no local de trabalho medeiam as "exigências" ideológicas e econômicas e seu potencial transformador, devemos, entretanto, lembrar o tempo todo que *há* desigualdades de poder em fábricas, escritórios, lojas e estabelecimentos comerciais. É possível que lutas e conflitos realmente existam, mas isso não quer dizer que serão bem-sucedidos. O sucesso é determinado pelas limitações estruturais e pelos processos de seleção que atuam em nossas vidas cotidianas.

Poderosos fatores dentro e fora do processo produtivo militam contra o senso de coletividade e exacerbam a sensação de isolamento e passividade. A "organização serial da produção", cujas linhas de montagem espalham os trabalhadores pelo vasto interior das fábricas (e agora de muitos escritórios), é um óbvio exemplo (Ehrenreich; Ehrenreich, 1976, p. 13). Isso vem com as distinções de *status* e hierarquia no trabalho, de modo que mesmo em áreas que não se parecem com uma fábrica – os hospitais, por exemplo – "costumam proibir a confraternização com trabalhadores de posições diferentes e penalizar funcionários que demonstram iniciativa nos cuidados dispensados aos pacientes" (Ehrenreich; Ehrenreich, 1976, p. 14). Evidentemente, esses exemplos não são exaustivos. (Minha discussão anterior sobre o taylorismo – ou mesmo sobre sistemas mais recentes de medição e controle de tempo e movimento como o controle numérico – são testemunhas disso.) Mas eles realmente indicam que a chamada atomização ou a criação do indivíduo abstrato podem e continuam a ocorrer[49].

Uma apreciação honesta não pode ignorar a análise de Braverman glosada mais acima. Historicamente, a gestão *tentou* incorporar a resistência e estender seu domínio sobre o trabalho; como vimos, ela experimentou diferentes graus de sucesso. Também está claro que muitas técnicas de gestão desenvolvidas em resposta ao conhecimento dos trabalhadores e ao controle e resistências informais têm se mostrado relativamente frutíferas de duas maneiras: em primeiro lugar, embora os princípios da antiga administração científica tenham sido menos bem-sucedidos – e

---

49. Sobre a criação de um indivíduo abstrato como forma ideológica, cf. Apple (1978a, 1979c); Lukes (1973); Williams (1961).

de fato tenderam a gerar ainda mais resistência por parte dos trabalhadores – em controlar efetivamente o que se passa em fábricas e escritórios, é preciso lembrar que eles tinham um segundo objetivo. E nesse objetivo o capital foi bastante bem-sucedido. Os procedimentos técnicos e administrativos também foram introduzidos como parte de uma estratégia ideológica muito maior para desacreditar aos olhos do público as práticas de trabalho prevalecentes. Assim, Taylor e outros associavam à "cabulice" todas as regras controladas por trabalhadores e os arranjos informais de partilha do trabalho. Dessa forma, o público (e, em última análise, os próprios trabalhadores) pôde ver a importância de "livrar o trabalho de uma responsabilidade que não era a sua", uma vez que era "imoral alimentar a esperança de que esse trabalho diverso, enquanto classe, poderia um dia gerir a indústria" (Montgomery, 1979, p. 27). O fato de só recentemente o trabalho ter começado a levantar novamente a questão da partilha dessa "responsabilidade do trabalho" aponta para o relativo sucesso dessa estratégia da gestão (cf. Carnoy; Shearer, 1980; Moberg, 1980, p. 19-56). Segundo, em grande parte por meio do processo que descrevi no capítulo 2, a gestão realmente acumulou um conjunto de técnicas e conhecimentos que podiam ser empregados quando o momento parecesse propício para dar prosseguimento à racionalização da produção e se reafirmar do controle sobre o trabalho[50].

Entre essas técnicas figuram algumas já mencionadas: a racionalização da produção (sistemas de contabilidade de custos; centralização da autoridade; formalização de estruturas e procedimentos burocráticos e de supervisão), a redistribuição do trabalho (transformação de empregos especializados em empregos menos qualificados e padronizados; treinamentos e conhecimentos diferenciados para gestores e trabalhadores; uma forte divisão entre trabalho mental e manual) e o design da tecnologia (dispositivos de controle numérico para eliminar o conhecimento e o controle do trabalhador; produção em linha de montagem na qual o ritmo da linha regula o do trabalho). Existem outras técnicas, a saber: práticas de contratação (uma bateria de testes aplicada a candidatos a emprego; seleção de funcionários com base em seu histórico econômico

---

50. Cf. a interessante discussão de Lichtenstein (1980, p. 335-353).

para trabalhos de baixa remuneração; exclusão ou inclusão por raça ou gênero), políticas corporativas de bem-estar (treinamento de relações humanas adicionado ao taylorismo; aumentos salariais em tempos de expansão econômica; bônus; planos de saúde e previdência geralmente concedidos "em troca de" um maior controle pela gestão e cláusulas de proibição de greve), políticas sindicais (sindicatos usados para disciplinar trabalhadores militantes e padronizar os procedimentos de queixa, eliminando assim greves selvagens) e localização do trabalho (fuga de fábricas e escritórios, transferidos para lugares onde há mão de obra abundante e mais dócil; ameaças de fechamento da fábrica) (Brecher, 1978, p. 7-14).

Pode haver muitas outras, evidentemente. E mesmo aqui, essas técnicas não levam em conta as pressões ideológicas e econômicas exteriores ao local de trabalho que podem "fazer com que" homens e mulheres aceitem tanto seu trabalho quanto sua vida social como algo preestabelecido e natural[51]. Também não levam em conta a ação do próprio Estado enquanto regulador e auxiliador do processo de acumulação de capital, que, às vezes, representa sérias barreiras à ação coletiva.

Ainda mais poderia ser dito sobre a cultura informal do trabalho. Muitas dessas "tentativas" informais de transformação e as maneiras pelas quais a cultura do trabalho medeia a ideologia e as pressões da gestão podem ser reinvestidas contra os próprios trabalhadores. Trata-se de um ponto crucial.

Por exemplo, em algumas oficinas, os trabalhadores "reapoderam-se" do tempo e do controle usando suas máquinas para criar objetos inúteis, mas muitas vezes intrincados, chamados "*homers*". Ou inventam com as máquinas jogos complicados. Muitas vezes, a gerência tem ciência do jogo e da fabricação desses objetos, mas não intervém, pois isso mantém os trabalhadores ocupados e relativamente felizes no trabalho e geralmente não constitui grande ameaça à produção. Em síntese, a resistência dos

---

51. A literatura sobre a criação e a recriação da hegemonia ideológica está aumentando bastante e evidentemente é útil desdobrar essa questão. Entre as análises mais recentes potencialmente úteis para o acompanhamento desse assunto, figuram as de Aronowitz (1979, p. 110-129); Brenkman (1979, p. 94-109); Centre for Contemporary Cultural Studies (CCCS) (1977); Connell (1977); Jameson (1979, p. 130-148); T. Gitlin (1982); W. Wright (1975); Williams (1975, 1977).

trabalhadores ao tédio e ao controle técnico/administrativo *e* as suas próprias formas culturais vividas produzem o que Michael Burawoy chamou de escape utópico (Burawoy, 1979b). O lazer é um passatempo de fabricar objetos inúteis; ele se torna a ausência de trabalho dotado de sentido. Pelo processo de produção individual de mercadorias, a luta no chão de fábrica se transforma em jogos. Embora o jogo possa ser culturalmente criativo – algo que não deve ser negligenciado –, ele pode em última análise ter como efeito contraditório a continuidade da despolitização da relação entre o trabalho, os produtos e o processo e controle da produção.

Dada a existência dessas normas e práticas transgressoras e relativamente autônomas, a pergunta a ser feita é onde, quando e como *especificamente* elas podem ser contraditórias, possivelmente dando suporte a preceitos ideológicos e econômicos de controle em um nível ainda mais profundo[52]. Trata-se de uma pergunta que não é facilmente respondida; mas não entenderemos quer o currículo oculto quer o processo de trabalho sem formulá-la.

No mínimo, a busca por tal entendimento requer que levemos muito mais a sério a ideia de que a esfera cultural não é totalmente redutível à econômica. Paul Willis elabora magnificamente esse ponto ao criticar a tendência dominante da esquerda em considerar a cultura – mesmo aquela encontrada entre os trabalhadores no próprio local de trabalho – como uma simples "resposta" epifenomênica a ou um reflexo de relações econômicas ou "produtivas" dominantes. Para ele,

> não há por que contrapor o "cultural" ao "produtivo" ou ao "real", como se o primeiro não tivesse um papel constitutivo nas relações sociais elementares que governam a forma de nossa sociedade. Estou me posicionando contra a *trivialização* da noção de cultura, da cultura da classe trabalhadora e especialmente de seu nexo central: as relações/lutas/formas culturais no momento da produção. A cultura não é simplesmente uma *resposta* à imposição que cega ou embota uma compreensão "adequada", nem é apenas uma compensação, um ajuste de defeito – esses são modelos essencialmente mecânicos e reativos. As formas culturais ocupam precisamente os mesmos espaços

---

52. Meu argumento aqui é devedor do diálogo com Paul Willis.

e potencialidades humanas disputados pelo capital em seu propósito de dar prosseguimento à valorização e à acumulação de capital. Há outras lógicas possíveis na experiência direta da produção que não as colocadas pela própria relação capitalista e para ela própria. A mera pretensão do capital de tratar os trabalhadores como robôs não faz deles robôs. As experiências diretas da produção são examinadas e resolvidas na práxis de diferentes discursos culturais. Certamente, esses discursos não surgem puramente na base da produção, e muitos de seus conteúdos e relações internas surgem de ou em articulação com forças e instituições externas: a família, o Estado, as organizações trabalhistas etc. Também está claro que, nesta sociedade, por enquanto, as consequências materiais dessas formas culturais são usadas na produção continuada ao modo capitalista. Mas nada disso deve nos deixar cegos para as complexidades, lutas e tensões no chão de fábrica, mesmo que nem sempre se expressem de uma maneira que podemos reconhecer. Existem formas de práxis que surgem da agência humana no espaço da produção, que proporcionam, simultaneamente, as condições para as relações capitalistas e que também penetram parcialmente e desafiam de formas variadas essas relações (Willis, P., 1979a, p. 187).

Ação educacional

Essas proposições podem parecer distantes da realidade da prática em salas de aula e da atividade curricular. Afinal, o debate acadêmico sobre as questões conceituais e a justificativa empírica em torno do currículo oculto é, em parte, apenas isso – um debate acadêmico sobre como interpretar o que acontece nas escolas. No entanto, além da comparação entre o que acontece nas escolas e seu suposto efeito sobre (ou correspondência com) o que ocorre fora dessas instituições, é preciso esclarecer muitos aspectos dessa discussão. Como propus anteriormente, há uma relação muito real entre concepção e ação. Como observei, a perspectiva da degradação bem-sucedida do trabalho aceita inadvertidamente, no plano conceitual, uma ideologia de gestão, ideologia que, no plano político, pode levar ao cinismo ou pessimismo quanto às possibilidades de sucesso de qualquer ação tanto na arena socioeconômica quanto na escola. Ou pode nos levar a esperar por algum evento cataclísmico que transformará tudo repentinamente. Ambos os casos podem levar, em última análise, à inatividade.

Com isso em mente, voltemos à postura pessimista mencionada neste capítulo. De acordo com ela, as escolas não passam de espelhos reprodutores. Por via de consequência, qualquer ação dentro delas está fadada ao fracasso. Se minha análise estiver correta – contradições, resistências, autonomia relativa com potencial transformador estão presentes em quase toda situação de trabalho –, então o mesmo deve valer para as escolas. Se ignorarmos essas instituições, estaremos ignorando algo a que voltarei no capítulo 5: o fato elementar de que milhões de pessoas *trabalham* nelas. Devido à posição estrutural de funcionários do Estado, as condições de seu trabalho podem levá-las a encetar uma séria apreciação do poder e controle na sociedade. Com o aprofundamento da crise fiscal do Estado, com o aumento da insegurança quanto às condições dos funcionários do Estado devido à "crise de acumulação", com a progressiva entrada do trabalho educacional na arena política e econômica (é o que prevejo), há uma maior possibilidade de uma ação organizada autoconsciente (cf. Castells, 1980; O'Connor, 1973; Wright, E., 1978). Mesmo no nível do trabalho informal, a cultura do trabalho dos professores (sem dúvida existente, como sei por experiência própria) pode ser usada para fins educativos. Ela pode ser empregada em um processo de educação política ao utilizar seus elementos como exemplares da possibilidade de recuperar pelo menos parte do controle sobre as condições do trabalho, e para esclarecer as determinações estruturais que definem limites à atividade pedagógica progressista[53].

Entretanto, é possível levar a cabo uma ação não apenas no longo e lento processo de capacitar os professores a compreenderem sua situação. Há também uma enorme necessidade de ação curricular. Neste ponto, não irei muito além do que já foi dito por outros que lutaram longa e duramente para introduzir nas escolas um material de cunho racial, sexual

---

53. Cf. a interessante discussão sobre *fanshen* proposta por Hinton (1966).

e econômico ao mesmo tempo honesto, controverso e progressista[54]. Se detectamos resistências, e se apenas no nível informal encontramos homens e mulheres em nossos negócios, fábricas etc. lutando para manter seu conhecimento, sua humanidade e seu orgulho, então a ação curricular pode ser *mais* importante do que pensamos, pois os alunos precisam ver a história e a legitimidade dessas lutas. O ensino de uma história do trabalho rigorosa, organizado em torno de normas compensatórias criadas por homens e mulheres que resistiram a completar o currículo oculto, pode ser uma estratégia eficaz para ação educativa. Como Raymond Williams nos lembra, a superação do que ele chamou de "tradição seletiva" é essencial para a prática emancipatória atual (Williams, 1977).

O seguinte trecho escrito por Montgomery permite-nos entrever o quanto perdemos com essa tradição seletiva:

> Não só os trabalhadores resistiram obstinadamente aos esforços dos empregadores para introduzir cronômetros e incentivos salariais, como *formularam muitas vezes suas próprias contrapropostas* para reorganização industrial. Por um lado, essas contrapropostas abrangiam a padronização das classes salariais, o controle sindical das reduções da força de trabalho, a jornada de oito horas e, acima de tudo, a concordância da gerência em tratar com os representantes eleitos pelos trabalhadores em todas as questões que afetem a operação das fábricas. Por outro lado, os sindicatos de mineiros e ferroviários, imbuídos de um poder sem precedentes, exigiam a propriedade pública de suas indústrias, combinada ao amplo papel gerencial dos funcionários, e as reuniões dos Trabalhadores de Confecção Unidos [Amalgamated Clothing Workers] debatiam abertamente os meios de assumir a gestão da indústria de roupas masculinas (Montgomery, 1979, p. 155).

Mas o reconhecimento do que perdemos requer não apenas uma análise teórica e histórica, mas também a produção contínua de materiais curriculares e estratégias de ensino viáveis que possam ser utilizadas em

---

54. No campo do trabalho curricular convencional, merece menção a ênfase de Fred Newmann nas questões públicas e programas de ação comunitária. Cf. tb. minha discussão com Newmann em Weller (1977).

salas de aula e em outros espaços (cf., p. ex., Quebec Education Federation, [s.d.]; Rydlberg, 1974). Sem dúvida é necessário levar em consideração a atividade política e organizacional local a fim de prover as condições necessárias para a utilização de materiais novos ou previamente preparados. A tradição seletiva operou de tal maneira que os materiais curriculares mais utilizados atualmente mal se aproximam da ideia de herança para uma parte considerável da população. Aspectos importantes do movimento trabalhista são muitas vezes sistematicamente negligenciados, ou definidos como alheios à atividade laboral "responsável" ou estão sujeitos a comentários editoriais com o propósito de desacreditá-los (Anyon, 1979, p. 361-386; Fantasia, 1979). É evidente que a esse respeito é possível realizar um trabalho educativo e político concreto. Esse trabalho educativo e político não deve se limitar apenas ao nosso sistema educacional formal. A educação política no trabalho – em nossas lojas, escritórios, fábricas e em outros espaços – pode acontecer (e está acontecendo). Dada a realidade desses componentes ativos da cultura do trabalho e dos processos culturais de resistência, mediação e transformação, é possível trabalhá-los. Educadores progressistas, sindicalistas, grupos organizados informalmente e formalmente de trabalhadoras e trabalhadores brancos, negros, hispânicos e outros podem cooperar entre si para encontrar formas não elitistas de participação nessa ação ostensiva. Essa politização complementa à perfeição a "democratização" do conhecimento técnico/administrativo defendida no capítulo 2.

E quanto à nossa compreensão não do currículo visível, mas do currículo oculto? O fato de modelos simples de reprodução e correspondência não conseguirem dar conta da complexidade da vida cotidiana tanto nas escolas quanto no trabalho tem implicações significativas para as futuras pesquisas sobre o currículo oculto. Tomando o devido cuidado para não romantizar a resistência às "determinações" ideológicas e econômicas, devemos procurar saber se existem também na escola padrões de mediação, resistência e transformação semelhantes aos encontrados no trabalho. Com a crescente intrusão de procedimentos de racionalização e ideologias de gestão nas escolas (gestão sistêmica, gestão por resultados, instrução baseada em competências, propagação de testes nacionais etc.), as respostas dos professores são similares às dos trabalhadores aqui examinados? Os estudantes, à semelhança daqueles presentes no estudo de Willis apresentado no capítulo 1, também contestam, transformam parcialmente ou se engajam em atividades que vão além da mera socialização e reprodução das normas e valores considerados legítimos no currículo oculto? Isso acaba se voltando contra eles em um nível ideológico mais profundo? Quais estudantes? (Recortados em termos de raça, gênero e classe social.) E o que fazem?[55] Iremos agora abordar essas questões.

Podemos descobrir que há muito mais coisas acontecendo do que se supõe ou do que alguns teóricos mais deterministas do currículo oculto gostariam de nos fazer acreditar. Se considerarmos as determinações não como produtoras de imagens espelhadas, mas como definidoras de limites contraditórios (cf. Apple, 1979c), limites que, no nível da prática, são mediados pela (e que podem *potencialmente* transformar a) ação informal (e às vezes consciente) de grupos de pessoas, então podemos explorar os diferentes modos atuais de contestação desses limites. No caminho, podemos encontrar espaços onde os limites se dissolvem. Poucas coisas são mais dignas de esforço.

---

55. Deliberadamente, procurei não teorizar muito neste capítulo a fim de facilitar sua leitura. Do ponto de vista teórico, meus argumentos aqui fazem parte de um debate mais amplo no campo da análise da relação entre reprodução cultural e reprodução econômica. Resumidamente, sustento que não é apenas uma possibilidade epistemológica, mas uma realização concreta a criação de formas de conhecimento alternativas e "relativamente autônomas" por grandes contingentes de trabalhadores que não são meramente representações das "categorias sociais burguesas". Essa dinâmica ocorre mesmo diante do poder do capital econômico e cultural das classes dominantes e do aparato estatal em suas diversas formas. Minha posição aqui é semelhante à de P. Willis e Aronowitz, que também criticam vigorosamente a fórmula tradicional "infraestrutura/superestrutura" e as teorias excessivamente deterministas de Althusser, da escola da lógica capitalista e outros (cf., p. ex., Aronowitz, 1978; Willis, P., 1977, 1979b).

4

Resistência e contradições na classe, na cultura e no Estado
Cultura como experiência vivida II

Introdução[56]

Desloquemos nossa atenção do trabalho para a escola. Até agora, examinei criticamente as proposições concernentes tanto à função da escola para o que Althusser chamou de aparato ideológico do Estado – produtor de agentes (com disposições, valores e ideologias "adequadas", ensinadas por meio de um currículo oculto) a fim de suprir as necessidades da divisão social do trabalho na sociedade – quanto ao papel de nossas instituições educacionais na produção de conhecimento e formas culturais específicas "exigidas" por uma sociedade desigual –, ou seja, enquanto espaço para a produção de mercadorias culturais (conhecimento técnico/administrativo) importantes para a economia e para segmentos de classe cada vez mais poderosos. Minha análise do trabalho registrou a necessidade de se conceber a cultura tanto como um processo vivido quanto como uma mercadoria. Ali, as culturas de classe mediavam e transformavam uma série de "determinações" estruturais das quais o capital cultural corporativo participa significativamente. Se ali a natureza relativamente autônoma da cultura forneceu a chave para minha análise, aqui a ideia de que não se pode reduzir a esfera cultural a um "reflexo"

---

56. Gostaria de agradecer a Geoff Whitty, da Universidade de Londres, pela ajuda na formulação dos argumentos que figuram neste capítulo.

epifenomênico da esfera econômica será a chave para minha discussão sobre como as culturas de classe são vividas nas escolas. A questão da autonomia relativa também irá emergir da discussão deste capítulo sob uma forma diversa quando eu examinar, mais para o fim do capítulo, a resposta da escola à cultura como experiência vivida de estudantes e às pressões das esferas econômica e política.

Tal como o fiz em capítulos anteriores, defenderei aqui o argumento de que a reprodução social é, por sua própria natureza, um processo contraditório, e não algo que simplesmente acontece sem luta[57]. Para atender a tal propósito, terei de examinar em detalhe algumas contradições presentes no nível cultural da escola e aprofundar minha discussão sobre as "necessidades" do Estado. Ao fazê-lo, mostrarei como as próprias contradições vividas pelos estudantes em seu cotidiano podem acabar apoiando as instituições e ideologias a que parecem se opor, ao mesmo tempo que também oferecem um terreno para ação. Finalmente, irei analisar algumas das principais propostas de reforma escolar derivadas da intervenção do Estado para "resolver" os problemas gerados por essas lutas e contradições – propostas como programas de vales, créditos fiscais e correlatos – à luz de minha discussão sobre as contradições no interior da cultura, da economia e do Estado. Isso nos permitirá avaliar até que ponto tais propostas podem servir aos objetivos pretendidos, ou se também elas acabam servindo aos interesses dominantes na economia e no Estado mais do que aos interesses dos grupos desfavorecidos aos quais se destinam.

Como veremos, ambos os aspectos da fórmula de Althusser "aparatos ideológicos do Estado" – a ideologia e o Estado – serão necessários para analisar o ensino e as propostas atuais que visam reformá-lo. Contudo, também aqui a análise irá exigir que pensemos a ideologia, a classe e a questão da autonomia relativa de uma forma diferente das tradições dominantes, mais funcionalistas e mecanicistas (e até mes-

---

57. As dificuldades dos modelos mais economicistas atuais em descrever esse processo de reprodução são descritas de modo bem mais detalhado em Apple (1982a). É importante frisar um ponto óbvio, mas muito negligenciado: existe reprodução cultural e econômica em outras economias além da corporativa. As perguntas mais importantes a serem feitas sobre isso são: Que padrões culturais e estrutura social e econômica são reproduzidos? Para o benefício de quem? Até que ponto os grupos afetados têm uma consciência crítica do que está sendo reproduzido?

mo de Althusser). A perspectiva empregada reintroduz a classe (*e* seu conflito associado) como uma dinâmica fundamental para a questão da reprodução. Aqui, classe não denota tanto "quanto dinheiro você ganha" ou "que tipo de trabalho você tem" – sentidos costumeiramente mobilizados pela maioria dos analistas da estratificação social e por muitos analistas políticos e econômicos de esquerda norte-americanos –, mas sim a nossa relação com o controle e a produção do capital cultural e econômico. Mais importante ainda, ela denota um processo cultural complexo e criativo, que inclui a linguagem, o estilo, as relações sociais próximas, os desejos e assim por diante. A classe é *tanto* uma posição estrutural (onde você se encontra nos processos desiguais de poder, controle e reprodução) *quanto* algo vivido, e não uma entidade abstrata ou um conjunto de determinações estruturais situados "lá fora" em um setor econômico da sociedade igualmente abstraído e completamente à parte[58]. E as ideologias vividas não são meros reflexos do que é funcional para a reprodução.

Ideologia e cultura vivida

No capítulo anterior, mostrei que os aglomerados de práticas e significados ideológicos e o conjunto de arranjos sociais e institucionais não são completamente monolíticos. Como Gramsci, Wright e outros sublinharam, tendências contrárias e práticas opositoras também estarão em curso. Essas tendências e práticas podem não ser tão poderosas quanto as forças ideológicas e materiais de determinação que visam à reprodução; é possível que sejam, de fato, inerentemente contraditórias e relativamente desorganizadas. Mas existem. Negligenciá-las é ignorar o fato de que haverá elementos contraditórios, de resistência e de luta em qualquer situação real – todos atuando contra a determinação abstrata das experiências de vida concretas de atores humanos. Como observei alhures, a vida social e cultural é simplesmente complexa demais para ser

---

58. Aqui não é o lugar apropriado para entrar numa longa discussão sobre a fragilização da ideia de classe enquanto categoria central para o estudo da sociedade norte-americana. Desnecessário dizer que estou contente com o fato de que este não é caso. Para uma discussão rigorosa, embora técnica às vezes, de muitas das questões empíricas e conceituais envolvidas aqui, cf. E. Wright (1978, 1979) e Karabel (1979, p. 204-227).

capturada por modelos totalmente deterministas (Aronowitz, 1978, p. 126-146; Wright, E., 1978, cap. 1; cf. tb. Apple, 1979c; Williams, 1977)[59].

Como observa Richard Johnson, isso acontece em parte devido à inconsistência interna de várias práticas e significados de senso comum que compõem as ideologias dominantes. As práticas e os sentidos de senso comum são muitas vezes "profundamente contraditórios, permeados [tanto] por elementos ideológicos [quanto] por elementos de bom senso" (Johnson, R., 1979a, p. 43). Assim, ao lado de crenças e ações que sustentam a dominação das classes e grupos poderosos, haverá elementos de compreensão efetiva (ainda que talvez incompleta), elementos que contemplam os benefícios diferenciais e que quase penetram o cerne de uma realidade desigual. Johnson nos ajuda também aqui ao observar que,

> sem dúvida, as condições ideológicas contribuem para a existência de um determinado [modo de produção], porém isso não esgota, em nenhuma sociedade concreta, tudo o que pertence à instância ideológica. Há elementos culturais aos quais o capital é *relativamente* indiferente, e muitos deles não são facilmente modificados por ele e permanecem massiva e residualmente presentes (Johnson, R., 1979a, p. 75).

Trata-se claramente de um programa antirreducionista cada vez mais adotado por pesquisadores de esquerda. Os argumentos de Gramsci, Wright e Johnson atestam o quanto ainda temos que aprender com aqueles que se opõem às teorias mecanicistas da reprodução econômica e cultural. Mesmo um reconhecimento relativamente superficial de seus pontos nos levaria a avaliar sua eficácia e a interrogar processos sociais e instituições complexas como a escola nos seguintes termos: como é nosso modo de produção? Quais são suas características mais importantes? Quais grupos e classes se beneficiam mais e quais se beneficiam menos com essas características? Como esses *padrões* de reprodução de classe e os benefícios diferenciais operam em nossas vidas cotidianas – como operam, por exemplo, nas atividades curriculares, pedagógicas e avaliativas das quais participamos e às quais os alunos respondem? Mas eles

---

59. E para um excelente panorama de algumas tradições díspares, cf. Centre for Contemporary Cultural Studies (1977).

acrescentariam algo mais: se as formas culturais/ideológicas e políticas estão realmente relacionadas dialeticamente com as forças materiais (podendo reagir a e mediar certas determinações, não sendo redutíveis a elas), como isso opera nessas mesmas escolas? Se as determinações são por vezes contestadas, se a reprodução está permeada de conflitos e coalhada de elementos disputados de bom (e mau) senso, quais são os fundamentos reais dessas lutas (por exemplo: onde podemos encontrá-las, elas versam sobre o quê)?

Lidar com essas questões não é nada fácil, como se pode imaginar, uma vez que nossa apreciação de tudo isso tem a ver com duas coisas: ela não só precisa ser estrutural – isto é, deve ser, no plano da teoria, suficientemente geral para fornecer explicações frutíferas sobre os modos de organização e de controle da ordem social, de modo a abranger em grande medida os benefícios diferenciais –, mas também não deve ser tão geral a ponto de não conseguir explicar ações, lutas e experiências cotidianas de atores reais dentro e fora das escolas. Deve, portanto, dar conta de onde, como e por que as pessoas são capturadas, e apontar em que medida elas não estão completamente imobilizadas. Isso requer uma perspectiva particularmente sensível, uma combinação do que pode ser chamado de abordagem socioeconômica para apreender os fenômenos estruturais e o que pode ser chamado de programa cultural de análise para apreender o plano cotidiano[60]. Nada menos que esse duplo programa – que segue as várias conexões e interpenetrações (e não a determinação unidirecional) entre as "arenas" econômica, política e cultural – seria capaz de superar os problemas já observados nos modelos de infraestrutura/superestrutura. Em resumo, o que é necessário é uma etnografia marxista da vida em nossas instituições dominantes e em torno delas.

Na sequência, pretendo empreender uma análise das formas de integrar esses elementos a uma abordagem coerente que continue a ir além das teorias mecanicistas da determinação. Irei me basear em diversos estudos interessantes, em particular na análise de Paul Willis em *Learning to*

---

60. Discuti a controvérsia culturalista/estruturalista e seu lamentável impacto sobre os estudos em educação em Apple (1982a). A análise de Richard Johnson sobre esse "divisor" é exemplar (cf. Johnson, R., 1979a).

labour (1977), no estudo de Robert Everhart sobre uma escola de ensino fundamental II norte-americana em *The in-between years* (1979) e na pesquisa de Angela McRobbie sobre garotas de classe trabalhadora nas escolas (McRobbie, 1978, p. 96-108). Essas investigações fornecem uma base importante a partir da qual é possível interrogar a relação entre as qualidades internas das escolas, a cultura vivida pelos alunos e as necessidades de acumulação e legitimação às quais as escolas respondem. Elas nos ajudam a entender o que realmente acontece nas escolas e quais são as experiências reais dos alunos. Ao mesmo tempo, elas permitem corrigir certas análises excessivamente deterministas às quais alguns de nós da esquerda temos nos mostrado muito propensos.

Determinações e contradições

Qualquer um familiarizado com os recentes estudos sobre educação e desigualdade certamente está também ciente do rápido crescimento de evidências que mostram de que modo as escolas atuam como agentes na reprodução econômica e cultural de uma sociedade desigual (cf., p. ex., Apple, 1979c, 1982a; Bowles; Gintis, 1976; Karabel; Halsey, 1977b; Persell, 1977). Nem faltam evidências de que existe um currículo oculto nas escolas, um currículo que tenta ensinar tacitamente aos alunos normas e valores relativos ao trabalho nesta sociedade desigual (cf., entre outros, Anyon, 1980, p. 67-92; Apple; King, 1977, p. 341-358; Jackson, 1968; Young; Whitty, 1977). Entretanto, meu argumento na seção anterior deste capítulo indica que se deve contestar uma suposição específica – a da passividade. Essa suposição tende a ignorar o fato de que os alunos, tal como os trabalhadores anteriormente examinados, estão agindo criativamente de diversas maneiras, que com frequência contradizem essas normas e disposições que perpassam a escola e o trabalho. Em termos mais analíticos, as instituições de nossa sociedade caracterizam-se tanto pela *contradição* quanto pela simples reprodução[61].

Como mostrei no capítulo anterior, trabalhadores em todos os níveis procuram criar condições informais para ter algum controle sobre seu

---

61. Mesmo análises sobre a contradição não vão longe o suficiente (cf. Wexler, 1982).

trabalho, para exercer algum tipo de poder informal sobre o tempo, o ritmo e o emprego de suas habilidades. Ao mesmo tempo que são controlados, eles também tentam continuamente – por meios culturais, não políticos – desafiar esse controle. Esses estudos forneceram uma base empírica para a posição teórica geral por mim proposta anteriormente segundo a qual a forma econômica não prefigura completamente a forma cultural. A esfera cultural tem algum grau de autonomia relativa. Falarei mais sobre isso em breve.

O mesmo vale para os estudantes, especialmente para alguns dos que estão destinados a se tornar trabalhadores nessas mesmas indústrias; e qualquer análise da escolarização deve levar isso em consideração ou correr o risco de fracassar. Os alunos passaram a se dedicar bastante a "manejar o sistema". A adaptação criativa de muitos estudantes de escolas de periferia e de bairros de classe trabalhadora (para não mencionar outras áreas) a seus ambientes permite-lhes encontrar espaços para si – assim, eles fumam, saem da aula, injetam uma dose de humor em suas rotinas, ditam informalmente o ritmo da vida em sala de aula, enfim, sobrevivem a mais um dia. Nessas mesmas escolas, muitos estudantes vão ainda mais longe. Eles simplesmente rejeitam tanto o currículo explícito quanto o oculto. Ignoram tanto quanto possível o professor que está ensinando matemática, ciências, história, uma profissão... Além disso, evitam ao máximo o ensino tácito da pontualidade, do asseio, da conformidade e de outras normas e valores mais enraizados na economia. A verdadeira tarefa desses alunos é aguentar até tocar o sinal[62].

Nesse sentido, assim como no caso do trabalho, qualquer teoria sobre o papel da escola na reprodução econômica e cultural deve levar em conta a rejeição de muitos alunos às normas que orientam a vida escolar. Com efeito, é essa rejeição do currículo oculto e explícito que nos proporciona um dos princípios mais importantes para a análise do papel de nossas instituições educacionais na reprodução da divisão social do trabalho e da desigualdade em sociedades corporativas. Boa parte da contribuição de nossas escolas para a produção de conhecimento e de agentes para o

---

62. Com frequência, isso toma a forma de uma barganha cínica quase inconsciente entre professores e estudantes (cf. McNeil, 1977).

mercado de trabalho remete não tanto a uma forte e inflexível correspondência entre as características que as empresas desejam de seus trabalhadores e os valores que as escolas ensinam, mas, pelo menos para certos segmentos da classe trabalhadora, à rejeição por parte dos próprios alunos das mensagens do ensino e até mesmo de nossos currículos elaborados de forma mais criativa. Análises dessa rejeição podem contribuir para uma melhor compreensão tanto das "funções" sociais da escola quanto dos valores promovidos por ela. É somente entendendo melhor o que as escolas realmente fazem que começaremos a lidar com o leque de reformas atualmente propostas. Mas como chegaremos a essa compreensão? É preciso entrar na escola e ver de perto e em primeira mão. Precisamos descobrir quais significados, normas e valores são realmente adotados pelos alunos, professores e demais atores. Somente então será possível começar a ver as camadas de mediação que existem "entre" o setor econômico da sociedade e suas outras instituições. Em suma, a escola passa a ser uma instituição fundamental para se observar as relações dialéticas e as tensões entre as esferas econômica, política e cultural. A escola é a arena para explorar essas relações e tensões estudadas por Willis, Everhart, McRobbie e outros.

Classe, cultura e trabalho generalista

Examinemos primeiramente o provocativo estudo de Paul Willis. Um de seus principais propósitos é investigar como aspectos fundamentais da ideologia da classe trabalhadora são formados e como se dá a recriação da hegemonia. Em poucas palavras, o estudo parte de uma questão muito semelhante à que nos interessa aqui: Como a ideologia e a classe operam nas escolas hoje? Quais ideologias são dominantes? Como exercem essa dominância? Trata-se de reprodução apenas? À diferença do argumento – avançado recentemente por diversos teóricos da reprodução – de que as formas ideológicas da sociedade capitalista são tão poderosas a ponto de serem totais, Willis sugere algo ligeiramente mais otimista. Ele sustenta que, embora o aparato cultural e econômico de uma sociedade desigual tenha de fato um imenso poder sobre as ações e a consciência das pessoas, existem "profundas clivagens e tensões na reprodução social e cultural". Segundo ele, "os agentes sociais não são portadores passivos da ideologia, mas apropriadores ativos que reproduzem as estruturas existentes apenas por meio de lutas, contestações e penetrações parciais nessas estruturas" (Willis, P., 1977, p. 175)[63].

Learning to labour é um relato etnográfico de um grupo coeso de garotos da classe trabalhadora em uma escola secundária para garotos localizada em uma área industrial da Inglaterra. Os "rapazes" [*lads*], como são conhecidos, constituem um grupo de estudantes que, como muitos dos alunos mencionados anteriormente, passam grande parte do tempo na escola tentando manter sua identidade coletiva e vencer mais um dia. Eles manejam habilmente o sistema para obter algum controle sobre a forma como passam seu tempo na escola, para ter tempo e espaço livres para "ficar de boa". Mais importante ainda, eles rejeitam boa parte das mensagens intelectuais e sociais da escola, mesmo que a instituição tente ser "progressista".

Os "rapazes" são contrastados com outro grupo de estudantes – os "cê-dê-efes" [*ear'oles*][64] (ou escutadores, assim chamados pois apenas se sentam e ouvem). São aqueles estudantes que aceitaram a importância da conformidade à autoridade educacional, do conhecimento técnico, das qualificações e credenciais. Os "cê-dê-efes" simbolizam quase tudo que os "rapazes" rejeitam. As roupas, os cortes de cabelo, a conformidade tanto aos valores quanto aos currículos escolares, a relação mais fácil com os professores – tudo isso são atributos de inclusão dos "cê-dê-efes" que os "rapazes" rejeitam. Trata-se de um mundo que não é real; que guarda pouca semelhança com o mundo familiar do trabalho, com ganhar a vida em uma comunidade industrial, com a rua. Em vez disso, "volta-se para o mundo adulto, especificamente o mundo adulto masculino da classe trabalhadora, como fonte de material de resistência

---

63. Assim, boa parte de seu estudo pode ser lida como um debate com estruturalistas marxistas como Althusser e Nicos Poulantzas. Cf., p. ex., o ensaio de Althusser (1971, p. 127-186) e Poulantzas (1975).

64. Aparente trocadilho com "*asshole*" – i.e., "idiota", entre outras traduções possíveis. "Cê-dê-efe: que ou quem apresenta aplicação extrema e mais ou menos obcecada a seus trabalhos, deveres, compromissos (diz-se especialm. de estudante)" (Dicionário Houaiss) [N.T.].

e exclusão" (Willis, P., 1977, p. 19). Para os "rapazes", a "vida real" precisa ser contrastada com a "adolescência opressiva" representada pelo comportamento tanto dos professores quanto dos "cê-dê-efes"[65]. As relações sociais aceitas na escola, o ensino formal do que a escola considera conhecimento curricular legítimo, as regras relativas à estrutura do próprio prédio escolar são vistas como desafios ou como oportunidades para uma maior mobilidade individual no recinto escolar, para encontros, para simplesmente "ficar de boa".

Mas e quanto aos aspectos do currículo formal que pretendem ser diretamente "relevantes"? Nem mesmo a educação vocacional e currículos afins têm melhor sorte. Com efeito, esses programas podem ter uma sorte ainda pior. O currículo escolar procura retratar o trabalho como uma oportunidade de mobilidade, de gratificação pessoal, de escolha – mas os "rapazes" não o aceitam. Eles já conhecem o mundo do trabalho por intermédio de seus pais, conhecidos e por experiência própria em trabalhos de meio período. Essa experiência contradiz claramente as mensagens da escola, vistas com cinismo. Embora apenas vagamente conscientes, os "rapazes" já "sabem" que estão sendo destinados a um futuro de trabalho generalista, não especializado. Nesse sentido, não se pode realmente escolher o trabalho (tal possibilidade de escolha sendo construto da consciência de classe média). A maior parte dos trabalhos manuais e semiqualificados são parecidos. Escolher entre eles não faz muito sentido. Para os "rapazes", quase todo trabalho se equilibra entre a "necessidade avassaladora de dinheiro imediato, a suposição de que qualquer serviço é desagradável e, o que realmente importa, a oportunidade para se exprimirem e exprimirem sua masculinidade, para se divertir e 'ficar de boa'" (Willis, P., 1977, p. 100). Tudo isso aprendido de forma criativa na cultura informal da escola, o que Willis chama de cultura contraescolar.

Dessa forma, a corporalidade, a masculinidade e o trabalho manual oferecem oportunidades para os "rapazes" enfrentarem não o "falso

---

65. Em outro trabalho, critiquei Willis pela suposição de que os "cê-dê-efes" e as garotas com quem os "rapazes" interagem são completamente conformados. Cf. Apple (1979a, p. 101-112) – ensaio que serve de base para esta seção do capítulo. Esse ponto ficará ainda mais claro em minha discussão sobre os estudos de Everhart e McRobbie.

mundo" da escola, mas a existência real do dia a dia. Esse processo de afirmação e de rejeição enseja um entendimento muito melhor do papel social reprodutivo da escola.

Ao rejeitar o mundo da escola, ao rejeitar o comportamento dos "cê-dê-efes", os "rapazes" estão também rejeitando o trabalho mental. Eles o veem como efeminado, como não sendo físico o suficiente. *As sementes da reprodução estão nessa rejeição mesma*. As distinções feitas pelos "rapazes" implicam uma forte dicotomia entre o trabalho mental e o manual. O reconhecimento da força no trabalho físico e o desprezo pelo "aprendizado livresco" são elementos importantes para a recriação da hegemonia ideológica das classes dominantes.

Como esse processo se desenrola? Considere o seguinte: em geral, um dos princípios que orienta a articulação das relações sociais em nossa economia é, como se viu, o divórcio progressivo entre o trabalho mental e o trabalho físico (Braverman, 1974). Há trabalhadores operando máquinas, trabalhando manualmente ou fazendo pequenas tarefas de escritório. E há aqueles que planejam e pensam. O planejamento deve ser separado da execução sempre que possível para que cada processo possa ser mais bem padronizado e controlado. Portanto, ao rejeitar o trabalho mental, os "rapazes" estão reforçando uma distinção que está na raiz das relações sociais de produção. Todavia, não se trata de uma operação de mão única. Há força e fraqueza – paradoxo e contradição – na ação dos "rapazes" sobre essa distinção.

Na esteira de Willis, podemos empregar duas grandes categorias na análise da classe econômica desses estudantes e das contradições e paradoxos que perpassam suas vidas: *penetração* e *limitação*[66]. A penetração designa as respostas desenvolvidas pelos estudantes às escolas e ao trabalho, posturas que reconhecem a realidade desigual a ser enfrentada. A rejeição de grande parte do conteúdo e da forma da vida educacional cotidiana está ligada ao reconhecimento quase inconsciente de que a

---

66. Também aqui hesito em empregar o conceito de penetração, dado o papel das metáforas sexistas em nosso uso da língua. Ainda assim, continuarei a usar os termos de Willis. Mas, como Bisseret mostrou recentemente, devemos estar cientes de que as relações de gênero podem ser reproduzidas no sistema referencial codificado em nossa própria linguagem (cf. Bisseret, 1979).

escolarização não lhes permitirá ir muito além de onde eles, enquanto classe, já estão. A cultura criada pelos "rapazes" dentro e fora de sua escola contém de fato uma avaliação bem realista das recompensas da obediência e do conformismo que a escola busca extrair dos jovens da classe trabalhadora. Em linha com estudiosos como Bernstein e Bourdieu, Willis argumenta que o capital cultural empregado nas escolas garante o sucesso dos filhos dos grupos dominantes (cf. Apple, 1979c; Bernstein, 1977, 1982; Bourdieu; Passeron, 1977). O repúdio dos "rapazes" às ideias de qualificação, diploma e conformidade penetra praticamente o cerne dessa realidade. O conformismo pode ajudar o indivíduo (mas não a classe trabalhadora em geral); contudo, os "rapazes" têm sua atenção voltada para seu próprio grupo informal, e não para o conformismo ao modelo de realização individual representado pela escola. Eles penetram, portanto, a ideologia do individualismo e da competição que sustenta a economia.

Claro que essa penetração não é uma escolha consciente, uma escolha explícita que representa a solidariedade ideológica de um movimento da classe trabalhadora. Antes, é uma resposta às condições vividas tanto dentro quanto fora da escola, experimentadas pelos "rapazes" em casa, no chão de fábrica, na cultura contraescolar e em outros espaços. É uma resposta cultural informal às condições e tensões ideológicas e econômicas que enfrentam. Embora abra a possibilidade de uma consciência econômica e política, permanece relativamente desorganizada e sem orientação.

O conflito entre a cultura proletária dos "rapazes" e a cultura escolar tem, contudo, um outro lado, lado que pode ser chamado apropriadamente de limitação. As penetrações culturais dos "rapazes" são reprimidas e impedidas (e, de forma muitas vezes paradoxal, vinculam ainda mais os "rapazes" a uma economia desigual) pelas contradições embutidas em suas ações. Por exemplo, como observei, eles reforçam a divisão entre o mental e o físico quando rejeitam o trabalho mental. Outro exemplo é a forma como os "rapazes" tendem a tratar pessoas do sexo feminino. O trabalho mental é visto como efeminado; portanto, ao preferirem o trabalho manual e afirmarem por meio dele sua própria subjetividade, eles também afirmam uma divisão sexual do trabalho. Nas palavras de Willis,

> podemos ver aqui a importância profunda, involuntária e contraditória da instituição da escola. Ali são derrotados informalmente certos aspectos da ideologia dominante, mas essa derrota, convertida de forma inconsciente e natural em vitória (de Pirro), atravessa uma estrutura maior. O capitalismo pode abrir mão do individualismo na classe trabalhadora, mas não da divisão. O individualismo é penetrado pela cultura contraescolar, mas, na verdade, produz divisão (Willis, P., 1977, p. 146).

Em síntese, a ideologia do individualismo é "derrotada", mas ao custo do aumento do poder de divisões econômicas e sexuais mais sutis e importantes. Observe que nenhum modelo simples de determinismo econômico ou de correspondência é suficiente como arcabouço explicativo. A reprodução é realizada tanto por meio da contradição quanto por meio da autonomia relativa dos "rapazes" no nível cultural.

Será isso o que a escola conscientemente deseja? Provavelmente não. Também não deseja seja o que for que a instituição possa conter de forma latente. As crenças educacionais e as práticas pedagógicas de muitos educadores agem de forma paradoxal também aqui. Por exemplo, tendemos a imaginar certos elementos da pedagogia progressista como eficazes em "alcançar" os alunos que foram "malsucedidos" em ambientes de sala de aula mais tradicionais. Materiais curriculares cada vez mais variados, palestrantes convidados, filmes, professores mais próximos e atenciosos, maior autonomia do aluno, entre outras coisas, são frequentemente vistos como soluções que tornam a educação mais agradável e recompensadora para esses alunos. Se conseguíssemos fazer com que alunos como os "rapazes" entendessem isso e aprendessem a partir de programas mais bem projetados, poderíamos ajudar um grande número deles a conseguir empregos recompensadores e aumentar as chances de mobilidade para uma grande parte deles (por essa via legitimando tanto a economia quanto o aparato educacional). No entanto, os valores tácitos que sustentam as escolas estão completamente em desacordo com os dos "rapazes".

O que realmente acontece é que o ambiente um pouco mais progressista impõe limites e permite que os alunos desenvolvam em suas vidas cotidianas na escola uma série de temas e atitudes da classe trabalhadora que os fortalece e que podem atuar contra os valores ideológicos representados pela escola. Resistência, subversão de autoridade, manipulação do sistema, divertimentos e prazeres, constituição de um grupo informal para se contrapor às atividades oficiais da escola – tudo isso é trazido à tona pela escola, embora todas essas atitudes sejam exatamente o oposto do desejado pelos administradores e professores. Nesse sentido, se os trabalhadores são intercambiáveis e o próprio trabalho é indiferenciado e generalista, parecendo ser o mesmo de um emprego para outro, a escola desempenha um papel importante ao permitir que os "rapazes" desenvolvam mecanismos de penetração. Ao mesmo tempo, há limitações claras, que de forma igualmente clara acabam atrelando esses jovens de classe trabalhadora a um mercado de trabalho, preparando-os para um trabalho generalista e padronizado.

Trata-se de um ponto essencial e que merece um maior aprofundamento. Como Harry Braverman observa em sua excepcional pesquisa sobre o papel das abordagens técnicas e administrativas mobilizadas pelo capital na produção econômica, necessidades variadas cada vez mais orientam o uso do trabalho na empresa moderna (Braverman, 1974). Em primeiro lugar, o próprio processo de trabalho precisa ser enfatizado, intensificado e acelerado. Em segundo lugar, o controle desse processo deve ser retirado dos próprios trabalhadores. E, em terceiro lugar, as habilidades e os ofícios complexos precisam ser desmembrados em componentes menos complexos e, em seguida, padronizados para que o modo de produção seja ainda mais eficiente. Assim, em geral (embora isso varie conforme a indústria e o "nível de ocupação" no trabalho), à medida que o controle se centraliza e se racionaliza e à medida que o escopo e a velocidade da produção aumentam, requer-se um diferente tipo de trabalhador. Trabalhadores menos qualificados, abertos a um grau maior de sistematização, tornam-se essenciais. Grupos de pessoas que consigam lidar com um ritmo de trabalho mais intenso e que sejam flexíveis o suficiente para permitir o intercâmbio entre processos de trabalho padronizados também passam a ser mais importantes. O que não é necessário é a ideologia do ofício artesanal, acompanhada do sentimento de controle pessoal do trabalho, do orgulho do próprio trabalho ou da atribuição de sentido pessoal ao trabalho.

Aqui é possível ver como segmentos dessa força de trabalho podem ser produzidos de *maneira não mecanicista*. Pois, como vimos, não há necessariamente uma correspondência espelhada entre as necessidades econômicas e sociais da produção corporativa e a imposição dessas necessidades aos estudantes nas escolas. A resposta cultural desses estudantes é complexa, dando-lhes força, por um lado, mas, por outro, preparando-os para um ambiente de trabalho que provavelmente não os deixará particularmente orgulhosos ou habilidosos[67].

Esse aspecto do argumento, que tematiza o papel tanto da escola quanto da cultura informal criada por alguns estudantes da classe trabalhadora na reprodução da divisão social do trabalho, está presente neste trecho da análise de Willis:

> Os processos culturais e institucionais [das escolas] – vistos como um todo – tendem a produzir um grande número de trabalhadores que se aproximam desse tipo. É próprio das "penetrações parciais" justamente desvalorizar e desacreditar antigas atitudes diante do trabalho, o senso de controle e a atribuição de sentido ao trabalho. Em certos aspectos, esses desenvolvimentos representam um progresso em relação ao capital monopolista, e provavelmente fornecerão trabalhadores úteis, flexíveis, não iludidos, "afiados", não qualificados, mas bem socializados, necessários a esses processos cada vez mais socializados (Willis, P., 1977, p. 180).

Como vimos, temos aqui uma contradição social real em operação. A rejeição tanto das antigas atitudes perante o trabalho quanto das antigas habilidades não pode ir longe demais a ponto de comprometer a economia corporativa. Se os trabalhadores rejeitarem o trabalho moderno ou derem efetivamente conta da carência de sentido de grande parte do trabalho que lhes é exigido, isso acabaria facilmente por comprometer a lealdade e erodir a motivação de trabalhar em indústrias cada vez mais centralizadas e racionalizadas. O monopólio moderno tem necessidade

---

67. Ocupações mais científicas e técnicas aproximam-se cada vez mais dessa caracterização, já que a ciência e a engenharia se organizam cada vez mais conforme um contexto corporativo próprio dos processos analisados no capítulo 2 (cf. tb. Noble, 1977).

de uma mão de obra mais flexível e menos qualificada. Tal necessidade pode ter como contrapartida a organização de trabalhadores "susceptíveis a visões políticas críticas massivas", especialmente em tempos de crise econômica. Por que esse senso crítico à realidade do trabalho demonstrado por alguns trabalhadores não se torna um sentimento de solidariedade ou uma consciência política e econômica de sua própria falta de poder? É *aqui* que a escola desempenha um papel essencial. Pois se, por um lado, a cultura informal de estudantes como os "rapazes" lhes permite penetrar como que o coração dessa realidade, por outro, essa mesma cultura contraescolar por eles próprios engendrada age de algum modo contra eles. Eles acabam por se tornar os trabalhadores demandados por uma economia desigual, trabalhadores mais capazes de lidar com o poder no chão de fábrica, trabalhadores que parecem exercê-lo em alguma medida, mas que empregam, em última análise, categorias e distinções que são, no fundo, aspectos da hegemonia ideológica exigida pela economia que eles haviam começado a penetrar.

Classe, cultura e mobilidade da classe trabalhadora

Até agora, ative-me a estudantes cujas origens em uma comunidade industrial específica e em um segmento específico da classe trabalhadora ressoam em todas as suas experiências. É claro, porém, que os "rapazes" não são os únicos alunos nas escolas. Em bairros de classe trabalhadora, Willis o admite, uma grande parcela dos estudantes compõe esse grupo amorfo que os "rapazes" chamam de "cê-dê-efes". Eles podem ser filhos de pais que estão um pouco mais "acima" na hierarquia econômica da classe trabalhadora, mas ainda assim constituem uma boa parcela dessa classe.

O que dizer de estudantes como os "cê-dê-efes"? Será que esses alunos filhos da classe trabalhadora – que, ao contrário dos "rapazes", aparentemente aceitam as formas de conhecimento, o processo de credenciamento e a ética da mobilidade – simplesmente se sentam imóveis em suas carteiras e ouvem? Existe uma forma cultural complexa operando também aqui? Uma forma cultural igualmente contraditória? Pesquisas recentes parecem apontar justamente para essa possibilidade. Pois, quando comparados aos "rapazes" da escola de ensino médio inglesa estudada por Willis, muitos aspectos parecem também válidos para os estudantes norte-americanos, embora as particularidades da reprodução de classe não sejam tão pronunciadas devido a uma história distinta e a uma articulação mais complexa entre Estado, educação e economia. Também aqui os alunos participam da contestada reprodução do sistema ideológico e material do qual fazem parte. Como Robert Everhart mostra em seu estudo sobre uma escola de ensino fundamental II predominantemente frequentada por filhos da classe trabalhadora, o mundo cultural desses jovens, jovens como os "cê-dê-efes", também recria, defende e contesta as formas hegemônicas que dominam a sociedade como um todo, mas aqui também de modo não mecanicista (Everhart, 1979).

Examinemos isso mais de perto. Embora possamos ter a impressão de que esses jovens da classe trabalhadora se sentam passivamente, de que aceitam e agem conforme as mensagens ideológicas formais da escola, tudo se passa de um modo decididamente mais complexo. E, assim como no caso dos "rapazes", tal complexidade é composta por muitas penetrações e limitações. Se supormos que esses "meninos" [*kids*] (como Everhart os chama) estejam ali fazendo seu trabalho, prestando atenção às matérias escolares e basicamente recebendo o ensino das normas de conformidade e relativa docilidade que irão equipá-los ao longo de seu percurso até suas respectivas posições no mercado de trabalho, estaremos ligeiramente enganados.

Como muitos outros estudos têm mostrado, a maior parte do tempo desses estudantes na escola é gasto não em "trabalho" (que é, na visão dos professores, a razão de ser da escola), mas sim em regenerar uma cultura vivida particular – em conversas sobre esportes, discussões e planejamento de atividades fora da escola com os amigos, em conversas sobre coisas "não acadêmicas" feitas dentro da escola (Everhart, 1979, p. 116). Como no caso dos "rapazes", passa-se muito tempo tentando encontrar maneiras de "matar o tempo", de tornar as aulas mais interessantes, de adquirir algum controle sobre o padrão de interação cotidiana tão consagrado pela escola. Com efeito, como mostra Everhart, gasta-se quase a metade do tempo nessas outras atividades e não "trabalhando".

Porém, diferentemente dos "rapazes", a maior parte desses "meninos" *atende* às exigências da escola. Eles assim o fazem "apesar do interesse acachapante em suas próprias atividades e da maneira aparentemente ambivalente com que tratam qualquer coisa relacionada ao acadêmico". No entanto, levando-se em consideração o tamanho e a natureza burocrática da escola e o grande número de estudantes com os quais tem de lidar, na verdade, a escola exige relativamente pouco desses alunos. Com efeito, muitos conseguem realizar o trabalho exigido em muito pouco tempo (ou podem facilmente copiar o trabalho dos outros), sobrando assim muito tempo para suas próprias atividades culturais coletivas. Os estudantes entregam à escola o – relativamente – pouco exigido, certamente não mais do que isso (Everhart, 1979, p. 213).

Isso também vale para o comportamento. Ocorreram poucos casos graves de desrespeito a professores ou diretores, e poucas evidências de delitos ou vandalismo (Everhart, 1979, p. 218). Violações ostensivas dos códigos da escola eram aceitáveis apenas quando não ofereciam perigo. Embora cabular aulas, matar o tempo, brigar, xingar, beber e usar drogas fizessem parte do mundo cultural de muitos "meninos", a maioria não tirava notas vermelhas e até mesmo obtinha boas notas. Entretanto, isso não implica que todos tenham aceitado totalmente a ideologia formal da escola ou seu currículo oculto. Pelo contrário, isso parece querer dizer que uma parcela significativa desses jovens tolerava esse conjunto formal de crenças e práticas "como um preço a pagar para se dedicarem a suas próprias atividades" (Everhart, 1979, p. 220).

Mesmo para os estudantes cuja classe social e anseios familiares criavam a expectativa de que deveriam se sair bem na escola, ter amigos e se divertir era com frequência mais importante do que ter uma média muito alta nas notas escolares (Everhart, 1979, p. 260).

A mensagem parecia ser a seguinte: na rotina diária da escola, atendia-se às demandas mínimas da instituição e procurava-se manter essas demandas no menor nível possível, ao mesmo tempo que o grupo estruturava sua própria agenda. Essa agenda girava em torno da resistência às regularidades da vida escolar organizada e da criação de formas opositoras que muitas vezes contradiziam as prioridades da prática educacional formal. Se o sucesso individual, as competências técnicas e a ideologia do individualismo permeavam as propriedades organizacionais da instituição, a isso se contrapunha a vida cultural dos estudantes, dedicada a manter o humor do grupo, a "irritar os professores", a compartilhar respostas e a sustentar a coesão diante das práticas escolares individualizantes, representando assim os elementos dinâmicos que orientavam a vida dos "meninos".

Os estudantes dessa escola de ensino fundamental II – levando-se em consideração que a escola define o que é conhecimento legítimo, quais estratégias são adequadas para obtê-lo, como as decisões devem ser tomadas dentro da escola, e assim por diante (definições que vigoram por toda a instituição) – têm duas alternativas (embora não sejam realmente decisões conscientes, obviamente): como estudante, você aceita a situação e permanece relativamente entediado grande parte do tempo, ou encontra brechas no controle organizacional, explorando-as para sentir algum poder sobre sua vida cotidiana. Se a rejeição expressa das mensagens ideológicas, do conhecimento e da autoridade escolares for muito ameaçadora, as brechas ainda estarão lá para serem usadas, ampliadas quando possível, ou até mesmo criadas.

Com efeito, os estudantes mais bem-sucedidos em conciliar as demandas mínimas de trabalho e a exploração dessas brechas tornaram-se modelos para os demais. Assim, a maioria dos estudantes tidos em alta consideração pelos colegas eram aqueles que combinavam os dois atributos, atributos importantes para perceber a ideologia e suas contradições em ação nesse ambiente. Os "meninos 'inteligentes' (capazes de conseguir boas notas *e* cabular aulas)" eram aqueles que se destacavam aos olhos de seus pares. Se você ia bem com um mínimo de esforço e ainda tinha tempo para curtir, então estava tudo certo (Everhart, 1979, p. 337). Tudo se passa, portanto, como se aluno ideal aceitasse, em um determinado plano, os propósitos e procedimentos da escola e, ao mesmo tempo, conseguisse usá-los para seus próprios fins, que muitas vezes eram bastante opostos aos da instituição.

Observe o que está acontecendo aqui. Embora os "meninos" exerçam claramente uma boa dose de poder informal no ambiente escolar (cabulando, incomodando professores etc.), eles, assim como os "rapazes", tanto participam das ideologias dominantes quanto as reproduzem ao menos parcialmente, o que não ajuda muito. Nas palavras de Everhart:

> Como uma forma de conhecimento, como um sistema cultural não muito diferente de padrões encontrados em outros ambientes, o exercício do poder indica, assim, que as formas culturais são [muitas vezes] reprodutoras e que os participantes, por meio da oposição, na verdade participam dessa prática reprodutora (Everhart, 1979, p. 446).

Claro que nem todos os "meninos" são iguais. Alguns estudantes dessa escola de ensino fundamental II exercem uma oposição maciça. Eles passam todo o tempo curtindo, matando o tempo, "usando drogas" ou simplesmente cabulando aulas. Assim como os "rapazes", esses estudantes estão recriando as condições de seu próprio futuro como trabalhadores generalistas. Em outro plano, apesar da cultura impactar diferencialmente os estudantes, o futuro de todos está parcialmente "determinado" pela cultura criada pelos estudantes. A criação e o surgimento dessas formas culturais, prossegue Everhart, tendem a afetar todos os estudantes

> e servem para reforçar a interpretação de que os sistemas de relações sociais não são feitos para serem confrontados e analisados criticamente, mas sim resistidos por meio dessas formas de oposição. E na emergência dessas próprias formas, o sentido atribuído a elas, o sistema básico de relações sociais [...] permanece inalterado, não examinado. [...] Parece então que [as formas de conhecimento cultural constituídas pelos "meninos"], embora presentes nas formas de resistência, também estão presentes como reprodutoras do próprio sistema ao qual se opõem. Como participantes, como criadores dessas formas culturais, os alunos reproduzem formas que os condenarão a ensaiar uma reação, mas não darão ensejo a uma oposição crítica. Nessa construção da cultura, os estudantes participam da criação de processos reprodutivos que provavelmente farão com que tenham o mesmo destino alhures, especialmente no trabalho (Everhart, 1979, p. 451-452).

Sim, haverá mobilidade para alguns, mas não para muitos. Qualquer resistência ostensiva é uma ameaça a essa possibilidade – mas é apenas isso, apenas uma possibilidade. Isso já está prefigurado, já é "sabido", na esfera cultural. Ela penetra o coração do mito da economia, mas claramente limita muitos desses jovens a empregos industriais ou a trabalhos não qualificados no setor de serviços.

Em síntese, se a maioria dos trabalhadores norte-americanos diz que não trabalharia no mesmo emprego se pudesse escolher novamente, embora continue trabalhando nessas condições – usando o humor para torná-las mais suportáveis e formando uma cultura informal –, as condições ideológicas capazes de fomentar essa alternativa são produzidas de forma contraditória e complexa a partir da cultura estudantil de escolas como essas (Everhart, 1979, p. 451)[68].

De modo talvez mais disfarçado do que dos "rapazes", esses "cê-dê-efes" já "sabem" as normas da prática sistemática da "cabulice" no trabalho, procurando maneiras de criar circunstâncias divertidas e coletivas, manejando o sistema para aumentar o controle de uma situação. Ao mesmo tempo, eles também se encontram envoltos em contradições, em limitações de sua própria resposta cultural. Pois a manutenção de algum poder e da autonomia no chão de fábrica ou no escritório não necessariamente desafia as necessidades do capital *se os requisitos mínimos da produção forem geralmente atendidos*. Assim, embora muitos desses estudantes de classe trabalhadora consigam empregos mais qualificados ou de maior *status* que os dos "rapazes", eles também participam ativamente da recriação das relações sociais que dominam o processo de produção corporativo.

Nesse processo de produção, o trabalho não precisa ser algo dotado de sentido. Ele *existe* apenas para satisfazer outras necessidades, que são atendidas quando o trabalho é feito. Trabalha-se por dinheiro e porque isso dá ensejo a uma resposta cultural coletiva. As sementes da reprodução ideológica são lançadas. Será uma reprodução cheia de contradições, uma reprodução continuamente contestada pela resposta cultural desses "meninos" à medida que entram no mercado de trabalho. Mas essa resposta também irá continuar relativamente improdutiva enquanto as penetrações na natureza do trabalho e do controle realizadas por esses

---

68. Nesse sentido, se há alguma correspondência significativa entre o local de trabalho e a escola, ela se encontra nesse nível.

jovens da classe trabalhadora e seus pais permanecerem desorganizadas e não politizadas.

Classe e patriarcado: a cultura da feminilidade

Talvez porque muitos dos pesquisadores sejam homens, as formas culturais das estudantes têm sido consideradas como marginais. No entanto, como McRobbie e outras argumentaram, as estudantes parecem estar mais à margem porque "a dominação masculina" as empurra frequentemente "para a periferia da atividade social", embora lutem contra isso e ajam de forma culturalmente criativa, algo que, tal como no caso dos "rapazes" e dos "meninos", tanto as limita quanto lhes confere poder em um único e mesmo momento histórico.

As condições em que muitas garotas da classe trabalhadora vivem podem ser significativamente diferentes daquelas de garotos como os "rapazes" e os "meninos". Seu tempo livre é controlado de forma mais rigorosa pelos pais. Elas "recebem um aprendizado voltado para o trabalho doméstico que começa em casa". Com efeito, uma das principais maneiras pelas quais as garotas ganham dinheiro é ajudando nas tarefas domésticas (e, é claro, trabalhando como babás) (Brake, 1980, p. 142). Embora as definições tradicionais dos papéis ocupacionais das mulheres estejam sendo rompidas devido a um movimento contínuo de contestação do qual participam mulheres e homens, o fato de que quase todas as mulheres estejam sendo preparadas *tanto* para o trabalho convencional *quanto* para os cuidados domésticos (cf. Kelly; Nihlen, 1982) significa que, em tempos de crise econômica (quando há grande escassez de empregos decentes), temas e formas culturais específicas receberão maior atenção no domínio da cultura como experiência vivida das garotas da classe trabalhadora.

A pesquisa de Angela McRobbie entre um grupo de garotas em um bairro preponderantemente de classe trabalhadora contribui extraordinariamente para que nos aprofundemos mais. À semelhança de Willis e de Everhart, ela pretendeu mapear as formas pelas quais essas garotas da classe trabalhadora experienciavam a classe e o gênero como um "modo de vida distintivo", um modo de vida perpassado por componentes de bom senso e, digamos assim, de mau senso. Nesse caso, os pais trabalhavam em uma fábrica de automóveis e as mães trabalhavam por turnos ou em meio expediente como garçonetes, balconistas, funcionárias de escritórios ou faxineiras – postos proporcionados pela comunidade. Nesse sentido, estamos descrevendo aqui um outro segmento da classe trabalhadora.

Subjaz à preocupação de McRobbie com a cultura a consciência de que a cultura dessas "garotas" [*girls*] é tanto "determinada" parcialmente por sua posição econômica e sexual quanto é a corporificação de uma série de significados e práticas relativamente autônomos. Essa cultura remete tanto à reprodução quanto à contestação. Segundo McRobbie, devemos ver isso como uma questão de *relativa* autonomia porque, independentemente de sua forma, a cultura das "garotas" não corresponde

> de forma alguma a uma configuração flutuante. Ao contrário, ela [está] vinculada e, em parte, determinada, embora não mecanicamente, pela posição material ocupada na sociedade pelas "garotas", por sua classe social, por seu futuro papel na produção, por seu futuro e atual papel na produção doméstica e por sua dependência econômica de seus pais. E porque as culturas, embora se refiram às capacidades essencialmente expressivas do grupo em questão, não são criadas do zero pelo grupo, mas corporificam "a trajetória de vida do grupo ao longo da história, sempre sob condições e a partir de materiais que não são totalmente de sua própria fabricação", é importante situar as "garotas" desde o começo em uma cultura preexistente de feminilidade, na qual, enquanto mulheres numa sociedade patriarcal, nascem, e que lhes é continuamente transmitida ao longo dos anos por suas mães, irmãs, tias, avós, vizinhas etc. (McRobbie, 1978, p. 97; cf. tb. MacDonald, 1980, 1981).

Em síntese, McRobbie mostrou que as ações das "garotas", em última análise, corroboram os papéis tradicionais femininos e da "feminilidade", não porque sejam sempre "impostos" a elas (embora isso de fato aconteça), mas como uma resposta criativa às condições objetivas e ideológicas em que vivem. O trabalho doméstico, o casamento e os filhos eram os três fatos incontornáveis da vida que estavam por trás de sua experiência e que constituíam o horizonte em relação ao qual suas atividades dentro e fora da escola eram codificadas. O que as "salvou" daquilo que suas mães, irmãs, tias, vizinhas etc. descreviam como um futuro desinteressante e muito real foram duas coisas: elas faziam amizades intensas, baseadas em experiências similares de gênero e de classe. Além do mais, e isso é importante, elas tendiam a mergulhar numa "ideologia do romance" e a agir de maneiras que acentuavam sua feminilidade e sua sexualidade (McRobbie, 1978, p. 98).

Em contraste com as "garotas" de classe trabalhadora, havia também um grupo de "meninas" de classe média cujos pais compunham a nova pequena burguesia e ocupavam posições de gerência em fábricas, em carreiras profissionais, em instituições governamentais etc. Essas "meninas" têm uma experiência decididamente diferente e uma forma diferente de codificar suas experiências femininas e de classe. Muitas delas destinam seu tempo a frequentar galerias de arte, a participar de jogos, atividades teatrais e de dança, a fazer trabalhos escolares. Porque seus "horizontes materiais são bem maiores", ainda que garotos e romances povoem sua imaginação, elas "sabem" que haverá oportunidades para além do casamento, do trabalho doméstico, da criação dos filhos e do trabalho enfadonho mal remunerado. Mesmo com uma crise na economia, tanto as formas culturais residuais de mobilidade entre a classe média em termos de *carreiras* (não só empregos) quanto as formas culturais emergentes de mobilidade entre as mulheres – carreiras para *mulheres* assim como para homens – irão atuar em suas vidas cotidianas (McRobbie, 1978, p. 101)[69]. Ainda que ambos os grupos das jovens se orientem para o domínio da casa, as "meninas" da classe média voltam-se para um diferente tipo de trabalho fora dela (McRobbie, 1978, p. 102)[70].

O caso das "garotas" da classe trabalhadora é diferente em muitos aspectos. À medida que elas se aproximam da adolescência, seu desempenho escolar vai diminuindo consideravelmente. As pressões para se conformar ao ideal feminino aumentam, assim como as pressões para pensar cada vez mais em garotos e em interesses relacionados à sua própria

---

69. Cf. tb. a discussão de Raymond Williams sobre as culturas residuais e emergentes em *Marxism and literature* (1977).

70. Cf. tb. a interessante análise de Seccombe (1980a, 1980b), ambos contidos em Fox (1980).

atratividade, popularidade etc. (McRobbie, 1978, p. 105). Quando essas pressões se *articulam com sua posição de classe*, as ações dessas "garotas" se mostram muito poderosas.

De maneira semelhante aos "rapazes" e aos "meninos", as "garotas" medem grande parte de seu "sucesso" pela capacidade de manejar o sistema organizacional e curricular da escola tendo em vista seus próprios fins. Ao afirmar sua oposição ao comportamento, à linguagem, à vestimenta e às normas de classe média, essas "garotas" de classe trabalhadora buscam transformar a escola em uma arena para expandir sua vida social, "paquerar rapazes", ensinar umas às outras as danças da moda, "irritar professores", reunir-se para fumar, falar sobre música e ídolos do *rock*, e assim por diante. Nesse conjunto de práticas opositoras, sua própria feminilidade permite que se afastem ainda mais daquelas que consideram "esnobes", "meninas" de classe média com mais condições materiais. Está claro para elas que as esnobes de classe média, por aceitarem a ideologia e o conhecimento oficial da escola, são mais valorizadas pelos professores. Embora essas "garotas" de classe trabalhadora possam se sentir um tanto "fracassadas" na escola, elas também se sentem igualmente descontentes com a prestimosidade e o trabalho duro das esnobes. Os antagonismos de classe se manifestam em seus sentimentos de que as "meninas" de classe média carecem de "estilo", têm um gosto péssimo para rapazes, "puxam o saco" dos professores e se comunicam com uma linguagem "limpa" (McRobbie, 1978, p. 105).

McRobbie descreve essas práticas de oposição da seguinte forma:

> Um modo encontrado pelas "garotas" de combater os aspectos opressivos e classistas da escola é a reafirmação de sua "condição de mulher", trazendo para a sala de aula sua sexualidade e maturidade física de forma a forçar os professores a repararem. Um instinto de classe encontra então sua expressão no plano da rejeição da ideologia oficial voltada para as alunas (asseio, diligência, aplicação, feminilidade, passividade etc.), substituindo-a por uma *mais* feminina, ou mesmo mais sexual. Nesse sentido, as "garotas" se comprazem em usar maquiagem na escola, passam uma quantidade enorme de tempo em sala conversando em voz alta sobre namorados e usam esses interesses para perturbar as aulas [...].

> Casamento, vida familiar, moda e beleza contribuem enormemente para essa cultura feminina antiescolar e, ao fazê-lo, ilustram bem as contradições inerentes às assim chamadas atividades opositivas. As "garotas" ao fim e ao cabo não estariam fazendo justamente o que se exige delas? E se esse é o caso, então não seria possível argumentar que sua própria cultura é a instância mais eficiente de controle social dessas "garotas", levando-as a se conformar àquele papel para o qual todo um conjunto de instituições da sociedade capitalista as orienta, ainda que de forma menos eficiente? Ao mesmo tempo, elas expressam uma relação de classe, embora em termos tradicionalmente femininos (McRobbie, 1978, p. 104).

O paradoxo impressiona. As "garotas" desenvolvem formas culturais que lhes conferem poder. Elas podem controlar, em certa medida, as ações dos garotos (e seus próprios futuros) quando acentuam sua própria sexualidade. Elas podem formar grupos que recriam sua solidariedade enquanto membros da classe trabalhadora e que lhes permite desenvolver e encenar temas de resistência e luta de classes. Contudo, as contradições dentro da esfera cultural são intensas. Elas são exploradas sexualmente pelos garotos. A avaliação realista de suas vidas futuras como esposas e mães – do casamento como uma necessidade econômica, dada a economia política daquela área geográfica – leva-as a se apoiar em uma cultura da feminilidade que as explora e que reproduz muitas das condições em que se baseiam as divisões sociais e sexuais do trabalho. Essa dupla performance ideológica de sua cultura vivida evoca tanto as qualidades determinadas quanto as qualidades criativas e autônomas da cultura. Os significados e práticas culturais que emergem da interação de gênero e classe tanto penetram o cerne do poder patriarcal e das relações de classe quanto limitam as possibilidades de ação, caso permaneçam não organizadas.

Assim, as dinâmicas de classe e gênero atuam em conjunto de forma a "forçar" essas "garotas" a uma posição contraditória, posição essa vivida por elas em seu dia a dia. Sua relação antagônica com as "meninas" de classe média e com a escola é sobretudo expressa em termos "femininos". Todavia, o que elas experenciam em suas próprias famílias também lhes ensina que não encontrarão necessariamente o romantismo e a feminilidade, ou que estes não durarão por muito tempo, dada a pregnância do papel de esposa, mãe ou mulher trabalhadora. Em resumo, "o código do romance não entrega o prometido". Presas a essa situação, elas ainda não conseguem enfim se ver senão como esposas e mães (McRobbie, 1978, p. 106).

As jovens e mulheres de classe trabalhadora não são enganadas nesse sentido. Elas geralmente têm consciência das restrições que acompanham o casamento e os papéis "tradicionais". Mas elas são também bastante realistas a esse respeito. A posição econômica e as condições de opressão de gênero em que se encontram implicam que a recusa ao casamento pode trazer custos emocionais e econômicos elevados, caso elas optem por isso. O culto ao romance as protege desses custos e lhes *confere* um poder real na família, e ao mesmo tempo reproduz parcialmente as limitações dos papéis econômicos e de gênero tradicionais (Brake, 1980, p. 166).

A discussão de Mike Brake resume alguns desses argumentos e aponta para a contínua dominação da "feminilidade" como forma cultural autosselecionada:

> [as] subculturas surgem como tentativas de resolver problemas experimentados coletivamente derivados das contradições na estrutura social. [Elas] engendram uma forma de identidade coletiva a partir da qual é possível assumir uma identidade individual que não a atribuída pela classe, educação e ocupação. Trata-se quase sempre de uma solução temporária; não uma solução material real, mas sim uma solução que se encontra no nível cultural. Culturas jovens interagem com culturas populares fabricadas e seus artefatos, [mas não de forma] determinista [...]. Em geral, culturas jovens tendem a ser uma forma de explorar a masculinidade. São, portanto, masculinistas, [sendo preciso] considerar seu efeito sobre as mulheres [...]. Um signo da emancipação das jovens do culto ao romance e ao casamento enquanto sua verdadeira vocação é o desenvolvimento de subculturas que exploram uma nova forma de feminilidade. Face à posição material das mulheres na sociedade atual, trata-se de um processo provavelmente longo (Brake, 1980, p. vii)[71].

---

71. Em sua análise da literatura essencial sobre subculturas e jovens de classe trabalhadora, Brake vai além, observando que esses grupos são formados porque "as subculturas tentam recuperar elementos de coesão social perdidos, destruídos na cultura dos pais, combinando-os a elementos de outras frações de classe que simbolizam uma ou outra das opções que lhes são oferecidas" (Brake, 1980, p. 67).

O desenvolvimento de tais "novas formas de feminilidade" está claramente ocorrendo, haja vista as lutas no lar, na escola e no trabalho travadas por atores de classe e de gênero. Entretanto, a importância maior dos pontos de Brake e das minhas observações sobre as "garotas" estudadas por McRobbie é levantar uma questão crucial – *como* se estuda a reprodução e a contradição na escolarização, na classe e na cultura? A questão aqui não é apenas reconhecer a importância de uma perspectiva feminista no exame de todos esses aspectos; também não se trata de mencionar ocasionalmente as mulheres em análises do papel da educação na reprodução das relações de classe, por exemplo. Uma formação social precisa ser entendida mais como constituída – ou seja, como sendo reconstruída ativamente – a partir de relações de gênero e de classe. Os dois termos, gênero e classe, não se separam, mas se articulam (Women's Studies Group, 1978, p. 10). Isso fica claro nos elementos culturais criativos dos "rapazes" e das "garotas".

Em muitos aspectos, precisamos reconhecer que a divisão sexual do trabalho da qual os "rapazes" e as "garotas" participam não surgiu "como uma divisão sexual a partir das próprias estruturas do capital". Em vez disso, "o capital erigiu suas próprias divisões sobre as já existentes". Nessa medida, apesar de ser muito difícil separar as relações de gênero patriarcais e as relações sociais capitalistas, elas não são redutíveis umas às outras. Como observam Bland, Brunsdon, Hobson e Winship, a "divisão sexual do trabalho estruturada na dominação masculina é 'colonizada', 'apropriada' pelas estruturas do capital" (Bland; Brunsdon; Hobson; Winship, 1978, p. 61; cf. tb. Apple, 1982a). Portanto, os significados e as práticas ideológicas que observamos nas "garotas", com todas as suas contradições que tanto as limitam quanto lhes conferem força, só podem ser compreendidos se analisarmos como a economia do capital, a ideologia do patriarcado e as formas culturais da vida da classe trabalhadora reproduzem e contradizem umas às outras.

Sendo pardo, preto e pobre

Os grupos de estudantes que discuti até agora são de diferentes segmentos da classe trabalhadora, mas todos são brancos. Padrões semelhantes de penetração e limitação culturais ocorrem também em grupos de classe trabalhadora pardos e pretos, bem como entre os pobres. Um dos padrões culturais dominantes entre os jovens de classe trabalhadora é a celebração da masculinidade, do "homem durão". Algo evidente nos padrões de resistência cultural dos "rapazes" e parcialmente espelhado na criação e recriação de uma cultura da feminilidade por parte das "garotas". Outra forma bastante visível em escolas de áreas urbanas dos dois lados do Atlântico vem a ser a postura "descolada". Esse comportamento implica uma abstração de sua posição de classe por meio de um sofisticado processo de distanciamento pela maneira de se vestir, de se postar, de caminhar e, hoje cada vez mais, de falar[72]. Esse criativo processo cultural fornece as bases para a contestação de padrões de dominação e de exploração de gênero, classe e raça.

Entre jovens negros na Inglaterra, por exemplo, encontramos padrões de contestação e luta no desenvolvimento de uma cultura de resistência especificamente afro-caribenha, similar em muitos aspectos aos encontrados em guetos de periferias norte-americanas. A cultura vivida desses jovens revela uma sutil "consciência" de que a cultura da escola e o conhecimento formal curricular não são sensíveis à história ou à experiência negra. Por causa disso, muitos estudantes se reapropriaram da língua crioula tanto como signo de exclusão quanto como mecanismo de solidariedade. Uma vez que o tipo de educação que esses estudantes não brancos recebem "leva à diminuição das oportunidades de emprego e de progresso educacional" – uma educação que "reproduz o jovem trabalhador não branco no polo inferior da educação e qualificação" –, o crioulo é falado como parte de um complexo processo de contestação e afirmação no plano cultural. A cultura mais individualista da escola, agora rejeitada, atua como pano de fundo cultural a partir do qual se desenvolve a resistência linguística (Brake, 1980, p. 118-119).

Entretanto, surge também aqui uma situação paradoxal, similar à dos "rapazes", dos "meninos" e das "garotas". O crioulo atua como um "índice vivo" do grau de alienação dos não brancos em relação a normas, valores e objetivos dos grupos de pessoas que ocupam as posições mais altas na sociedade. No entanto, se, por um lado, trata-se de um claro

---

72. Cf. a discussão de Brake (1980) sobre esses padrões culturais.

"reconhecimento" do que o futuro reserva para esses jovens pretos e pardos, fornecendo a base para a solidariedade no trabalho, por outro, os condena a posições exploradas e mal remuneradas semelhantes àquelas que teriam acedido por meio da escola. Diante disso, muitos desses jovens simplesmente rejeitam esse tipo de posição econômica. Não importa como a direita interpreta essa atitude, *não* se trata de uma rejeição do trabalho em si, mas de uma recusa em aceitar os tipos e as condições de trabalho ofertados. Em sua consciência vivida do que as escolas podem lhes oferecer como grupo duplamente oprimido – por serem pretos ou pardos (ou, nos Estados Unidos, vermelhos) e pobres –, sua resistência à escola e o desenvolvimento de suas formas culturais próprias também mostram uma atenção às contribuições da escola e do trabalho à definição da identidade de uma pessoa. Por causa disso, jovens pretos e pardos buscam frequentemente uma "identidade digna em um mundo que os oprime, os rejeita e os humilha" (Brake, 1980, p. 135-136). Forças e fraquezas são vividas diariamente dessa maneira.

Embora eu não vá entrar em detalhes, entre as garotas pardas e pretas de classe trabalhadora, as condições objetivas em que vivem contribuem para a criação de ideologias contraditórias semelhantes às das garotas que acabei de analisar. Elementos da cultura de classe trabalhadora, de culturas de gênero específicas e de tradições étnicas se misturam em um complexo processo de criação e determinação cultural, e poucos aspectos desse processo podem estar diretamente relacionados a forças econômicas em abstrato (Therborn, 1980). Os três componentes, gênero, classe e raça, irão constituir a cultura dessas garotas. Também aqui a cultura da feminilidade – uma cultura que deita suas raízes na experiência das relações patriarcais sobre as quais a lógica e as relações sociais do capital se construíram e se transformaram parcialmente – irá desempenhar um papel importante.

Brake mostra o impacto dos aspectos econômicos da atual crise estrutural sobre essas garotas, especialmente sobre as jovens de "minorias". Falando da Inglaterra, embora os números não sejam muito diferentes nos Estados Unidos, no Canadá e em outros lugares, ele observa que é importante

> [lembrar] da relação das mulheres com a produção [...]. As jovens de classe trabalhadora têm tido dificuldade em encontrar trabalho; as minorias em particular, sobretudo mulheres.

> A Comissão de Serviços de Mão de Obra relata um aumento de 120% no desemprego entre os jovens nos anos de 1977 a 1982, especialmente entre os jovens negros (350%), em comparação com o índice de 45% para toda a população. O desemprego feminino aumentou rapidamente na coorte de 18 a 24 anos, tanto para as mulheres pretas quanto para as brancas, mas houve um aumento de 30% para as mulheres pretas em comparação com 22% para todas as mulheres. A partir desses números, começa-se a perceber a importância do culto da feminilidade (ou seja, de uma identidade não dominada pelo trabalho) para [muitas] jovens (Brake, 1980, p. 137-138).

A forma como as "garotas" lidam com tudo isso, e a forma como lidam os "rapazes" e os "meninos" aqui analisados, remete eloquentemente à patente complexidade da esfera cultural. O bom e o mau senso coexistem. A hegemonia ideológica é parte de um contestado campo, contestado no próprio nível cultural. Sim, as escolas podem ser espaços onde a distinção entre trabalho mental e manual é recriada, onde as divisões de raça, sexo e classe são reproduzidas; mas está claro que muito mais está acontecendo. Embora tudo isso conte com a contribuição da escola em seu papel de "produzir estudantes" de acordo com as categorias de desvio em grande parte geradas naturalmente por sua função na produção de capital cultural técnico e na reprodução da divisão do trabalho, perder de vista o papel dos estudantes é deixar completamente de perceber o poder e as limitações existentes na esfera cultural.

Compreendendo a reprodução

Estendi-me aqui para registrar algo de grande importância para a nossa compreensão das escolas enquanto espaços de reprodução econômica e cultural. Observemos o que é obtido quando entramos nos debates sobre o papel social da escola e, especialmente, quando combinamos a análise das possíveis conexões entre as escolas e outras agências sociais poderosas e a tentativa de ir além das teorias da correspondência no propósito de esclarecer intrincadas interconexões entre escola, economia e cultura. A chave aqui é a cultura, evidentemente. A potência dos estudos aqui analisados remete ao fato de serem etnografias marxistas. Isto é, para compreender um cenário concreto, elas o inserem em um quadro maior de forças – ideológicas, materiais e de classe – que impõem limites e que contribuem efetivamente para a produção de significados e práticas. Se, por um lado, elas explicam por que e como essas condições são produzidas, por outro, não perdem de vista a riqueza e a variabilidade das experiências dos alunos. Cada uma delas está fortemente comprometida com a ideia de que, na análise do todo social vivido nesses microcosmos, o conflito de classes é essencial no estudo da cultura e dessas instituições de organização, seleção e transmissão econômica e cultural que são as escolas. Essas etnografias são tão importantes para o estudo da escolarização e da reprodução porque compreendem a classe não como categoria abstrata, mas como experiência vivida (Johnson, L., 1979, p. 206).

Além disso, não esqueçamos, elas mostram que o problema crucial não é só interrogar a realidade social das escolas para descobrir como as instituições se relacionam e como são constituídos esses feixes de relações, mas também descobrir a localização tanto dos elementos contraditórios quanto dos elementos parcialmente progressistas e não completamente reprodutores. Em síntese, toda análise do papel da escolarização na reprodução e qualquer avaliação dos processos e resultados da escolarização devem estar atentas à ideia de que a reprodução é um trabalho difícil e que muitas vezes encontra resistência (Johnson, R., 1979a, p. 74). Nesse sentido, a preocupação única com os resultados econômicos de instituições, mesmo com os de escolas – com sua contribuição para a desigualdade e seu papel na reprodução –, tende a suprimir o fato de que essas condições para uma reprodução "bem-sucedida" precisam ser continuamente conquistadas (ou perdidas) por meio de conflitos e lutas específicas (Johnson, R., 1979a, p. 70).

Os estudantes que foram objeto de nossa atenção dão corpo a esses argumentos. Eles contribuíram para a produção de resultados institucionais inerentemente contraditórios, mas o fizeram apenas por meio de lutas. Eles experimentaram a classe como uma força ativa, força ao mesmo tempo criativa e limitante.

A noção de consentimento ou, se preferir, de autocriação, é crucial para nossa abordagem. Pois, como mostraram Willis, Everhart e McRobbie, processos como esses não são particularmente infensos a mecanismos de apropriação ativa. Podemos ver a hegemonia ideológica em todo seu poder e contradição na forma como os "garotos" de classe trabalhadora analisados por Willis praticamente celebram sua futura entrada na esfera do trabalho manual (Johnson, R., 1979a, p. 75). Para que possamos entender efetivamente os produtos e resultados da escola, é preciso antes compreender como tudo isso funciona.

Esse ponto é muito importante. Pode-se afirmar que minha análise registra o processo que levou à derrota estudantes como os "rapazes", os "meninos" e as "garotas", o processo de sua sutil determinação, o "controle da cultura pela economia". Não devemos esquecer, todavia, a importância da própria natureza das determinações e contradições que, apoiado nos trabalhos de Willis, de Everhart e de McRobbie, procurei analisar. A ideologia hegemônica de nossa sociedade é "profunda e essencialmente conflituosa" sob vários aspectos, gerando conflitos difíceis de resolver sob as relações de poder e dentro das fronteiras institucionais atuais. Como Todd Gitlin apontou, as formas ideológicas que dominam economias como a nossa instigam as pessoas a trabalhar duro; no entanto, e ao mesmo tempo, sugerem que a verdadeira satisfação não está no trabalho, mas no lazer, área "que ostensivamente dá corpo a valores opostos aos do trabalho" (Gitlin, T., 1979, p. 264). Esse conflito é patente no caso dos "rapazes" e dos "meninos", e pode ser chamado de contradição gerada estruturalmente. Tensões e conflitos afloram, conflitos e tensões que, quando experimentados por um grande número de pessoas, possibilitarão penetrações na realidade social similares àquelas "percebidas" pelos "rapazes" e pelos "meninos". Conflitos e contradições no interior do patriarcado e entre o patriarcado e o capitalismo podem ter o mesmo destino. A questão de se saber se essas tensões e conflitos acabarão se voltando contra aqueles que os experimentam, vinculando-os ainda mais a uma economia corporativa e, em última análise, beneficiando aqueles que controlam o capital econômico e cultural, não deixa de ser interessante, é claro, dada a minha análise até aqui.

Mas o reconhecimento de que essas tensões e conflitos perpassam praticamente todas as instituições, especialmente a escola, nos deu boas ideias a respeito da realidade a que somos chamados, enquanto educadores, a enfrentar todos os dias. Ignorá-los ou negligenciar a sofisticação socioeconômica e cultural necessária para entendê-los infelizmente não os fará desaparecer.

Na verdade, não poderíamos ignorá-los mesmo se quiséssemos, uma vez que essas contradições culturais e econômicas têm suscitado uma imensa reavaliação da estrutura e controle da educação. Com efeito, atualmente vários educadores e formuladores de políticas estão propondo maneiras de "resolver" esses conflitos e tensões. Trataremos agora das diversas propostas de reforma dos arranjos institucionais escolares que, segundo eles, causam esses conflitos. Como entender essas reformas? Qual a nossa posição em relação a elas? Ajudarão efetivamente os "rapazes", os "meninos" e as "garotas"?

Reprodução e reforma

Nosso posicionamento diante de um problema não é uma questão sem importância, uma vez que atualmente estão sendo propostas reformas educacionais que, argumenta-se, eliminariam algumas das condições econômicas e culturais que são "reproduzidas" no dia a dia dos estudantes do ensino médio e do ensino fundamental II aqui analisados. Devemos compreender essas reformas para decidirmos se as apoiamos ou as rejeitamos.

Não é preciso ser analista do papel da escola na reprodução econômica e cultural das estruturas de classe, raça e gênero em que se encontram os "rapazes", os "meninos" e as "garotas" para se dar conta hoje da existência de um intenso conflito entre outros grupos, centrado nas escolas. Industriais e burocratas estatais pretendem tornar as escolas eficientes, capacitá-las a cumprir os requisitos ideológicos e "laborais" da economia. Os problemas fiscais gerados pela crise econômica alimentam bastante as pretensões dessas mesmas pessoas de tornar mais eficiente a educação (O'Connor, 1973). Ao mesmo tempo, devido à crise de legitimidade, há uma pressão "de baixo para cima", vinda de muitos pais de estudantes de grupos raciais, sexuais, de classe e de interesse no sentido de tornar as escolas sensíveis às necessidades muitas vezes conflitivas de cada um desses grupos.

Poderíamos continuar quase indefinidamente, listando as reinvindicações sobre a jornada escolar, políticas públicas e recursos. Uma outra lista poderia conter as várias propostas visando alterar a maneira como as escolas operam hoje a fim de aproximá-las dessas reivindicações concorrentes. Entre as principais propostas, estão os programas de vales e créditos fiscais que vêm gerando bastante discussão no plano governamental[73]. Se as escolas fazem realmente todas essas coisas sociais que estudiosos como Althusser, Bowles e Gintis, Apple, McRobbie, Willis, Everhart e outros dizem que elas fazem, e se elas não são sensíveis aos nossos interesses econômicos e ideológicos concorrentes, então, segue o argumento, o mercado deveria se abrir. Se as escolas agem como importantes espaços de produção e reprodução da cultura e da economia, então devolva-se o controle para os pais, por exemplo. Reduza-se o controle do Estado, concedendo aos pais vales como pagamento pela educação que desejam para seus filhos. Dessa forma, talvez possamos reduzir o tamanho e a natureza burocrática da instituição, tornando-a mais "relevante" para grupos maiores de filhos e pais. Aqui, os pais estariam basicamente livres para escolher praticamente qualquer arranjo educacional e curricular (não sem algumas limitações, é claro), pagando diretamente às escolas públicas ou privadas. O sistema educacional se tornaria um mercado, este regulado pelo Estado, mas ainda assim aberto a todos os interessados. Muitos problemas analisados nas seções anteriores deste capítulo seriam, portanto, solucionados. Ou será que não?

Entendendo a legitimação, a acumulação e o Estado

No começo deste capítulo, observei que muitos pesquisadores da relação entre a educação e a sociedade mais ampla veem a escola como um aparato ideológico do Estado. Nas seções anteriores, concentrei-me principalmente em um termo dessa expressão – "ideológico". Mas o outro termo é igualmente fundamental – trata-se de um aparato do *Estado*. Isso é tão óbvio que estamos propensos a esquecê-lo. No entanto, como

---

73. Os argumentos mais bem articulados a favor de propostas como os programas de vales são encontrados em Coons e Sugarman (1978).

sustenta a literatura recente sobre o papel do Estado na reprodução social, esquecer a relação entre esses termos significa negligenciar as importantes funções desempenhadas pelo próprio Estado visando à manutenção das relações de dominação e de exploração em nossa sociedade. Vimos que, para compreender as vidas diárias dos estudantes nas escolas, foi preciso relacionar suas vidas à classe, à cultura e à economia "externas" às instituições. Pois bem, também aqui é preciso fazê-lo. Sem isso, não poderemos compreender plenamente o quadro maior que abarca reformas como os programas de vales.

Lembre-se de que a escola, enquanto um aspecto do Estado, parece participar de duas atividades fundamentais. Elas contribuem tanto para legitimar quanto para estabelecer algumas das condições prévias necessárias para a acumulação de capital. Embora a escola "produza" esses efeitos de maneira contraditória, não intencional e contestada, devemos agora acompanhar mais diretamente esses elementos à medida que se relacionem com o Estado, sobretudo porque é no âmbito estatal que são elaboradas as reformas em discussão.

Um exemplo mobilizado no capítulo 1 deve nos ajudar a ter em mente a relação frequentemente conflituosa entre essas duas funções do Estado. Como observa Randall Collins, o papel do Estado na acumulação levou a uma situação em que mais e mais trabalhadores têm mais e mais credenciais. A reboque, as próprias credenciais se desvalorizam (Collins, 1979). Por conseguinte, a legitimidade de um aspecto do Estado, nesse caso a própria escola, é posta em dúvida. Assim, o papel da escola na acumulação pode levar a uma superprodução de trabalhadores credenciados e desafiar a legitimidade dos modos de operação das escolas. Uma função do Estado está quase que necessariamente em conflito com a outra. Essas contradições se evidenciam especialmente em tempos de crise da economia, como agora. Uma economia assolada por inflação, desemprego e recessões recorrentes requer menos trabalhadores credenciados. Assim como os "rapazes", os "meninos" e as "garotas", a escola se acha presa a uma contradição estrutural.

É a partir desse conflito que começamos a entender o atual clamor por créditos fiscais e programas de vales. Diante de uma crise na economia e em muitas de suas principais instituições, o próprio Estado começa a perder legitimidade. Ele não consegue controlar a economia sem se envolver cada vez mais diretamente nela; também não consegue, sob as condições fiscais atuais, manter essas outras instituições sem se envolver cada vez mais em suas operações cotidianas (Castells, 1980; Wright, E., 1978). Trata-se de uma situação paradoxal, quase do tipo sem vencedores. O Estado não precisa apenas controlar o que está acontecendo; ele também precisa de consentimento. Sem esse consentimento, ele perde sua legitimidade no caminho. Eis o paradoxo. Ao intervir diretamente, o próprio Estado é culpado pela crise estrutural geral. Como ele não tem controle suficiente das variáveis – para tanto seria preciso um enorme afluxo de poder para o Estado, algo que a população norte-americana provavelmente não aceitaria e que, por via de consequência, criaria sua própria crise de consentimento –, ele perde parte de sua legitimidade. Isso gera uma crise muito real. Embora o Estado, como vimos no capítulo 2, tenha de intervir cada vez mais nas políticas econômicas produtivas e alocativas e se tornar ainda mais atuante em todas as arenas sociais, ele precisa, em certos casos, abrir mão de sua intervenção ativa na educação para preservar sua legitimidade.

Como o Estado deve lidar com tais paradoxos, funções e pressões contraditórias? Ele pode gerar consentimento e legitimidade expandindo o mercado das relações sociais capitalistas e do consumo individual, e então regulamentar assim esse mercado, a fim de garantir o cumprimento da função de acumulação. Temos aqui uma peça fundamental para compreender o papel de diversas reformas estatais.

Tudo muito complexo. Mas permita-me analisar brevemente seu significado. De início, alguns pontos podem soar um tanto economicistas, mas em seguida devo explicar melhor o funcionamento de certas ideologias. Para que a economia continue gerando lucros e empregos, e para que a acumulação de capital continue, o consumidor deve ser estimulado a comprar mais mercadorias *individualmente*. Trata-se da forma primária de expansão dos mercados. Ou seja, a ideologia daquilo que podemos chamar de individualismo possessivo precisa se fortalecer. Porém, as ideologias não são apenas ideias abstratas que remanescem em nossas relações econômicas. Elas tendem a permear toda nossa experiência, feixes de relações sociais e expectativas. E é exatamente aqui que podemos ver as contradições operando. Ao estimular a ideologia do individualismo possessivo, a economia "gera" uma crise na escola. A escola, sob as atuais condições financeiras e ideológicas, não consegue atender às necessidades de indivíduos e grupos de interesse em competição, perdendo assim sua legitimidade. O Estado, para manter sua própria legitimidade, deve responder de maneira a continuar a expandir tanto as relações sociais capitalistas *quanto* o mercado individualista. É aqui que entram os programas de vales e os sistemas de créditos fiscais.

A contradição está relativamente evidente. Uma crise é causada, em parte, pelo fato de a economia ter de patrocinar uma ideologia de consumo em nível individual, e não coletivo. Dessa forma, mais mercadorias são produzidas e consumidas. Ao mesmo tempo, no entanto, isso libera forças sociais que impactam quase todas as esferas da vida social. Grupos individuais irão, então, focar o consumo de *todos* os bens e serviços, incluindo a educação, mas de uma forma menos coletiva. Necessidades coletivas gerais, como a educação, serão vistas à luz do que podem fazer pelo meu próprio grupo, pela minha família ou por mim mesmo, enquanto direito individual. Na medida em que as escolas não conseguem atender essas necessidades – e em muitos casos elas não conseguem de fato –, o aparato estatal se verá enredado em uma crise de legitimidade.

Isso de fato torna difícil responder à questão de "qual deve ser minha posição" e avaliar o potencial progressista dessas propostas de reforma escolar. Elas são em grande medida determinadas pelo papel contraditório do Estado. Elas abrem um espaço para relações sociais e de mercado capitalistas outrora menos aberto, mesmo considerando os muitos problemas das escolas existentes. Elas contribuem para uma ideologia do consumo individual relativamente incontestada. Todavia, como veremos em breve, elas realmente apresentam a possibilidade de intervenções interessantes criarem aqueles "arranjos e valores institucionais" alternativos mencionados no capítulo 2.

Uma nota sobre a esfera política e o discurso liberal

Que possibilidades possam surgir dessas reformas significa que devemos ter cuidado para não as interpretar apenas como reflexo de necessidades econômicas que cercam o individualismo, como simples resultado de contradições econômicas que se desenrolam em instituições "superestruturais" que, afinal, não poderiam fazer nada a não ser prestar apoio econômico e ideológico à burguesia. A bem dizer, não estou sugerindo que a noção de indivíduo seja simplesmente uma categoria econômica. É também uma categoria política. A disseminação do discurso sobre direitos individuais na própria esfera política teve um grande impacto na esfera econômica. Isso nos ajuda a explicar o surgimento de propostas como programas de vales e créditos fiscais e o apoio de vários grupos a tais programas, incluindo pais de estudantes como os "rapazes", os "meninos" e as "garotas".

Gintis propõe uma tese bem provocativa quando examina o lugar histórico ocupado pela ideia de direitos individuais (o que ele chama de discurso liberal) no conflito de classes:

> [a] luta de classes no capitalismo avançado do século XX tem sido travada com ferramentas do discurso do liberalismo, o discurso dos direitos naturais. Essas ferramentas, embora apropriadas da burguesia, transformaram-se no curso das lutas em armas políticas eficazes e potencialmente revolucionárias. Essa transformação assumiu predominantemente a forma da expansão do campo sob jurisdição dos direitos da *pessoa* e da restrição do campo de operação dos direitos de *propriedade*. Consequentemente, podemos dizer que o próprio discurso liberal, longe de ser "burguês", é produto da luta de classes. Em particular, o discurso liberal não corresponde a nenhuma visão de mundo integrada e foi usado tanto pelo capital quanto pelo trabalho para fins distintos. Mas o discurso liberal não é neutro: o conteúdo das demandas de classe foi moldado por essas ferramentas de discurso e suas transformações ao longo do tempo (Gintis, 1980, p. 191).

Gintis argumenta que o uso dos direitos individuais contra os direitos de propriedade é uma das posturas mais características das classes populares. A clara e insistente demanda dos trabalhadores pelo direito ao voto fundado na condição de pessoa, e não na propriedade, é um exemplo dessa postura. Outro exemplo é a luta pelo direito dos trabalhadores de se organizar contra seus empregadores. Um terceiro exemplo, "manifestamente irrealizável sob o capitalismo", é o direito ao emprego. Existem ainda outros exemplos: a demanda de que o tratamento igualitário e o devido processo devem se aplicar às transações de mercado; a luta do movimento feminista por tratamento igualitário "visando enfraquecer o livre exercício dos direitos de propriedade por parte de empregadores preconceituosos"; a ação dos trabalhadores em prol de condições de trabalho e de saúde decentes visando à regulação e restrição estatais dos direitos de propriedade dos empregadores; e, finalmente, a luta por igualdade de oportunidades, meta que não é senão "a simples aplicação do conceito liberal de igualdade perante a lei, mas agora aplicado à própria economia capitalista" (Gintis, 1980, p. 194-195).

Assim, a crescente predominância dos direitos pessoais sobre os direitos de propriedade resulta de lutas e demandas pela "*extensão da vida política e econômica governada por práticas formalmente democráticas*" (Gintis, 1980, p. 195). Em síntese, a luta de classes transformou e foi transformada pelo discurso liberal orientado para o indivíduo. Para citar novamente Gintis, muitas vezes "os avanços políticos da esquerda foram expressos, justificados e organizados não por [categorias marxistas tradicionais], mas por meio de *extensões do discurso liberal*" (Gintis, 1980, p. 196-197). O autor prossegue, observando que

> parte do *conteúdo* da luta de classes flui de *sua forma*; isto é, das ferramentas do discurso comunicativo e de outros tipos de expressão simbólica socialmente disponíveis para formular projetos e a geração de solidariedade e unidade de direção no interior de uma coletividade. As ferramentas do discurso comunicativo não são reflexos da conscientização; ao contrário, é a conscientização de indivíduos e grupos que é moldada pelas formas de discurso por eles apropriadas e usadas em suas lutas […]. Assim, a reprodução e transformação das próprias ferramentas de discurso por meio das quais a luta de classes é travada são componentes essenciais da luta de classes. O discurso liberal moderno, o idioma dos direitos não são, portanto, expressões da "hegemonia" da burguesia. Ao contrário, são um produto da luta de classes, substancialmente diferente em períodos históricos distintos, e internamente contraditório devido

à infusão de elementos discrepantes no curso de confrontos de classe específicos. Daí suas possibilidades emancipatórias (Gintis, 1980, p. 198-199).

Isso nos ajuda a entender como a extensão da "liberdade de escolha individual" para a própria seleção e organização das escolas pode repercutir sensivelmente entre determinados segmentos de classe e grupos raciais. Visto que o discurso liberal tem sido uma das principais ferramentas tanto para canalizar *quanto* para expressar o conflito entre classes e raças, e uma vez que ele tem uma dinâmica relativamente autônoma que afeta a esfera política e a econômica, ambos os lados da luta por poder e controle puderam e podem usá-lo. Como veremos, é exatamente isso que pode lhe emprestar um potencial emancipatório. Como também iremos ver, dado o atual desequilíbrio de forças no interior do Estado, e dada a crise econômica emergente que tem obrigado o Estado a cortar grande parte de seus gastos, o emprego do discurso liberal nesse caso pode favorecer os grupos mais bem assistidos de nossa sociedade.

Exportando a crise do Estado

Até agora, esbocei um argumento sobre as possíveis interpretações das propostas de alteração do controle escolar e curricular levando-se em consideração que as escolas fazem parte do Estado. Afirmei que as pressões contraditórias sobre o Estado e as exigências da própria esfera política criam em seu interior a necessidade de propor reformas como o programa de vales, que o permitiria lidar mais facilmente com suas próprias necessidades internas e externas. Essas propostas atestam algo bem interessante. Quando há uma séria crise no Estado, como parece ser o caso agora, uma estratégia muito eficaz tem sido a exportação de sua crise. Assim, a redução do controle estatal e a entrega do ensino para o mercado permitem ao Estado desviar-se das críticas.

Uma função interessante é cumprida. Ao se desviar da crítica e aparentemente estabelecer um mercado mais pluralista, o Estado também se desvia da candente questão dos benefícios diferenciais de nossa formação social. O benefício simbólico de escolher sua escola pode ser justamente isso – simbólico. Os benefícios materiais podem continuar a recapitular a estrutura da desigualdade (Edelman, 1977, p. xxi). Nesse sentido, precisamos ter em mente o achado já mencionado de Navarro: em quase todas as áreas sociais, desde a atenção à saúde até as políticas anti-inflacionárias, o impacto real das políticas estatais tem formado um padrão consistente, no qual os 20% mais privilegiados consistentemente vêm se beneficiando muito mais do que os demais 80% (Navarro, 1976, p. 91). É preciso levar seriamente em consideração esse padrão e os benefícios diferenciais que parecem derivar da solução pluralista ou de mercado dos problemas escolares.

O lado negativo desse cenário fica claro o suficiente quando situamos reformas desse tipo no quadro atual do ressurgimento da direita nos Estados Unidos e em outros lugares. A direita tem levado vantagem no debate sobre como devemos lidar com os problemas das escolas, do Estado em geral e da economia por causa de sua "habilidade populista em converter temas fundamentais em queixas sobre impostos, greves e burocracias". A direita tem sido capaz de encaminhar o debate para a expansão das relações sociais e de mercado capitalistas em direção a "uma ordem de mercado que maximiza a liberdade e a escolha individuais" (Gamble, 1979, p. 22). A incorporação do discurso liberal pela direita é algo bastante interessante. É bem possível que o apoio a iniciativas como os programas de vales e os créditos fiscais – embora abram a margem de escolha para que os "rapazes", os "meninos" e outros possam evoluir – produza outra coisa, algo menos satisfatório do ponto de vista ideológico e estrutural mais geral. Isso pode contribuir para a legitimação, via Estado, do "ideal burguês de mercado", um modelo no qual o "cálculo individual, a busca do interesse próprio, a acomodação e o ajuste dos interesses por meio da concorrência" (Gamble, 1979, p. 22) são as bases de todas as relações sociais, reproduzindo parcialmente os padrões de benefícios diferenciais descritos por Navarro.

Ao expor a situação, não pretendo contradizer meus argumentos anteriores contrários à concepção do Estado e das ideologias hegemônicas como entes monolíticos. Com efeito, trata-se com frequência justamente do oposto. Isso mostra outro aspecto que mais uma vez dificulta uma avaliação pura e simples das reformas patrocinadas pelo

Estado, uma vez que o Estado é tanto um espaço de conflito quanto de dominação. O fato de o aparato estatal pretender exportar sua crise e restabelecer o poder do mercado sobre as escolas aponta para o sucesso parcial de alguns grupos – grupos raciais, de classe e de gênero, que historicamente não receberam muita ajuda das escolas – em desafiar a legitimidade das operações de rotina no interior do Estado. Isso de fato aponta para uma ruptura parcial do controle hegemônico[74].

Para uma ação educacional e política

Até agora, tenho sido bastante pessimista em relação a reformas como os programas de vales, os créditos fiscais e que tais. Contudo, não quero descartar a possibilidade de essas propostas representarem uma ruptura parcial no poder do Estado, um equilíbrio diferente das forças concorrentes no interior do próprio aparato estatal e, portanto, de serem utilizadas para fins progressistas. Com efeito, esses programas poderiam ser mobilizados visando à criação de modelos de educação socialista – ou seja, poderiam criar escolas que funcionariam como laboratórios para o desenvolvimento de alternativas socialistas aos nossos modelos educacionais dominantes. Isso é importante. Perdemos nossa própria história da educação socialista e, essencialmente, estamos diante da tarefa de recomeçar. Pedagogias e modelos curriculares alternativos precisam ser desenvolvidos em um ambiente favorável a esse processo. Os programas de vales podem de fato prover algumas dessas condições se forem cuidadosamente utilizados por grupos comprometidos.

Enfatizo esse ponto. Não podemos subestimar a articulação e a construção de alternativas democráticas socialistas concretas. Enquanto uma alternativa clara não existir, as visões sobre a educação de cada segmento da população trabalhadora continuarão desconectadas entre si, cada qual propondo planos e pleiteando demandas diferentes. Essas demandas corporativas individuais (como Gramsci as chamaria) não serão capazes de pressionar uma reestruturação das instituições econômicas e culturais e de seu controle. Na precisa formulação de Sassoon,

---

74. Sobre a natureza e o impacto da contestação no interior do Estado, cf. Sassoon (1978, p. 9-39).

> [o] movimento da classe trabalhadora nem sempre foi capaz de sugerir um programa adequado às necessidades da maioria da população que fosse além das demandas corporativas de diversos setores. Por causa dessa falta de unidade objetiva em torno de uma proposta política alternativa, vários governos conseguem jogar um grupo contra as demandas corporativas de outro (Sassoon, 1978, p. 39).

Como parte do desenvolvimento de uma proposta política alternativa concreta, a elaboração de um modelo pedagógico e curricular claro, trabalhado e discutido por pais, sindicatos progressistas e outros, pode ser um ponto de partida importante na articulação de um programa coletivo.

Os programas de vales podem contribuir de outra maneira. Mudanças estruturais em nossa sociedade precisam ser prefiguradas em experimentos locais: ou seja, as habilidades e normas de controle democrático das instituições e a sua reorganização com o potencial de beneficiar a maioria da população precisam ser aprendidas e testadas na prática. A criação de créditos fiscais e vales pode ser um pequeno passo nessa direção *se* permitirem que as pessoas se envolvam mais profundamente no planejamento e na operação democráticos no dia a dia das instituições que as cercam.

Essas talvez sejam as possibilidades mais positivas para o uso progressista dessas reformas. Contudo, em muitos aspectos, elas são bastante utópicas e, creio, podem não contrabalançar o poder diferencial em termos de controle de nossas instituições atuais e do padrão de benefícios desiguais vigentes. Mudanças organizacionais, por mais interessantes que sejam, podem não ser suficientes diante dessas condições. Por isso, embora possamos e devamos explorar o potencial no interior dessas reformas, creio que precisamos ser francos em relação às possíveis consequências negativas a longo prazo dessas propostas patrocinadas pelo Estado e buscar estratégias alternativas coerentes para construir uma base forte a partir da qual agir.

Entre as estratégias apropriadas estão a construção de alianças, a ação política concreta e a alteração da prática curricular nas escolas. Precisamos, por exemplo, continuar o trabalho lento e árduo de educação política de professores e outros trabalhadores do Estado como organizado atualmente. Isso não significa que eu acalente uma visão utópica.

Os problemas orçamentários dos sistemas escolares em lugares como Chicago, Cleveland e outros, onde os professores precisam trabalhar em instalações que recebem cada vez menos recursos ou não são remunerados por seu trabalho, têm implicações importantes. Essas condições podem permitir uma análise político-econômica mais sofisticada por parte desses trabalhadores estatais e podem facultar importantes oportunidades para a luta em nível local.

Mas é possível que a fragmentação das escolas pelo programa de vales também leve à fragmentação dos professores – ou seja, pode haver menos espaço para a educação política entre os professores. Nesse contexto, minimiza-se a importância de atrair professores – muitos deles desiludidos com os resultados, com as condições gerais de seu trabalho e com os efeitos de seu ensino – para uma perspectiva política mais progressista. Mas algumas das condições de trabalho dos professores podem criar espaços para essa educação política (algo que abordarei no próximo capítulo).

Se é verdade que pode haver avanços entre funcionários públicos como os professores, então outra noção se torna supinamente importante: conexões. Essas lutas locais em escolas e agências estatais precisam se conectar às lutas por justiça econômica e política travadas por outros grupos organizados, como trabalhadores de chão de fábrica e de escritórios, mulheres que estão começando a se organizar em lojas e escritórios, pais de minorias etc. Essas conexões são essenciais para prover as bases tanto para a legitimidade quanto para a força. Elas são peças cruciais no desenvolvimento do programa coletivo aludido anteriormente por Mouffe. Uma vez que os professores estão sendo tratados cada vez mais como empregados da indústria e do setor de serviços de nossa economia, tais condições podem ser mais tangíveis no futuro.

Programas de vales e créditos fiscais podem estorvar essa estratégia. Se, como argumento, o árduo trabalho político no nível de instituições locais – em particular as escolas, as instituições de assistência social, de atenção à saúde, os locais de trabalho etc. – é essencial para a política socialista, então propostas visando abrir as escolas para relações de mercado podem enfraquecer esse tipo de luta. É preciso, portanto, perguntar se essas reformas tornarão muito mais difícil estabelecer conexões entre, digamos, professores politicamente engajados e grupos organizados de trabalhadores e de pais. Essas reformas podem levar a uma estimativa mais coletiva? Se não, valeria a pena apoiá-las?

Até agora, falei dos professores, pais e outros grupos organizados, bem como do potencial de construir coalizões entre conjuntos de atores de classe. E quanto aos próprios estudantes? Os estudos de Willis, Everhart e McRobbie analisados aqui colocam questões e propõem estratégias bem relevantes que precisam ser levadas a sério. A primeira diz respeito ao conteúdo ensinado nas escolas e torna ainda mais importantes meus argumentos sobre o ensino da história das lutas e ideias da classe trabalhadora (cf. cap. 3).

A questão não é apenas considerar reformas de arranjos organizacionais, mas também o que é e o que não é efetivamente ensinado. Segmentos inteiros da população norte-americana estão desconectados de seu passado. Continua a haver relativamente poucas análises sobre suas condições atuais, em parte porque as perspectivas ideológicas que lhes são oferecidas (e as ferramentas críticas não disponibilizadas) desarmam tanto a história política e econômica quanto o aparato conceitual necessário para uma avaliação rigorosa de sua posição. A possibilidade de ação conjunta é esquecida. Isso mais uma vez aponta para a importância de esforços coordenados de engajamento no processo de transformação curricular com o propósito de tornar essa história e os diversos programas *atuais* de controle do trabalhador acessíveis a estudantes como os "rapazes" e os "meninos"[75] e para a relevância de disponibilizar programas socialistas feministas para as "garotas" (e garotos).

Obviamente, precisamos ser realistas neste ponto. Simplesmente inserir mais ou diferentes conhecimentos nas escolas não é suficiente (e às vezes pode até não ser possível). Contudo, devemos também aqui formular uma estratégia socialista baseada em uma ampla frente, sendo necessárias ao mesmo tempo ações culturais e político-econômicas. Tentativas isoladas de reforma curricular terão provavelmente um impacto relativamente pequeno. Mas se elas puderem ser conectadas a outras lutas e a outros grupos, suas chances sem dúvida aumentarão. Como observei

---

75. Para sugestões de uso das lutas atuais dos trabalhadores e outros para propósitos pedagógicos e curriculares, cf. Dreier (1980, p. 105-131).

anteriormente, nenhuma instituição e nenhuma ideologia dominante é totalmente monolítica. Haverá "espaços" que podem ser explorados, que pelo menos oferecerão a chance de sucesso parcial, mesmo que esse sucesso envolva aprender mais quer sobre a política de organização, quer sobre as condições necessárias para mais trabalhos concretos.

Vista sob essa perspectiva, na medida em que os programas de vales e similares possibilitem o controle das escolas por um mercado individualista, será mais difícil exercer pressão sobre os sistemas escolares como um todo para que corrijam esse desequilíbrio no conteúdo curricular. Ainda, isso pode neutralizar um tema poderoso que poderia galvanizar diversos grupos. Nesse sentido, esses programas podem dificultar a criação de condições para um futuro trabalho em grande escala.

Precisamos abordar um último ponto, concernente ao conteúdo e aos próprios estudantes. Um ponto de grande importância, dados meus argumentos sobre os elementos constitutivos da cultura vivida pelos estudantes provenientes de segmentos da classe trabalhadora. É essencial lembrar que o processo reprodutivo do qual esses estudantes participam nas escolas – e seus pais no trabalho – não é onipotente. Ele *é* contestado. *Existem* elementos de bom senso em seu interior. Existem práticas coletivas alternativas geradas a partir dele no nível que chamei de cultural. Sendo este o caso, nossa atenção se dirige para o potencial de uma contínua educação política dos estudantes e de seus pais (volta-se também para o potencial de educarem os educadores). Talvez seja possível usar esses elementos de resistência de classe tanto para fins pedagógicos (alinhando as nossas práticas de ensino aos elementos vitais da cultura da classe trabalhadora) quanto para dirigir esse descontentamento às condições estruturais desiguais que dominam essa sociedade (cf. Clarke; Critcher; Johnson, 1979).

O fato de haver resistência significa que a cultura vivida dos próprios estudantes pode constituir um poderoso terreno para o trabalho político. Seus próprios esforços para conquistar áreas físicas próprias – campos, quadras de basquete, discotecas etc. – podem se desdobrar em exercícios de poder político. Suas demandas por empregos decentes em suas comunidades locais também podem ser amparadas e defendidas. Muitos assistentes sociais progressistas e pessoas que trabalham com jovens nos

Estados Unidos, na Inglaterra e na América Latina, e que estão cada vez mais numerosos, têm uma longa história de engajamento nesse tipo de ação. Ao longo dos anos, suas habilidades em organizar jovens pretos, pardos e brancos foram sendo aprimoradas, assim como suas capacidades de estimular o florescimento de lideranças politicamente sensíveis (Brake, 1980, p. 171)[76]. Educadores têm muito a aprender com eles.

A contestação no nível cultural e os elementos de bom senso em seu interior também proporcionam outras oportunidades. A conscientização feminista que começa a surgir na cultura de algumas garotas da classe trabalhadora deve ser enfatizada e mobilizada. McRobbie desenvolveu um interessante argumento a esse respeito. Como o ensino costuma ser uma carreira aberta para mulheres, também é possível que, simultaneamente à apresentação de modelos tradicionais de emprego aos estudantes, a noção de uma identidade independente fora do lar e do casamento também pode ser apresentada, o que pode, por sua vez, contradizer algumas dessas mensagens ideológicas. Além disso, como há muitas professoras, mensagens de luta e resistência, mesmo não politizadas, também podem estar sendo transmitidas. Como ela observa, "não devemos subestimar a oportunidade que a escola oferece para a introdução da crítica feminista na sala de aula, um potencial que está sendo explorado por grupos de professoras feministas" (McRobbie, 1978, p. 102-103).

A importância de coalizões entre pessoas comprometidas fica mais uma vez evidente. Grupos de ativistas de comunidades negras, hispânicas, indígenas americanas, comunidades legais e de saúde, grupos feministas e vários de nossos sindicatos mais progressistas começaram a levar tudo isso a sério. É claro que muito trabalho colaborativo precisa ainda ser feito tanto no nível educacional quanto no político. Dadas as várias formas de resistência que vêm sendo erigidas atualmente na esfera do trabalho, a formação de tais coalizões pode ser um pouco mais fácil. (Todavia, devemos também lembrar que a direita é bastante eficaz em alinhar esses grupos a seus próprios interesses. Fica claro então que a ação

---

76. Cf. tb. a discussão de Brake (1980, p. 155-161) sobre o uso do *rock* e de outros elementos da cultura popular para "conquistar espaços da cultura dominante". Essas possibilidades também foram apontadas por P. Willis (1978).

progressista não está garantida, devendo ser trabalhada, e não esperada como se surgisse natural e prontamente.)

Conclusões

Nesta seção final, esbocei algumas das principais críticas às reformas propostas e indiquei algumas das estratégias que devem ser encampadas. Observei que reformas como créditos fiscais e sistemas de vales são contraditórias. Elas podem levar à expansão de instituições alternativas (que podem ajudar no desenvolvimento de modelos pedagógicos e arranjos curriculares socialistas interessantes e viáveis) porque podem ser transformadas, como historicamente todo o discurso liberal tem sido, no curso de seu uso pelas "classes populares". Isso não pode ser simplesmente negligenciado.

Também afirmei que o planejamento, a construção e a operação real dessas instituições podem ser importantes ao permitir a aprendizagem de habilidades econômicas, políticas e organizacionais e das normas necessárias para gerir instituições de maneira mais democrática. Porém (e aqui destacamos sua grande importância), tudo isso pressupõe que esses grupos progressistas possam efetivamente controlar e organizar os programas desejados. Portanto, esses grupos devem estar extremamente atentos para a possibilidade de não serem capazes de controlar o programa que está sendo proposto.

Se os programas de vales fragmentam movimentos específicos em vez de uni-los, devemos reconsiderar fortemente sua aceitação. Além disso, a questão de *como* esses grupos ganharão mais poder por meio do uso de programas de vales é crucial. Por exemplo, nas propostas colocadas em pauta na Califórnia e em outros lugares, muitos detalhes ficaram em aberto. Os mecanismos reais para dar a grupos marginalizados controle *e* condições de garanti-lo não estão especificados. Face ao que Navarro e outros têm mostrado sobre como o *lobby* e o desequilíbrio de poder e de benefícios funcionam nas arenas governamentais estaduais e locais, esses programas podem levar à recriação da desigualdade, não o contrário. Devemos ser também aqui muito céticos, exceto indicações em contrário.

Em uma escala mais ampla, observei que essas propostas podem permitir que o Estado exporte sua crise de legitimidade e abra ainda mais uma área considerável de nossas vidas à reorganização em torno dos princípios das relações sociais capitalistas. Por isso, também argumentei que, por permitir que o Estado exporte sua crise e isolar pequenos grupos de professores e grupos "comunitários" de atores de classe similares, essas reformas propostas podem dificultar bastante a organização e a ação política. Finalmente, insisti que a ação política e pedagógica organizada, começando em nível local mas conectada a diversos grupos progressistas envolvidos na luta por arranjos institucionais menos expropriatórios, é condição prévia para uma ação efetiva.

Ao dizer isso, estou supondo que não existem princípios gerais, nem respostas fáceis para a questão de quando e onde se deve apoiar ou se opor a reformas dessa espécie. *Isso depende justamente do equilíbrio de forças no interior de uma arena específica*. Somente analisando individualmente a especificidade de cada lugar é possível tomar uma decisão sobre estratégias apropriadas. Em alguns lugares, o "discurso liberal" que acompanha essas reformas pode oferecer, de fato, a primeira oportunidade real para que grupos oprimidos se organizem, controlem suas próprias instituições e desenvolvam habilidades organizacionais para transferir esses princípios e práticas para outras instituições em sua comunidade. Em outras situações, pode muito bem ser o caso de créditos fiscais ou vales terem justamente o efeito oposto. Eles podem, no longo prazo, fragmentar grupos progressistas e criar muitos obstáculos a esforços concertados e coordenados. Somente no contexto de uma análise das condições objetivas e ideológicas e das forças efetivamente existentes em cada lugar e no Estado em geral que é possível elaborar uma abordagem viável. No geral, sou contra o apoio a tais reformas. Em termos menos gerais, há momentos em que eu as vejo como algo que permite a deflagração da ação progressista, mas somente se condições prévias que garantam poder e controle reais forem atendidas. Nesse sentido, nossas avaliações devem ser guiadas por um forte ceticismo.

Por causa disso, ao avaliar as reformas estatais, precisamos sempre levantar certas questões: Que reformas podemos chamar genuinamente de *não reformistas*, ou seja, reformas que transformem e melhorem as condições atuais e que possam suscitar mudanças estruturais efetivas? Que reformas devem ser apoiadas tendo em vista suas possíveis contribuições para a educação política de um grande número de pessoas ou para o aprendizado de estratégias que possam, em última análise, capacitá-las a reafirmar o controle sobre suas instituições econômicas e culturais? Que reformas contribuem para coalizões capazes de alterar o equilíbrio de forças? Que tipos de coalizão tenderão a ser progressistas a longo prazo? Existem elementos em meio à cultura vivida de pais e estudantes capazes de penetrar a realidade das relações sociais dominantes? Como podemos mobilizá-los? (cf. Willis, P., 1977, p. 185-193).

Essas perguntas não são fáceis de responder. Elas exigem tanto uma sensibilidade histórica, um quadro que aponte para configurações de classe e para relações de dominação econômica, política e cultural de escolas e comunidades locais (indo além dessas comunidades) quanto uma experiência vivida no interior desse espaço.

As respostas não só serão difíceis, como as ações baseadas nelas também serão "árduas e contestadas". Como assinalei anteriormente, precisamos ver a luta pela criação de instituições econômicas e culturais mais justas como uma guerra de posição, como uma luta em vários *fronts* (Mouffe, 1979a). Um desses *fronts* certamente é a educação. Se o Estado – devido à nossa crise econômica, à sua própria crise de legitimidade, às forças concorrentes em seu interior e à realidade que aguarda os "rapazes", os "meninos" e as "garotas" – está oferecendo condições para intervenções socialistas democráticas, devemos aproveitá-las. Mas, como procurei mostrar nesta última seção, isso não é assim tão simples. Este pode ser um daqueles momentos em que devemos examinar os dentes de um cavalo dado.

5

A forma curricular e a lógica do controle técnico
Mercantilização, o retorno

A exportação de seus principais problemas não é a única, nem mesmo a principal, maneira pela qual o Estado pode responder à crise de acumulação e legitimação que o acomete. Dado o tamanho de sua burocracia e dadas as intensas pressões exercidas sobre ele pelas forças econômicas atuais, o Estado (e as escolas) pode e deve lidar com a crise reconfigurando-se internamente. Pode tentar apertar as rédeas da produção do conhecimento e de agentes "úteis" para a força de trabalho, e também de sua *própria* força de trabalho, de modo que incorpore o conhecimento e os procedimentos técnicos e administrativos empregados no setor industrial avançado da economia. Como irei mostrar neste capítulo, o impacto sobre professores pode ser gigantesco.

Nos últimos dois capítulos, analisei os modos pelos quais trabalhadores e estudantes criam e recriam culturas vividas, bases para as resistências às ideologias de racionalização, aos procedimentos técnicos e administrativos e às "necessidades" de controle no trabalho e na escola. Os trabalhadores não os aceitam sem luta. Os filhos desses trabalhadores vivenciam muitas vezes uma cultura contraditória na escola, que "reflete" as contradições internas à cultura em que seus pais evoluíram criativamente em suas próprias experiências com processos capitalistas de mercantilização e de trabalho. Porém, o fato de que as resistências evoluíram historicamente não significa esquecer ou negligenciar os frutos dessas ideologias, formas de conhecimento e procedimentos. Pelo contrário, eles são *transformados*. Nesse sentido, a resistência dos trabalhadores ao taylorismo e técnicas correlatas levou tanto à pesquisa e ao desenvolvimento de abordagens gerenciais que incorporam relações humanas quanto ao uso dos crescentes estoques de conhecimento técnico/administrativo em formas mais sutis de controle do trabalho.

Essa mesma história transformou as ideologias e as técnicas que agora impactam a educação. Pois, dada a legitimidade dessas abordagens gerenciais na economia (lembre-se, é aqui que o taylorismo obteve várias formas de sucesso) e dado o fato de que o Estado não pode escapar de sua própria crise de legitimidade e da crise econômica mais ampla, os frutos desse mesmo conhecimento técnico/administrativo transformado nos escritórios, nas fábricas e empresas que cercam a educação retornarão à escola como elementos das maneiras estatais de lidar com esses difíceis problemas. A produção prévia de parte desse conhecimento pelas camadas mais altas do aparato educacional levou finalmente à sua posterior reintrodução em todos os níveis do ensino.

Como veremos, ao mesmo tempo que o Estado tenta exportar alguns de seus problemas, também tenta lidar com eles de outras maneiras, combinando em suas operações cotidianas modelos técnicos e industriais e o discurso liberal. A combinação entre linguagens e procedimentos do capital e o discurso liberal dos direitos individuais tornou-se ainda mais importante para a educação, uma vez que as pressões da economia, de outros aspectos do governo e de outros lugares serão muito intensas. Mudanças no poder no interior do próprio aparato estatal ficarão muito visíveis. Esses grupos que atuam na educação e que incentivam uma maior aproximação entre as escolas e as necessidades de capital econômico e cultural da indústria se tornarão cada vez mais poderosos. Ao mesmo tempo, os próprios capitalistas serão mais enfáticos em seu movimento de mobilizar as escolas para as necessidades de legitimação e acumulação na esfera econômica. Essas mudanças estão ocorrendo no momento presente. As escolas dificilmente ignoram todas essas dinâmicas. Devemos lembrar, contudo – e isso é muito importante –, que também aqui essas pressões irão abrir espaços para ação.

Ideologias corporativas: alcançando o professor

Não é preciso ser excepcionalmente perspicaz para perceber as atuais tentativas do Estado e da indústria de alinhar mais as escolas às "necessidades econômicas". Os dois lados do Atlântico não estão imunes a essas pressões. No Reino Unido, o *Great Debate* e o *Green Paper* são exemplos notáveis da capacidade do capital de mobilizar suas forças em tempos de crise econômica. Segundo o *Green Paper*, "há uma grande lacuna entre o mundo da educação e o mundo do trabalho. Alunos e alunas não estão cientes o suficiente da importância da indústria para nossa sociedade, e não se ensina muito a eles sobre isso" (Donald, 1979, p. 44).

O documento prossegue, fazendo do critério de eficiência funcional o principal componente da política educacional:

> Os recursos totais que serão disponibilizados para a educação e os serviços sociais no futuro dependerão em grande parte do sucesso da Estratégia Industrial. É vital para a recuperação econômica e para o padrão de vida da Grã-Bretanha que o desempenho da indústria manufatureira seja melhorado e que toda a gama de políticas governamentais, incluindo a educação, contribua o máximo possível para essa melhora, incrementando, assim, a riqueza nacional (Donald, 1979, p. 36-37).

Os Estados Unidos, onde as políticas governamentais são mediadas de modo mais acentuado por uma articulação diferente entre Estado, economia e escolas, também não estão imunes a essa poderosa forma de pressão. As operações da indústria costumam ser ainda mais visíveis. Cátedras de Livre Empreendedorismo dedicadas à educação econômica estão surgindo em universidades por todo o país. A transmissão da mensagem da indústria tornou-se uma força efetiva. Permita-me dar um exemplo retirado do chamado Plano Ryerson, um plano corporativo cujo propósito é fazer os professores passarem o verão trabalhando na administração na indústria, para que possam ensinar a seus alunos o "conhecimento real" das necessidades e dos benefícios corporativos.

> O viés antiempresarial e anti-livre mercado prevalecente em muitas áreas de nossa sociedade estadunidense atual é muito real e está crescendo. Se não pararmos de falar sobre isso

apenas – e não fizermos algo a respeito agora –, ele irá prosperar e se desenvolver nas mentes férteis de nossos jovens. Será cultivado e alimentado por muitos professores com boas intenções, mas nenhum conhecimento real sobre o modo de operação de um mercado livre em uma sociedade livre.

O mundo empresarial norte-americano tem uma história muito positiva para contar, e a juventude de nosso país oferece um dos melhores pontos de partida. Os últimos 4 mil anos de história documentada dão testemunho da interdependência entre a liberdade econômica e as liberdades individuais em todas as civilizações, países e sociedades. Temos um exemplo perfeito em balão de ensaio atual. Observe o declínio da Grã-Bretanha nos últimos 30 anos.

Nossa resposta é simples e eficaz. Transmita aos professores do ensino médio estadunidense a verdadeira história do mundo empresarial norte-americano e eles levarão a mensagem a seus alunos e a seus colegas professores. A mensagem, vinda diretamente do professor, de preferência a livros, panfletos ou filmes, terá um efeito muito mais impactante e duradouro. Convencer um professor da importância vital do nosso sistema de livre-iniciativa é o primeiro passo para o convencimento de centenas de alunos ao longo de anos. Eis o efeito dominó que facções antiempresariais vêm capitalizando há anos (Ryerson & Son, Inc., [s.d.])[77].

Trata-se de uma declaração no mínimo interessante que vem se disseminando nas economias corporativas avançadas. Embora pareça bem escandalosa, para não dizer historicamente imprecisa, devemos ter cuidado para não descartar esse tipo de programa como propaganda escancarada, facilmente desconsiderada pelos professores. Como disse um professor após concluir o curso,

minha experiência com a indústria siderúrgica nesse verão representou uma introdução positiva e prática ao mundo dos negócios, a que jamais teria acesso se não fosse pela iniciativa da gestão Ryerson. Agora posso transmitir uma imagem mais positiva da indústria a meus alunos – geralmente muito

---

77. Gostaria de agradecer a Linda McNeil por chamar-me a atenção para esse material.

críticos, muito desconfiados e praticamente ignorantes quanto ao funcionamento atual da grande indústria (Ryerson & Son, Inc., [s.d.]).

Trata-se certamente de apenas um dos diversos planos de transmissão da mensagem ideológica. Com efeito, embora haja uma forte resistência a esse tipo de material por parte das forças progressistas nos Estados Unidos, o movimento de um "ensino orientado para as necessidades da indústria" está crescendo rápido o suficiente para o estabelecimento de um centro de informação na Universidade do Texas, convenientemente denominado Instituto para um Capitalismo Produtivo, com o propósito de tornar o material mais acessível (Downing, 1979).

Ora, não pretendo minimizar a importância dessas tentativas patentes de influenciar professores e alunos. Fazê-lo seria o auge da tolice. No entanto, se levarmos em consideração apenas essas claras tentativas de aproximação entre a política e o currículo escolares e as necessidades industriais, podemos negligenciar o que está acontecendo e que pode ser igualmente poderoso no nível da prática diária nas escolas. Pode-se lutar contra claras invectivas do capital (e talvez ganhar algumas dessas lutas) e ainda assim perder no campo da própria escola. Pois para professores e alunos algumas das mais importantes influências ideológicas e materiais de nosso tipo de formação social não se encontram unicamente no nível desses documentos ou planos, mas no nível da prática social no *interior* das atividades rotineiras das escolas[78].

Em suma, como observei anteriormente, as ideologias não são apenas feixes globais de interesses, algo imposto por um grupo sobre outro. Elas são corporificadas em nossas práticas e significados do senso comum (Williams, 1977). Nesse sentido, se você pretende compreender a ideologia em ação nas escolas, preste atenção tanto à concretude da vida curricular e pedagógica cotidiana quanto às declarações feitas pelos porta-vozes do Estado ou da indústria. Como dizem Finn, Grant e Johnson, precisamos

---

78. Não se trata de negar a importância da análise de documentos oficiais emanados do Estado. O ensaio de James Donald sobre o *Green Paper*, mencionado acima, é um excelente exemplo do poder da análise do discurso no exame do que esses documentos significam e fazem (Donald, 1979).

observar não apenas as ideologias "sobre" a educação, mas também as ideologias "dentro" dela (Finn; Grant; Johnson; CCCS Education Group, 1978, p. 34).

Não estou insinuando que o nível da prática escolar seja controlado mecanicamente pela iniciativa privada. Enquanto aspecto do Estado, a escola medeia e transforma uma série de pressões econômicas, políticas e culturais de classes e segmentos de classe concorrentes. Todavia, tendemos a esquecer que isso não significa que as lógicas, discursos ou modos de controle do capital não terão um impacto cada vez maior na vida cotidiana em nossas instituições educacionais, especialmente em períodos de "crise fiscal do Estado" (O'Connor, 1973). Esse impacto, nitidamente visível nos Estados Unidos (embora cada vez mais observável na Europa e também na América Latina), se evidencia especialmente no currículo, isto é, em alguns aspectos muito importantes da própria matéria com a qual alunos e professores interagem.

Neste capítulo, estarei particularmente interessado na *forma* curricular, e não no conteúdo curricular. Ou seja, meu foco não será sobre o que é efetivamente ensinado, mas sobre seus modos de organização. Como argumentam vários praticantes da análise cultural marxista, o funcionamento da ideologia pode ser visto de maneira impressionante tanto no nível da forma quanto no nível do que está contido na forma (cf., p. ex., Apple, 1978a, p. 495-521; Jameson, 1971; Williams, 1977). Como pretendo assinalar, trata-se de algo fundamental para desvendar o papel da ideologia "na" educação.

Para entender parte do que está ocorrendo na escola e as pressões ideológicas e econômicas que estão sendo exercidas sobre ela e que a atravessam, é necessário, a exemplo do que fizemos nos capítulos 2, 3 e 4, situá-la no interior de certas tendências de longo prazo no processo de acumulação do capital e observar sua relação com as mudanças no processo de trabalho. Recentemente, essas tendências têm se intensificado, impactando de modo bastante significativo várias áreas da vida social. Nesse sentido, podemos identificar certas tendências, por exemplo,

> a concentração e centralização de capitais; a expansão dos processos de trabalho baseados em tecnologias de produção em

linha e de formas de controle; o insistente declínio da "indústria pesada" e o movimento do capital em direção a formas de produção modernas mais "leves", sobremaneira a produção de bens de consumo duráveis; e grandes mudanças na composição da força de trabalho – a tendência histórica à "desqualificação", a separação da "concepção" da "execução" e a criação de novas habilidades técnicas e de controle, a transferência do trabalho da produção direta para a circulação e a distribuição, e a expansão do trabalho no interior do Estado (Clarke, 1979)[79].

Como veremos, o desenvolvimento de novas formas de controle, o processo de desqualificação, a separação da concepção da execução não se limitam a fábricas e escritórios. Essas tendências invadem cada vez mais instituições como a escola. Para que possamos explorar seus desdobramentos, teremos que ir ainda mais longe do que fomos em capítulos anteriores com nossa análise da natureza da lógica da desqualificação e controle corporativos.

Desqualificação e requalificação

Inicialmente, irei tecer alguns comentários bem gerais sobre a natureza desse tipo de controle. Na produção corporativa, as empresas compram força de trabalho. Ou seja, elas compram a capacidade de trabalho de alguém e, obviamente, buscam muitas vezes expandir o uso do trabalho visando a uma maior produtividade. Mas há um outro lado. Com a aquisição de força de trabalho, vem o "direito" de estipular (dentro de certos limites) como deve ser usada, sem muita interferência ou participação dos trabalhadores na concepção e planejamento do trabalho (Edwards, R., 1979, p. 17). Houve decerto mudanças no modo como isso se realiza. De um ponto de vista empírico, podemos observar uma lógica de controle em evolução buscando esses objetivos.

À luz dessa história, é útil diferenciar os tipos de controle utilizados. Falarei em termos de tipos ideais básicos a fim de facilitar o entendimento.

Podemos distinguir três tipos de controle que podem contribuir para a extração de mais trabalho – controle simples, controle técnico e controle

---

79. Cf. tb. as impressionantes análises de Braverman (1974) e de Burawoy (1979a).

burocrático. O controle simples é exatamente isso, simplesmente dizer a alguém o que você decidiu e que ele deve obedecer ou então arcar com as consequências. Os controles técnicos são menos óbvios. São controles embutidos na estrutura física de seu emprego. Um bom exemplo é o uso da tecnologia de controle numérico na indústria de máquinas. Ela requer que o trabalhador insira um cartão em uma máquina, passando a ditar o ritmo e o nível de habilidade da operação. O trabalhador torna-se, portanto, um simples auxiliar da própria máquina. E, por fim, o controle burocrático supõe uma estrutura social em que o controle é menos visível, pois os princípios de controle são incorporados nas relações sociais *hierárquicas* do ambiente de trabalho. Uma política oficial dita as regras impessoais e burocráticas relativas à direção do trabalho, os procedimentos para avaliação de desempenho, as sanções e as recompensas (Edwards, R., 1979, p. 19-21). Esses modos de controle têm se tornando mais sofisticados ao longo dos anos, embora o controle simples tenda a se tornar menos importante à medida que a escala e a complexidade da produção se expandam.

O longo período de experimentação voltado para aperfeiçoar os modos de controle da produção posto em prática pela indústria levou a várias conclusões. Em vez de um controle simples, contexto em que o controle é exercido abertamente por supervisores ou pessoas com autoridade (o que o torna suscetível a ações subversoras de trabalhadores de chão de fábrica ou de escritório), o poder pode se "tornar invisível" ao incorporar o controle na própria estrutura do trabalho. Isso significa o seguinte: o controle deve prover uma estrutura geral que pareça legítima. Deve se ater ao trabalho efetivo, e não se basear em características extrínsecas a ele (como favoritismo etc.). E, talvez o mais importante, o emprego, o processo e o produto devem ser definidos da forma mais precisa possível a partir do controle da gestão (e não do trabalhador) sobre o conhecimento especializado necessário para realizá-lo (Edwards, R., 1979, p. 110). Isso implicava frequentemente o desenvolvimento do controle técnico.

O controle técnico e a desqualificação tendem a andar de mãos dadas. Como vimos no capítulo 3, a desqualificação faz parte de um longo processo no qual o trabalho sofre uma divisão e depois é dividido novamente com vistas ao aumento da produtividade, à redução da "ineficiência" e ao controle tanto do custo quanto do impacto do trabalho. Esse controle envolve geralmente selecionar trabalhos relativamente complexos (a maioria dos trabalhos é muito mais complexa e exige mais tomadas de decisão do que se imagina) – trabalhos que exigem um grau considerável de habilidade e um número igualmente considerável de tomadas de decisão –, subdividi-los em ações específicas com resultados específicos para que um corpo de trabalhadores menos qualificados e menos custosos possa ser utilizado, ou para que o controle do ritmo e dos resultados do trabalho seja aprimorado. A linha de montagem é um dos exemplos arquetípicos desse processo. Em seus primórdios, a desqualificação envolvia técnicas como o taylorismo e diversos estudos sobre contagem do tempo e sobre movimento. Embora essas estratégias para a divisão e controle do trabalho não tenham sido totalmente bem-sucedidas (muitas vezes produzindo de fato muita resistência e conflito) (cf. Burawoy, 1979a; Noble, 1977), elas contribuíram para a legitimação de um estilo de controle em grande parte baseado na desqualificação.

Uma das estratégias mais eficazes tem sido a incorporação do controle no próprio processo produtivo. Assim, a maquinaria nas fábricas é agora projetada de forma que a intervenção do mecânico não vá muito além de carregar e descarregar a máquina. Nos escritórios, a tecnologia de processamento de texto é usada para reduzir os custos de mão de obra e desqualificar as funcionárias. Assim, a administração procura controlar tanto o ritmo do trabalho quanto as habilidades necessárias a fim de aumentar de maneira mais eficaz suas margens de lucro ou sua produtividade. Uma vez mais, como atesta a história da resistência formal e informal do trabalho, esse tipo de estratégia – a construção de controles na própria trama e urdidura do processo de produção – foi contestada (Aronowitz, 1978, p. 126-146; Montgomery, 1979). No entanto, é nítida a crescente sofisticação no uso de procedimentos de controle técnico pela gestão e burocracia estatais (Edwards, R., 1979).

Como disse, a desqualificação é um processo complexo, pois perpassa diversas instituições econômicas e culturais. Contudo, não é tão difícil compreender de fato um de seus aspectos importantes. Quando empregos são desqualificados, o conhecimento que antes os acompanhava, o conhecimento controlado e usado pelos trabalhadores no desempenho cotidiano de suas funções, vai para algum lugar. Como mostrei no capítulo 3, a administração (com graus variados de sucesso) tenta acumular e controlar esse conjunto de habilidades e conhecimentos. Em outras palavras, ela procura separar a concepção da execução. O controle do conhecimento permite à administração planejar. Idealmente, o trabalhador deve apenas executar esses planos de acordo com suas especificações e no ritmo estabelecido por pessoas distantes do momento da produção.

Mas a desqualificação é acompanhada por outra coisa, algo que poderíamos chamar de requalificação. Novas técnicas são necessárias para operar novas máquinas; novas ocupações são criadas à medida que a subdivisão do trabalho continua. Menos artesãos habilidosos são necessários, com sua grande quantidade substituída por um número menor de técnicos com diferentes habilidades que atuam como supervisores das máquinas (Barker; Downing, 1979). Esse processo de desqualificação e requalificação geralmente se espalha pela economia; sendo, portanto, bem difícil rastrear as relações. Não é muito comum você conseguir vê-los acontecendo em um nível de especificidade em que estão nítidos, pois enquanto um grupo está sendo desqualificado, um outro, muitas vezes separado no tempo e no espaço, está passando por uma requalificação. Todavia, uma instituição em particular – a escola – representa um excepcional microcosmo para se ver esses mecanismos de controle em operação.

Devemos lembrar que a produção capitalista se desenvolveu de forma desigual, de modo que o tipo de controle usado em certas áreas de nossas instituições sociais deverá variar. Certas instituições serão mais resistentes do que outras à lógica da racionalização corporativa. Dada a natureza relativamente autônoma do ensino (pode-se fechar a porta e não ser perturbado) e dada a história interna dos tipos de controle na instituição (estilos paternalistas de administração, frequentemente baseados em relações de gênero no contexto norte-americano), até recentemente a escola tem sido relativamente resistente ao controle técnico e burocrático *no nível da prática efetiva*. Nos dias atuais, essa "autonomia relativa" pode estar se desfazendo (Dale, 1979, p. 95-112). Se o discurso cotidiano e os padrões de interação na família e nos meios de comunicação, por exemplo, estão sendo cada vez mais transformados de forma sutil pela lógica e contradições das ideologias dominantes (Gitlin, T., 1979, p. 251-266)[80], então essas sutis transformações ideológicas também ocorrem na escola. Isso ocorre por meio de um processo de controle técnico, como veremos. Também examinaremos como essas lógicas de controle podem ter um impacto bastante profundo nas escolas.

Controlando a forma curricular

Os melhores exemplos da invasão dos procedimentos de controle técnico remetem ao crescimento excepcionalmente rápido do uso de materiais curriculares previamente elaborados. É quase impossível entrar em uma sala de aula norte-americana sem ver caixas e mais caixas de materiais de leitura, de ciências, estudos sociais, matemática ("sistemas", como às vezes são chamados) nas prateleiras e em uso[81]. Um sistema escolar normalmente adquire um *kit* completo de material padronizado, que inclui declarações de objetivos, todo o conteúdo e material curricular necessário, a pré-especificação das condutas do professor e as respostas apropriadas dos alunos, testes de diagnóstico e de nivelamento coordenados com o sistema. Geralmente, esses testes "reduzem" o conhecimento curricular a comportamentos e habilidades "apropriados". Essa ênfase em habilidades terá um papel bastante importante mais adiante em minha discussão.

Permita-me dar um exemplo tirado de um dos melhores e mais populares sistemas curriculares, de um dos vários conjuntos de materiais didáticos que vêm se tornando pedágio obrigatório nas escolas primárias norte-americanas. Trata-se do *Módulo 1 de ciência: uma abordagem processual*. A noção de módulo é importante. O material vem pré-embalado em caixas com cartolinas de cores atrativas. Ele está dividido em 105 módulos, cada um deles com uma série de conceitos pré-elaborados a ser ensinada. O material especifica todos os objetivos. Ele abrange tudo

---

80. É também importante aqui o livro de Wexler (1983) sobre a mercantilização das relações íntimas.

81. Não se trata de um fenômeno exclusivamente estadunidense. As subsidiárias estrangeiras de companhia que produzem esses materiais estão traduzindo e comercializando seus produtos no Terceiro Mundo e em outros lugares também. Em muitos aspectos, guarda semelhanças com o imperialismo cultural da Walt Disney Productions (cf., p. ex., Dorfman; Mattelart, 1975).

o que o professor "precisa" para ensinar, contém já os passos pedagógicos que o professor deve seguir para atingir esses objetivos e nele também estão embutidos os mecanismos de avaliação. Mas isso não é tudo. Não apenas pré-especifica quase tudo o que o professor deve saber, dizer e fazer, como também aponta muitas vezes quais são as respostas apropriadas dos alunos.

Para deixar isso claro, apresento uma sequência retirada do material que expõe o procedimento instrucional, a resposta do aluno e a atividade avaliativa. O tema é cores:

> Quando cada criança chegar à escola, prenda um papel retangular vermelho, amarelo ou azul na camisa ou no vestido da criança [...]. Fale sobre a cor do papel e peça à criança para dizer o nome da cor que está usando [...].
> Coloque 30 quadrados de papel amarelo, vermelho e azul em uma pequena caixa. Mostre às crianças três placas de papel: uma marcada de vermelho, uma de amarelo e outra de azul. (Consulte *Materiais* para sugestões de marcação.) Essas cores devem coincidir com as da caixa. Peça às crianças que se aproximem, uma de cada vez, e deixe cada criança pegar um quadrado da caixa e colocá-lo na placa marcada com a cor correspondente. [Uma imagem de uma criança tirando um papel de uma caixa e colocando-o em uma placa é inserida aqui para que nenhum professor erre o procedimento.] Conforme as crianças peguem os quadrados coloridos, peça a cada uma para dizer o nome da cor desse quadrado. Se a criança hesitar, diga o nome para ela (Science [...], 1974, p. 3-4).

No material curricular, tudo exceto a caixa vem incluído – todas as placas e o papel colorido. (O custo, a propósito, é de 14 dólares pelo programa e os papéis.)

Observe que não só os componentes curriculares e pedagógicos já vêm pré-especificados, como também todos os outros aspectos da ação dos professores. Assim, na "Avaliação" desse módulo, solicita-se ao professor que

> peça a cada uma das seis crianças para trazer uma caixa de giz de cera e se sentar juntas [...]. Peça a cada criança para apontar para seu giz de cera vermelho quando você disser a palavra

vermelho. Repita isso para todas as seis cores. Peça a cada criança para combinar um giz de cera com uma peça de roupa que uma outra está vestindo [...]. Antes de cada grupo de crianças sair da atividade, peça a cada criança individualmente para dizer o nome e apontar para o giz de cera vermelho, azul e amarelo (Science [...], 1974, p. 7).

Mesmo com essa quantidade de orientação, ainda é "essencial" que saibamos se cada criança atingiu o nível de habilidade adequado. Assim, como toque final, medições de competência acompanham o material. Nesse ponto, a especificação atinge o auge, fornecendo aos professores as palavras exatas que devem usar:

Tarefa 1: Mostre à criança um cubo amarelo e pergunte "qual é a cor deste cubo?"

Deve-se fazer isso para cada cor. Após pedir para que os cubos laranja, verde e roxo estejam diante da criança, o material prossegue:

Tarefa 4: Diga "coloque o dedo no cubo laranja".
Tarefa 5: Diga "coloque o dedo no cubo verde".
Tarefa 6: Diga: "coloque o dedo no cubo roxo" (Science [...], 1974, p. 7).

Demorei-me aqui para que você possa ter uma ideia da extensão do controle técnico na vida escolar. Quase nenhum aspecto do que pode ser chamado metaforicamente de "processo de produção" é deixado ao acaso. Estamos diante do que pode ser considerado como um retrato da desqualificação. Examinemos um pouco mais de perto.

Meu ponto aqui não é tecer argumentos contra o conteúdo curricular ou pedagógico desse tipo de material, embora sua análise certamente fosse interessante[82]. Trata-se antes de nos forçar a examinar a forma. O que *isso* faz? Pois observe o que aconteceu aqui. Os objetivos, o processo, os resultados e os critérios de apreciação usados na avaliação dos alunos são definidos da maneira mais precisa possível por pessoas alheias à situação. Na fase da medição de competência, ao final do módulo, o

---

82. Cf., p. ex., minha análise dos currículos de ciências em Apple (1979c).

procedimento chega até mesmo a especificar as palavras exatas que o professor deve dizer.

Observe também o processo de desqualificação em ação aqui. As habilidades que costumavam ser necessárias aos professores, consideradas essenciais para o ofício de educar – como a deliberação e o planejamento curricular, a elaboração de estratégias de ensino e currículo para grupos e indivíduos específicos com base no conhecimento íntimo dessas pessoas –, já não são tão necessárias. Com o ingresso em grande escala de materiais preparados previamente, separa-se o planejamento da execução. O planejamento é feito no nível da produção tanto das regras de uso do material quanto na produção dele. A execução é realizada pelo professor. Nesse movimento, o que era outrora uma habilidade valiosa sofre hoje um gradual atrofiamento, já que é cada vez menos demandada[83].

Mas e quanto à requalificação ser essencial para entender a penetração de formas ideológicas no coração de instituições como a escola? Ao contrário da economia, em que a desqualificação e a requalificação geralmente não estão operando no mesmo momento com as mesmas pessoas, esse parece ser justamente o caso da escola. Enquanto os procedimentos de controle técnico entram na escola sob a forma de "sistemas" curriculares/ de ensino/de avaliação preestabelecidos, os professores são desqualificados. Por outro lado, eles também estão sendo requalificados – e isso importa. Podemos ver sinais desse processo de requalificação em instituições de formação de professores, em *workshops* e cursos de capacitação, nas revistas dedicadas a professores, em padrões de financiamento e

---

83. Não pretendo, porém, romantizar esse passado. Muitos professores simplesmente seguem o livro didático. Contudo, o nível de especificidade e a integração de aspectos curriculares, pedagógicos e avaliativos em *um* único sistema são nitidamente outra coisa. O uso do "sistema" traz consigo um controle técnico muito maior de cada aspecto do ensino se comparado aos currículos anteriores baseados em livros-texto. Obviamente, alguns professores não seguirão as regras do "sistema". Entretanto, dado o nível de integração, sem dúvida será muito mais difícil ignorá-lo, já que muitos "sistemas" constituem o programa principal, senão o único daquela área curricular em todas as escolas ou distritos. Além disso, a prestação de contas ao nível de ensino seguinte ou aos administradores torna ainda mais difícil ignorá-lo. Voltarei a esse ponto mais adiante. Para uma interessante discussão teórica sobre o desenvolvimento histórico e dos motivos do que já foi chamado de "alienação do professor em relação a seus produtos" nesse processo de desqualificação, cf. Levin (1980, p. 203-231).

matrículas e, não menos importante, nos próprios materiais curriculares. Se a desqualificação implica a perda do ofício e o contínuo atrofiamento de habilidades educacionais, a requalificação envolve a substituição de habilidades e de visões ideológicas da gestão. O crescimento das técnicas de modificação do comportamento e das estratégias de gestão de salas de aula, e sua incorporação tanto no material curricular quanto no repertório dos professores, aponta para esses tipos de mudança. Ou seja, na mesma medida em que os professores perdem o controle de habilidades curriculares e pedagógicas para grandes editoras, essas habilidades são substituídas por técnicas que visam a um melhor controle dos estudantes.

As consequências tanto para professores quanto para alunos não são insignificantes. Como o material geralmente se organiza em torno de resultados e procedimentos específicos e estes estão incorporados nesse tipo de material (com suas muitas folhas de exercícios e suas séries de testes), ele pode ser "individualizado" de várias formas. Os alunos podem estabelecer uma relação com o material sozinhos, com pouca interação com o professor ou entre si, à medida que vão se acostumando com os procedimentos, em geral altamente padronizados. A progressão dos alunos ao longo do sistema pode ser individualizada, ao menos quanto ao ritmo; e essa ênfase na individualização do ritmo (geralmente por meio de folhas de exercícios e similares) que cadencia o avanço do aluno no sistema está cada vez mais pronunciada nos sistemas curriculares mais novos. Como o controle é técnico – isto é, como as estratégias de gestão por ele incorporadas são um aspecto importante da própria "máquina" pedagógica/curricular/avaliativa –, o professor se torna um tipo de gestor. Isso está ocorrendo *ao mesmo tempo* que as condições objetivas de seu trabalho estão se tornando cada vez mais "proletarizadas" devido à lógica de controle técnico da forma curricular. Essa é uma situação única e requer, decerto, uma reflexão mais profunda. Os possíveis efeitos dessas formas de controle técnico sobre os alunos são igualmente preocupantes. Retornarei ao assunto em breve.

Contudo, as consequências não se limitam aos processos correntes de desqualificação e de requalificação. Como a literatura sobre o processo de trabalho nos lembra, a divisão progressiva e o controle do trabalho também impactam as relações sociais, os modos de interação entre as pessoas. Embora fábricas e escritórios tenham sofrido bastante seus efeitos, estes certamente serão sentidos também na escola. E tal como no caso da esfera do trabalho, o impacto pode ter resultados contraditórios.

Sejamos mais específicos. Com o aumento do uso de sistemas curriculares preestabelecidos como a forma curricular básica, praticamente nenhuma interação entre professores é necessária. Se quase tudo é racionalizado e especificado antes da execução, então reduz-se ao mínimo o contato entre os professores sobre assuntos curriculares cotidianos[84].

Se esse controle técnico é eficaz, ou seja, a resposta dos professores for em direção à aceitação da separação entre planejamento e execução, então seria de se esperar resultados que fossem além dessa "mera" separação. No nível da prática em sala de aula, também seria de se esperar, uma maior dificuldade entre os professores de obter conjuntamente o controle informal das decisões curriculares, devido a seu isolamento cada vez maior. Se tudo está predefinido, desaparece a necessidade premente de interação entre professores. Os professores tornam-se indivíduos isolados, divorciados tanto dos colegas quanto da própria matéria de seu trabalho. Entretanto, e aqui entramos no sentido de minha expressão "efeito contraditório", se, por um lado, isso pode ser uma avaliação precisa de um dos resultados do controle técnico, por outro, o fato de que a maioria dos sistemas de controle incorporam em si mesmos as contradições é esquecido. Por exemplo, se a desqualificação, as formas de controle técnico e a racionalização do trabalho têm criado indivíduos isolados nas fábricas, historicamente elas também engendraram pressões contraditórias. O uso do controle técnico tem trazido em sua esteira a sindicalização (Edwards, R., 1979, p. 181). E apesar da ideologia do profissionalismo (ideologia que pode dificultar a evolução de lutas coletivas), cuja tendência é do-

---

84. Pode haver semelhanças entre esse cenário e o que aconteceu nas primeiras fábricas da Nova Inglaterra, quando os processos de produção padronizados reduziram drasticamente o contato entre os trabalhadores (cf. Edwards, R., 1979, p. 114). Um estudo recente de Andrew Gitlin aponta, entretanto, que em alguns ambientes a interação aumenta, mas sempre atrelada a questões técnicas suscitadas pelo material. Os professores lidam principalmente com questões de eficiência organizacional na aprendizagem devido às restrições da própria forma curricular (cf. Gitlin, A., 1980).

minar certos setores do corpo docente, outros funcionários estatais, que no passado se viam como profissionais, desenvolveram um maior senso de coletividade em resposta a modos semelhantes de controle. Nesse sentido, a perda de controle e de conhecimento em uma área pode gerar tendências compensatórias em outra.

Ainda não é possível saber como isso vai se desenrolar. Esses resultados contraditórios só emergem no decorrer de longos períodos. Na indústria, foi preciso décadas para que tal impacto fosse sentido. Sem dúvida, o mesmo acontecerá nas escolas.

Aceitando o controle técnico

Até agora, neste capítulo, considerei os professores como se fossem trabalhadores. Ou seja, argumentei que os processos que afetam os trabalhadores de fábricas e de escritórios na arena social mais ampla irão se inserir e estão se inserindo nas *formas culturais* consideradas legítimas nas escolas. Mas as escolas, devido à sua história interna, são muito diferentes de fábricas e escritórios, e as condições de trabalho dos professores diferem bastante das dos outros trabalhadores. Os produtos não são tão visíveis (exceto num futuro distante, na reprodução bruta da força de trabalho, na produção e reprodução de ideologias e na produção do conhecimento técnico/administrativo "exigido" pela economia)[85] quanto os de escritórios e fábricas (Apple, 1979c; Noble, 1977). Os professores encontram-se no que Erik Olin Wright chamou de "posição de classe contraditória" e, portanto, não se espera que reajam da mesma forma que os trabalhadores e empregados de grandes corporações (Wright, E., 1978). Além disso, as reações dos alunos ante os professores não encontram paralelo nas linhas de montagem de automóveis ou nos documentos de escritórios[86]. Por fim, o ensino não está organizado em linha, mas em salas geralmente separadas.

---

85. Pode-se também sustentar que as escolas criam valor de uso, e não valor de troca (Erik Olin Wright, comunicação pessoal).

86. Nesse sentido, os resultados da escolarização devem ser analisados tanto como "produtos" de resistências culturais, políticas e econômicas quanto como feixes de determinações estruturais (cf. cap. 4; cf. tb. Apple, 1980, p. 55-76).

Essas condições não tornam as escolas autônomas ou imunes à lógica do capital. A lógica será mediada (em parte porque a escola é um aparato de *Estado*); sua inserção será, sempre que possível, parcial, distorcida ou codificada. Dadas as diferenças específicas das escolas em relação a outros espaços de trabalho, o momento privilegiado de sua inserção se dá menos no nível dos controles ostensivos ou simples ("faça isto porque estou mandando") ou no nível da forma burocrática (uma vez que os professores individuais ainda podem estar relativamente livres desse tipo de invasão)[87]. Esses controles continuarão sendo exercidos, é claro, mas podem ser menos importantes que *a codificação do controle técnico na base mesma da forma curricular*. O nível das práticas curriculares, pedagógicas e avaliativas em salas de aula pode ser controlado pela forma como a cultura se transforma em mercadoria nas escolas. Se minha argumentação estiver correta, como se deve então entender a aceitação e a expansão desse processo de controle?

Essas formas não entram nas escolas devido a alguma conspiração por parte dos industriais para submeter nossas instituições educacionais às necessidades do capital, como nas citações acima extraídas do *Green Paper* e do Plano Ryerson. Essa entrada ocorre em grande parte porque as escolas são um mercado muito lucrativo. Os *kits* de materiais didáticos são publicados por empresas que se valem de táticas agressivas de comercialização ali onde há necessidade ou ali onde podem criar necessidades. Comercializar esse tipo de material é um bom negócio em termos de margens de lucro, especialmente porque a primeira compra de um "sistema" ou de um conjunto de módulos implica mais compras ao longo dos anos. Irei explicar esse processo por meio da comparação com outra área em que técnicas semelhantes são usadas para aumentar a acumulação de capital. Consideremos as lâminas de barbear. Grandes fabricantes de lâminas de barbear vendem barbeadores abaixo do custo,

---

87. Não pretendo ignorar a questão da relação entre capitalismo e burocracia. Weber e outros não estavam errados quando observaram que há necessidades de racionalização específicas às próprias formas burocráticas. Entretanto, nem a forma como a burocracia se expandiu nas economias corporativas, nem seus efeitos foram neutros. Esse tema é tratado de forma muito mais detalhada em Clawson (1978), cf. tb. E. Wright (1978).

ou até mesmo às vezes os distribuem como "brindes" promocionais, porque acreditam que depois de comprar o barbeador o consumidor continuará comprando suas lâminas e as versões atualizadas ano após ano. Nos sistemas curriculares que estamos analisando, a compra dos módulos (embora não sejam nada baratos) com seus *kits* de materiais padronizados descartáveis funciona de modo equivalente. É "necessário" continuar a comprar folhas de exercícios e testes, tintas e demais produtos químicos, papéis coloridos e nos tamanhos certos, atualizações de lições e materiais ultrapassados etc. Os lucros aumentam cada vez que se compra uma atualização. Uma vez que as compras de reposição são centralizadas no escritório do administrador por conta do controle orçamentário, o material adicional geralmente é comprado do produtor (muitas vezes a custos exorbitantes), e não na papelaria local.

Assim como em outras indústrias, esse "faro para bons negócios" significa que o grande volume, a padronização de cada um dos componentes do produto e de sua forma, a atualização do produto e, num momento subsequente, o estímulo à sua substituição, são essenciais para manter os lucros (Barker; Downing, 1979)[88].

Porém, o marketing agressivo e o faro para bons negócios não são senão uma explicação parcial desse crescimento. Para compreender plenamente a aceitação dos procedimentos de controle técnico embutidos na forma curricular, precisamos primeiro saber algo sobre a história do surgimento desses materiais. Permita-me tratar disso brevemente.

A introdução do material pré-formatado foi originalmente estimulada por uma rede específica de forças políticas, culturais e econômicas atuantes nas décadas de 1950 e 1960 nos Estados Unidos. A pouca sofisticação dos professores em importantes áreas curriculares apontada por acadêmicos "exigiram" a criação do que foi chamado de material à prova do professor. O clima de Guerra Fria (criado e estimulado em grande medida pelo Estado) enfatizava a produção eficiente de cientistas e técnicos, bem como de uma força de trabalho relativamente estável; assim, a "garantia" dessa produção por meio do currículo escolar foi se tornando cada

---

88. Cf. tb. a análise de Noble (1977) sobre a padronização e sua relação com a acumulação de capital.

vez mais importante (Spring, 1976). O auge desse cenário foi a decisão do aparato educacional do Estado, no âmbito da Lei da Educação para a Defesa Nacional, de fornecer créditos equivalentes em dinheiro aos distritos escolares locais para a compra de novos currículos criados pelo "setor privado" com o propósito de aumentar essa eficiência. Ao mesmo tempo, as dinâmicas internas à educação foram relevantes, uma vez que a psicologia comportamental e a psicologia da aprendizagem – em cujos princípios muitos desses sistemas se baseavam – obtiveram cada vez mais prestígio em um campo como o da educação, no qual ser considerado uma ciência era crucial tanto para angariar financiamento quanto para se blindar de críticas (Apple, 1979c), aumentando assim sua legitimidade dentro do aparato estatal e perante o público. Num passado mais recente, a crescente influência do capital industrial sobre os poderes executivo e legislativo do governo, bem como sobre sua respectiva burocracia (cf., p. ex., O'Connor, 1973), foi certamente um componente essencial, uma vez que há evidências recentes de que o governo federal tem se distanciado da produção e distribuição de currículos em larga escala, preferindo estimular o "setor privado" a participar ainda mais dessa produção[89].

Recapitulemos brevemente a história. Por que o há um movimento persistente nessa direção hoje? Considerar a escola como um aspecto do aparato estatal é crucial aqui. A necessidade do Estado de *consentimento*, bem como de controle, implica codificações específicas das formas de controle na escola (Donald, 1979, p. 44).

A importância estratégica da lógica do controle técnico nas escolas está em sua capacidade de integrar em um só discurso aquilo que muitas vezes é visto como movimentos ideológicos concorrentes e, portanto, em sua capacidade de obter consentimento de cada um deles. Acrescente-se a necessidade de controle e de prestação de contas por parte dos gestores administrativos, as reais necessidades dos professores de algo "prático"

---

89. Entre as razões para o afastamento lento, mas firme, do Estado dessa produção e distribuição, figuram a controvérsia em torno de *Man: a course of study* e, sem dúvida, o intenso *lobby* por parte de editoras. As corporações deixam o governo se encarregar da socialização dos custos do desenvolvimento, mas obviamente preferem montar e distribuir os currículos elas mesmas (cf. Apple, 1977, p. 351-361).

para usar com seus alunos, o interesse do Estado na produção eficiente e na economia de custos[90], as preocupações dos pais com uma "educação de qualidade" que "funciona" (uma preocupação codificada de diferentes maneiras por diferentes classes e segmentos de classe) e as próprias exigências do capital industrial por produção eficiente etc. Mais uma vez se pode ver a realização de duas importantes funções do Estado. O Estado pode contribuir para a *acumulação* de capital ao se esforçar para tornar mais eficiente o "processo de produção" nas escolas. Ao mesmo tempo, ele pode *legitimar* sua própria atividade ao usar uma linguagem suficientemente ampla para fazer sentido para seus eleitorados considerados importantes, mas também específica o suficiente para dar algumas respostas práticas para aqueles que, como os professores, as "exigem". O fato de a forma assumida por esses sistemas curriculares ser estritamente controlada e facilmente passível de "prestação de contas", *ser* em geral individualizada (um importante componente ideológico da cultura da nova pequena burguesia), de incidir sobre habilidades em um cenário de uma nítida crise no ensino das "habilidades básicas" etc., praticamente assegura sua aceitação por diversas classes e grupos de interesse.

Assim, a lógica do controle é tanto mediada quanto reforçada pelas necessidades de procedimentos responsabilizáveis e racionais por parte de burocratas estatais e pela composição de forças específicas que atuam sobre o próprio Estado. A forma curricular se encarregará dos aspectos necessários que asseguram tanto a acumulação quanto a legitimação[91]. Como diz Clarke,

---

90. Isso não significa que o Estado sempre atenda diretamente as necessidades do capital industrial. Como argumentei no capítulo 4, o Estado tem, de fato, um grau significativo de autonomia relativa e também é um espaço de conflito de classes (cf. Dale, 1982; Donald, 1979; Wright, E., 1978).

91. Entretanto, como observei anteriormente, é preciso ter em mente que pode haver conflito entre a acumulação e a legitimação (cf. Wright, E., 1978), para uma discussão sobre essas possíveis contradições e para uma defesa da importância de entender a maneira como o Estado e as burocracias medeiam e agem de acordo com as "determinações econômicas". Embora eu não tenha apontado aqui, a transformação do discurso nas escolas é semelhante ao e precisa ser analisada à luz do processo descrito por Habermas em sua discussão sobre os interesses constitutivos da ação intencional/racional. Tratei desse assunto detalhadamente em Apple (1979c).

mesmo quando as instituições atendem a uma lógica exigida pelo capital, sua forma e direção nunca são o resultado de uma simples imposição unidirecional por parte do capital. Elas estão envolvidas em um complexo trabalho político de concessão e negociação, mesmo que apenas para garantir a legitimidade do Estado perante a opinião pública (Clarke, 1979, p. 241).

Foi justamente isso o que aconteceu na utilização desse tipo de forma curricular.

O indivíduo possessivo

Até o momento, examinei a intrusão de sistemas de controle técnico embutidos na forma curricular no trabalho dos professores. Contudo, encontramos esse material não só com os professores, mas também com os alunos.

Diversos estudiosos observaram que cada tipo de formação social "exige" um tipo específico de indivíduo. Entre outros, Williams, por exemplo, nos permitiu acompanhar a expansão do indivíduo abstrato à medida que foi se desenvolvendo nas práticas teóricas, culturais e econômicas do capitalismo (MacPherson, 1972; Williams, 1961). Não se trata apenas de mudanças na definição do indivíduo, mas de mudanças em nossos modos de produção material e cultural, reprodução e consumo. Ser um indivíduo em nossa sociedade supõe uma complexa conexão entre nossos significados e práticas cotidianas e um modo de produção "externo". Não pretendo evocar o modelo simples de infraestrutura/superestrutura, mas está claro que existe, de forma muito importante, uma relação dialética entre a forma econômica e a ideológica. Como Gramsci e outros diriam, a hegemonia ideológica sustenta a dominação de classe; não podemos considerar que as subjetividades e a estrutura não estão relacionadas. Ainda assim, perguntas permanecem: Como elas se relacionam? Em que espaços essa relação se desenrola? A escola é um espaço fundamental para se observar essas coisas acontecendo. Como observa Richard Johnson, "não se trata tanto de as escolas [...] *serem* ideologia, mas sim de serem espaços em que as ideologias são produzidas sob a forma de subjetividades" (Johnson, R., 1979b, p. 232).

Mas que tipo de subjetividade, que tipo de ideologia, que tipo de indivíduo podem ser produzidos? As características incorporadas aos modos de controle técnico embutidos na própria forma curricular são ideais para a reprodução do indivíduo possessivo, uma concepção de si que jaz no âmago ideológico das economias corporativas.

A concepção de individualismo presente no material que examinamos é muito semelhante àquelas encontradas em outras análises de aspectos do aparato cultural em nossa sociedade. Como Will Wright mostrou em sua recente investigação sobre artefatos culturais como o cinema enquanto portadores e legitimadores de mudanças ideológicas, importantes aspectos de nosso aparato cultural representam um mundo no qual a sociedade reconhece cada um de seus membros como indivíduo. Todavia, esse reconhecimento depende quase inteiramente de suas habilidades técnicas. Ao mesmo tempo, ao valorizar a competência técnica, o cinema, por meio da forma, influencia o indivíduo a rejeitar a importância de valores éticos e políticos. Ele retrata um individualismo situado no contexto de uma economia corporativa, no qual "só pode haver respeito e companheirismo tornando-se um técnico habilidoso". O indivíduo aceita e realiza qualquer trabalho técnico oferecido e demonstra lealdade apenas àqueles com competência técnica semelhante, e não primariamente "a quaisquer valores sociais e comunitários concorrentes" (Wright, W., 1975, p. 187).

O exame desses "sistemas" curriculares ilumina a disseminação desse tipo de movimento ideológico por formas curriculares cada vez mais dominantes. O *ritmo* em que um aluno avança é individualizado; mas o produto efetivo e o processo a ser realizado são especificados pelo próprio material[92]. Portanto, não é "apenas" o professor que enfrenta a invasão do controle técnico e da desqualificação. As respostas dos alunos também são em grande medida pré-especificadas. Grande parte desse arsenal cada vez maior de materiais procura determinar da maneira mais precisa possível a linguagem e as ações apropriadas do aluno, reduzindo-as frequentemente ao domínio das competências ou habilidades. Nesse aspecto, Wright parece estar certo.

---

92. O estudo de Bernstein sobre códigos educacionais e de classe nos interessa aqui. Como ele observa, "o ritmo do conhecimento educacional é baseado na classe" (Bernstein, 1977, p. 113).

A redução do currículo a uma série de habilidades é algo relevante nesse sentido, uma vez que faz parte de um processo maior, pelo qual a lógica do capital contribui para a construção de identidades e transforma em mercadorias significados e práticas culturais (Aronowitz, 1973, p. 95). Ou seja, se o conhecimento, em todos os seus aspectos (do tipo lógico "que", "como", e "para" – isto é, informações, processos, disposições e propensões) é decomposto e transformado em mercadoria, pode-se acumulá-lo do mesmo modo que se acumula capital econômico. A posse e a acumulação de inúmeras habilidades a serviço de interesses técnicos são índices do bom aluno. Enquanto mecanismo ideológico voltado para a manutenção da hegemonia, isso é muito interessante. Na sociedade como um todo, as pessoas consomem como indivíduos isolados. Seu valor é determinado pela posse de bens materiais ou, como observou Will Wright, de habilidades técnicas. A acumulação desses bens ou do "capital cultural" da competência técnica – partículas de conhecimento e habilidades medidas em pré-testes e pós-testes – é um procedimento técnico que requer apenas o domínio das habilidades técnicas necessárias e tempo suficiente para seguir as regras, no ritmo próprio, até sua conclusão. É a mensagem da nova pequena burguesia escrita em letras capitais no terreno ideológico da escola, mensagem que pode ser rejeitada na vida cotidiana da escola por alunos de outras classes e segmentos de classe.

Com efeito, podemos aventar como hipótese justamente isso, ou seja, esse tipo de movimento assinala a importância cada vez maior no aparato cultural das ideologias de segmentos de classe perpassados por posições de classe contraditórias, em particular do que denominei de nova pequena burguesia – aqueles grupos compostos de gerentes intermediários e ocupações técnicas (Wright, E., 1978, p. 79). O tipo específico de individualismo que testemunhamos aqui corresponde a uma interessante mudança: a transformação de uma ideologia da autonomia individual, em que a pessoa é seu próprio chefe e controla seu próprio destino, em um individualismo carreirista. Nesse caso, o individualismo volta-se para a mobilidade organizacional e para o avanço conforme as regras técnicas. Como Erik Olin Wright observou, para a nova pequena burguesia, "o individualismo está estruturado em torno das exigências do avanço burocrático" (Wright, E., 1978, p. 59). Pode ser também um "reflexo" codificado da crescente proletarização do trabalho em lojas e escritórios. Pois, se o individualismo anterior implicava uma séria noção de autonomia a respeito de como se trabalha e do que se produz, para uma grande parte dos funcionários em lojas e escritórios, a autonomia foi trivializada (Wright, E., 1978, p. 81; cf. tb. Braverman, 1974). O ritmo do trabalho pode ser individualizado, mas o próprio trabalho, sua realização e as precisas especificações de seu produto final, está sendo cada vez mais determinado.

A essa altura, estamos rodeados de várias perguntas. Se o controle técnico implica que a forma assumida pelo currículo seja muito especificada; que ela seja tão individualizada que quase não há interação entre alunos (de modo que cada atividade seja vista necessariamente como ato intelectual individual de habilidade); que as respostas assumam frequentemente a forma de atos físicos simples (como vimos em nossa análise dos módulos); que as respostas sejam corretas ou incorretas de acordo com regras técnicas; e que esse tipo de forma seja seguido por toda a vida escolar elementar – então como ela impacta os professores e alunos que interagem com ela em suas práticas diárias?

Temos evidências que indicam os efeitos de procedimentos desse tipo sobre trabalhadores da indústria e de escritórios.

Em muitos casos, mesmo considerando o desenvolvimento de uma cultura do trabalho capaz de fornecer uma base para formas culturais de resistência, a crescente racionalização e o controle cada vez mais sofisticado sobre um longo período de tempo tende a suscitar nas pessoas a manifestação de um interessante conjunto de traços: uma "orientação para regras" – ou seja, uma atenção voltada a regras e procedimentos e o hábito de segui-los; uma maior confiabilidade – isto é, realizar um trabalho de uma forma relativamente consistente, ser confiável e concluir o trabalho mesmo quando as regras foram um pouco modificadas para atender às condições oscilantes do dia a dia; e a "internalização dos objetivos e valores da empresa" – ou seja, o conflito é minimizado de forma gradativa e segura, os interesses da gestão e dos funcionários tendendo à homogeneização (Edwards, R., 1979, p. 151)[93].

---

93. Evidentemente, isso não significa que resistências importantes e práticas compensatórias não ocorram ou não venham a acontecer. Como mostrei no capítulo 3, ocorre com frequência exatamente o contrário. Entretanto, elas se dão geralmente no terreno estabelecido em grande medida pelo capital.

Será que isso acontece também nas escolas? Tudo isso aponta claramente para a importância das análises sobre o que realmente acontece dentro da "caixa-preta" da escola. Há aceitação por parte de professores e alunos? A introdução gradual da lógica do controle técnico gera resistências, mesmo que apenas no nível cultural? Culturas de classe e do trabalho semelhantes àquelas examinadas nos capítulos 3 e 4 contradizem, medeiam ou mesmo transformam os resultados esperados? Trataremos disso agora.

Resistências

Minha avaliação até o momento não foi otimista. À medida que as atividades dos alunos são cada vez mais especificadas, à medida que regras, processos e resultados padronizados são integrados e racionalizados pelos próprios materiais, os professores são desqualificados, requalificados, tornam-se anônimos. Os alunos trabalham com um material cuja forma isola os indivíduos uns dos outros e estabelece as condições de existência para o indivíduo possessivo; a forma do material e a natureza embutida do processo de controle técnico incidem de modo semelhante no professor. Rodeados por uma lógica de controle específica, a força objetiva das relações sociais incorporada na própria forma tende a ser bastante poderosa.

Contudo, não estou defendendo uma perspectiva funcionalista grosseira, na qual tudo é medido por, ou é direcionado para, sua capacidade de reproduzir uma sociedade estática. A criação do tipo de hegemonia ideológica "causada" pela introdução crescente do controle técnico não está "naturalmente" preestabelecida. É algo que é conquistado ou perdido em lutas e conflitos específicos (Johnson, R., 1979a, p. 70).

Por um lado, os professores serão controlados. Uma professora, diante de um conjunto de materiais populares ainda mais integrados e racionalizados do que os que analisei aqui, disse o seguinte: "Olha, eu não tenho escolha. Pessoalmente, não gosto desse material, mas todos no distrito têm que usar essa coleção. Vou tentar fazer outras coisas também, mas basicamente nosso currículo se baseará nisso".

Por outro lado, as resistências se farão presentes. Essa mesma professora que discordava do currículo, embora o usasse, também o subvertia ao menos parcialmente. Ela se valia dele apenas três dias por semana, em vez dos cinco dias especificados. Como a professora observou, "se trabalhássemos duro, terminaríamos essas coisas em dois ou três meses; além disso, às vezes é confuso e chato. Então tento ir além sempre que possível, *contanto que eu não ensine o que está no material a ser coberto por esta coleção no próximo ano*". Assim, como podemos ver neste último trecho de seu comentário, as condições internas dificultam essas resistências abertas.

Tais condições internas não precisam, porém, impedir que os professores façam suas essas formas culturais mercantilizadas, dando suas próprias respostas criativas às ideologias dominantes, de maneira semelhante ao que os grupos contraculturais estudados por etnógrafos marxistas fizeram com a cultura mercantilizada. Esses grupos transformaram e reinterpretaram os produtos que compraram e usaram para que se tornassem ferramentas na criação de bolsões de resistência alternativos (Willis, P., 1978). Alunos e professores também podem encontrar métodos – jamais sonhados por burocratas estatais ou editoras corporativas – de usar criativamente esses sistemas. (Devo admitir, no entanto, que minhas observações em salas de aula ao longo dos últimos anos não me deixam muito otimista de que isso possa acontecer sempre ou mesmo com muita frequência.)

Outros elementos no ambiente podem propiciar um espaço para desenvolvimento de diferentes significados e práticas, mesmo dentro da própria forma curricular. Devemos, então, lembrar que podem existir componentes progressistas no *conteúdo* do currículo que contradizem as mensagens da forma[94]. O próprio fato de os industriais *estarem* interessados no conteúdo ressalta sua importância enquanto área contestada. E é na interação entre o conteúdo, a forma e a cultura vivida dos estudantes que as subjetividades são formadas. Não podemos ignorar nenhum componente nesse feixe de relações.

Embora a forma material seja objeto de minha atenção neste momento, é importante especificar de maneira um pouco mais detalhada o que está envolvido na análise das possíveis contradições entre forma e conteúdo. A "leitura" ideológica de um material não é uma questão simples. Com

---

94. Whitty contribuiu bastante para a elaboração desse ponto.

efeito, essa leitura não pode se limitar à análise do conteúdo, ao que um "texto" simples e abertamente "diz", especialmente se estamos interessados nas bases em que é gerada a resistência. Nesse sentido, nossas análises poderiam se beneficiar imensamente com a incorporação de trabalhos de estudiosos como Barthes, Macherey, Derrida e outros investigadores do processo de significação e do impacto da ideologia na produção cultural. Portanto, para completar nossas análises do conteúdo, precisaríamos nos dedicar a uma leitura semiológica do artefato cultural para "extrair a estrutura de significações no seio do objeto que fornece o parâmetro" para possíveis leituras a seu respeito (Sumner, 1979, p. 134). Isso não quer dizer que seria viável especificar todas as leituras possíveis. É preciso ainda estar ciente, como observa Derrida, por exemplo, de que a leitura de um texto é um processo ativo de significação. Como nota um comentador, esse processo "descentraliza o significado ortodoxo e costumeiro do discurso pela invocação de outros significados e referências menos ortodoxos e privados" (Sumner, 1979, p. 149). Assim, em todo discurso, em todo conteúdo, pode haver um "excesso de significado" que pode criar um "jogo" no processo de significação, de modo que, enquanto cada elemento no texto pode ser usado de maneiras "normais", ele também se refere a outros significados possíveis.

Gostaria de enfatizar esse ponto. Interrogar o próprio conteúdo é importante não apenas para ver quais ideologias estão "expressas" ou "representadas" no próprio material (a noção de representação sendo em si mesma complexa e difícil), mas também para que se possa começar a desvendar a maneira como qualquer conteúdo "é ele próprio parte de um processo ativo de significação por meio do qual o significado é produzido" (Hill, 1979, p. 114) e compreender as possíveis contradições no seio do próprio conteúdo, do próprio texto.

Em sua discussão sobre a carência de análises sobre contradições em estudos do conteúdo de produtos culturais como a mídia, Hill faz uma observação similar:

> Se os meios de comunicação não se limitam a expressar ideologias, então devem ser considerados ativamente constitutivos

de ideologias. Em outras palavras, as ideologias não são meros ingredientes detectáveis nos meios de comunicação, mas também seus produtos. Enquanto produções ativas, as ideologias não devem ser vistas apenas como conjuntos de positividade, mas também como processos de exclusão – "exclusões" potencialmente capazes de se retroalimentar, perturbando ou deformando seu sistema progenitor (equipando, assim, nossa análise com uma noção de "contradição" recuperada tanto de um reducionismo que faria dela um mero reflexo de contradições determinadas no nível econômico, quanto da homeostase de um funcionalismo marxista orientado para a reprodução) (Hill, 1979, p. 115).

Como Hill sugere nessa citação, o "significado" do conteúdo não está apenas no texto ou no produto cultural em si, em seus códigos e regularidades (embora essa leitura deva integrar a análise completa). O significado também é constituído "na interação entre texto e seus usuários" (Hill, 1979, p. 122) – no nosso caso, entre o conteúdo curricular e o aluno.

Mas essa composição está ainda incompleta. Como Hill também afirma, exclusão é a noção-chave. Produtos culturais não apenas "dizem", eles também "não dizem". Autores como Macherey e Eagleton deixam claro que é necessário investigar não apenas "o que o material diz" e seu excesso de significado, suas contradições e suas estruturas de significação, mas também o que ele exclui. Como ambos notaram, um texto não é necessariamente constituído de significados prontamente evidentes – as positividades mencionadas acima por Hill –, facilmente detectadas por um observador. Pelo contrário, um texto "traz inscritas em si as marcas de ausências determinadas que distorcem suas significações em termos de conflitos e contradições". O *não dito* de uma obra é tão importante quanto o dito, já que "a ideologia está presente no texto sob a forma de seus eloquentes silêncios" (Eagleton, 1976, p. 89).

Em resumo, para examinar adequadamente as possíveis contradições entre forma e conteúdo nesses materiais curriculares, seria necessário desvendar o que está presente e o que está ausente no próprio conteúdo, quais estruturas estabelecem os parâmetros para leituras possíveis, quais "dissonâncias" e contradições o compõem, possibilitando leituras alternativas e, finalmente, interações entre o conteúdo e a cultura vivida do leitor[95].

É preciso ressaltar esse último ponto sobre a cultura vivida dos atores, dos próprios alunos, pois devemos ter em mente suas culturas vividas descritas anteriormente. Pode-se esperar resistências por parte dos alunos e também dos professores às práticas ideológicas discutidas neste capítulo, resistências que podem ser *específicas em termos de raça, gênero e classe*. Nossa citação de Johnson também é adequada neste momento. A formação de ideologias, mesmo as dos tipos de individualismo examinados nesta análise, não é um ato simples de imposição. São produzidas por atores concretos e incorporadas às experiências vividas que podem resistir, alterar ou mediar essas mensagens sociais (Johnson, R., 1979b). Como pretendi mostrar no capítulo anterior com a análise sobre a cultura vivida de segmentos específicos da classe trabalhadora, as gerações mais novas dessa classe derrotam parcialmente a ideologia do individualismo. O mesmo vale para muitas mulheres e estudantes "minoritários". Embora possamos e devamos analisar essas resistências, seu real significado pode não estar claro. Será que elas, à semelhança daquelas dos "rapazes", dos "meninos" e das "garotas" mencionadas mais cedo também reproduzem em um nível ainda mais profundo práticas e significados ideológicos que oferecem suportes bastante poderosos para as relações de dominação? É preciso estudar muito mais essas formas de resistência.

Tomemos por exemplo os professores. Embora os controles técnicos possam levar à sindicalização, nas escolas a maioria das resistências se encontrarão, necessariamente, no nível individual, não no coletivo, devido às relações sociais engendradas pela própria forma curricular (Edwards, R., 1979, p. 154). Os efeitos podem ser, portanto, bem contraditórios.

---

95. Essas leituras "internalistas" podem ir longe demais, é claro. É particularmente perigoso concentrar nossa atenção apenas nas contradições e ideologias presentes nesse material e por ele produzidas, ou nas contradições produzidas pela relação entre forma e conteúdo. Podemos nos esquecer da grande importância das forças que "determinam" a produção de material curricular, tópico este mencionado anteriormente em minha discussão sobre a transformação da escola em um mercado bem lucrativo. Cf., p. ex., as análises sobre a economia política da produção cultural de Golding, Murdock e outros em Barrett (1979).

Como assinalei anteriormente, devemos ter em mente que esses modos mais "invisíveis" de controle podem ser aceitos se forem vistos como provenientes de uma estrutura geral legítima. O fato de os comitês de seleção do currículo concederem a palavra a professores sobre o currículo que irão empregar significa que já foram estabelecidas certas condições prévias para o consentimento necessário ao sucesso desse tipo de controle. A escolha é feita, em parte, pelos próprios professores. Diante disso, não há muito o que dizer. O nível do conteúdo é afetado mais uma vez. Embora a ideologia da escolha continue existindo, a margem de escolha dos professores ou mesmo dos grupos consultivos de pais se limita geralmente a materiais curriculares textuais ou pré-formatados publicados por um pequeno grupo de grandes editoras que mobilizam estratégias agressivas na comercialização de seus produtos. De um ponto de vista quantitativo, apesar de haver muitas escolhas, em geral há poucas diferenças entre os materiais curriculares disponíveis. No nível do conteúdo, especialmente em escolas primárias, diferenças ideológicas a respeito de raça, gênero e classe nas comunidades para as quais as editoras pretendem vender seus produtos estabelecem sólidos limites ao que é considerado conhecimento "legítimo" (ou seguro). Afinal, a produção desses materiais curriculares *é* um negócio. Nos Estados Unidos, a maioria dos textos e materiais curriculares pré-prontos são produzidos levando em consideração as políticas estaduais. Ou seja, vários estados mantêm listas de materiais aprovados. Aqueles distritos que comprarem itens da lista terão seus custos parcialmente reembolsados pelo estado. Ter seus produtos nessa lista é muito importante, uma vez que se trata de praticamente garantir grandes lucros.

A eliminação de materiais provocativos ou muito assertivos não necessita de conspirações. O funcionamento interno de um aparato educacional, em conjunto com a economia política das publicações e a crise fiscal do Estado, são suficientes para homogeneizar o núcleo do currículo. Não se trata de negar que o poder da indústria de fazer negócios é o problema fundamental enfrentado pelas escolas, nem de negar o poder do capital em comparação a outros grupos. Trata-se mais de afirmar que esse poder é muito mediado e atua nas escolas de forma nem sempre idêntica às intenções originais. A homogeneização relativa da ideologia é um de seus efeitos possíveis. Mas sugerir que isso é o que a indústria realmente deseja é substituir uma lógica de causa e efeito por uma conjuntura particular de forças e conflitos ideológicos, culturais, políticos e econômicos que "cria" as condições de existência do material.

Mas esse processo de determinação pode ser ele mesmo contraditório, em parte por causa da crise fiscal enfrentada pelos sistemas escolares. A partir do momento em que o currículo entra em vigor, os custos subsidiados originais tornam-se custos fixos assumidos pelo distrito escolar local. Com os orçamentos escolares cada vez mais rejeitados nas votações, não há dinheiro disponível para a compra de novos materiais ou para a substituição dos desatualizados. Qualquer quantia "excedente" tende a ser direcionada para a compra contínua do material exigido pelo currículo pré-formatado. Gradualmente, vai-se ficando com os "dinossauros" caros. Entender essa economia é essencial se quisermos detectar as pressões contraditórias evocadas por esse cenário. Dado que o aparato estatal expandiu a participação nas tomadas de decisão curriculares ao criar comitês de seleção (que agora costumam incluir, além de professores, também os pais) – ainda que o material selecionado em muitos casos não possa ser substituído mais tarde devido a seu custo –, há novos espaços de oposição abertos pelo Estado (Donald, 1979). A expansão do discurso dos direitos de seleção (direitos não exercidos de modo significativo até o momento) está objetivamente em desacordo com o contexto econômico em que o Estado se encontra hoje. Isso transforma a questão em algo potencialmente volátil, à semelhança do que mostrei no capítulo 4 em minha discussão sobre a relação contraditória entre o discurso liberal dos direitos e as "necessidades" do capitalismo avançado (Gintis, 1980, p. 189-232).

Contudo, esses potenciais conflitos podem ser mitigados por condições econômicas e ideológicas muito poderosas, que parecem bem reais para muitos dos indivíduos empregados no Estado. E as mesmas pressões podem ter implicações importantes e similares para aqueles professores que de fato reconhecem o impacto da racionalização e do controle sobre eles.

É fácil esquecer que este não é um bom momento, ideológica ou economicamente, para professores que resistem abertamente. Dado o difícil clima ideológico e dadas as condições atuais de empregabilidade dos professores – com milhares deles sendo demitidos ou trabalhando sob essa ameaça –, o processo de perda do controle não é muito ameaçado. A desqualificação e requalificação, a progressiva anonimização e racionalização, a transformação do trabalho educacional, parecem ser menos importantes do que assuntos econômicos como a seguridade trabalhista, os salários etc., embora pareçam para nós claramente partícipes da mesma dinâmica.

Dito isso, devemos reconhecer, porém, que essas mensagens sociais poderosas, apesar de embutidas nas experiências reais dos professores e alunos *são* bastante mediadas por outros elementos. O fato de os professores, a exemplo da maioria dos demais trabalhadores, desenvolverem padrões de resistência a esses modelos de controle técnico no nível cultural informal modifica essas mensagens. As ideologias contraditórias do individualismo e da cooperação que naturalmente se originam nas salas de aula lotadas de alunos (não se pode ser um indivíduo isolado o tempo todo quando há 20 ou 30 pessoas a seu redor e diante do professor) também abrem possibilidades compensatórias. E, por último, assim como os trabalhadores de fábricas e escritórios encontraram maneiras de manter sua humanidade e de lutar continuamente para reunir concepção e execução (mesmo que fosse apenas para aliviar o tédio), também professores e alunos encontrarão maneiras, por entre as brechas, por assim dizer, de fazer a mesma coisa. A questão real não é se essas resistências existem – como tenho mostrado neste livro, elas sempre estão ao alcance –, mas é saber se elas próprias são contraditórias, se levam a algum lugar além da reprodução da hegemonia ideológica das classes mais poderosas, se podem ser usadas na educação e na intervenção políticas.

Nosso objetivo é, antes de mais nada, encontrá-las. Precisamos de alguma forma dar vida às resistências, às lutas. O que fiz aqui foi apontar para o terreno da escola (a transformação do trabalho, a desqualificação e requalificação, o controle técnico etc.), terreno sobre o qual essas lutas serão travadas. As resistências podem ser informais, parcialmente organizadas ou mesmo não muito conscientes; porém, isso não significa que elas não terão impacto. Pois, como Gramsci e Johnson (Johnson, R., 1979a) nos lembram, a hegemonia é sempre contestada. Nosso próprio trabalho deve contribuir para essa contestação e apontar espaços propícios a um engajamento ativo.

Minha análise do processo pelo qual o conhecimento técnico/administrativo entra novamente nas escolas por meio de formas curriculares dominantes dá relevo a algumas das estratégias de ação discutidas em capítulos anteriores. Como apontei, a expansão de certas lógicas de controle do processo de trabalho gera efeitos contraditórios e potencializa o sucesso do trabalho político. Com a perda do controle, deve-se esperar que a sindicalização dos professores cresça. Um contexto importante daí emerge. Embora a história da sindicalização tenha sido muitas vezes a história de demandas de teor econômico (o que, a propósito, *nem* sempre é um erro), não está inscrito na natureza que salários e demandas correlatas são as únicas coisas que podem ser colocadas na agenda. Assim, ganham em importância minhas sugestões anteriores de que a crescente "proletarização" dos trabalhadores do Estado, a rápida diminuição de seu padrão de vida objetivo e a ameaça à estabilidade no emprego podem facilitar a construção de coalizões entre professores e outros trabalhadores sob condições similares. Se a tese de Castells estiver correta – que, ao fim e ao cabo, as condições piorarão –, então os cortes nos serviços públicos, nas políticas de bem-estar social, na educação, na saúde, no seguro-desemprego etc. deverão ser cada vez maiores em um futuro próximo. Com isso, os interesses dos funcionários de escolas na manutenção de seus programas e empregos e os interesses de um grande número de pessoas que terão de lutar para manter os programas, serviços e direitos conquistados após anos de luta tenderão a convergir.

A essa tendência acopla-se algo mais. O ritmo rápido da ativação de procedimentos para racionalizar o trabalho dos professores e controlar tantos aspectos da educação quanto possíveis tem causado um impacto semelhante ao da introdução do taylorismo na indústria. Seu efeito final pode não ser um controle totalmente bem-sucedido, embora não se deva subestimar seu poder e sofisticação. Mas, a longo prazo, esse processo pode desacreditar a organização dos professores de seu próprio trabalho, de modo que as atividades necessárias para a continuidade de uma educação séria – atividades que os professores desenvolveram a partir de suas próprias experiências e da cultura do trabalho – serão rotuladas com o equivalente educacional da "cabulice" quando não estiverem expressamente ligadas à produção de conhecimento e agentes exigidos pela economia. Desnecessário dizer que isso teria um efeito verdadeiramente destrutivo sobre qualquer sistema de educação digno do nome.

Preparar os professores para entender as implicações disso e fazer com que eles e outros trabalhadores de colarinho azul, rosa e branco[96] reconheçam as semelhanças entre as suas situações coletivas é um passo político importante. Se eles estiverem realmente ocupando uma posição de classe contraditória, então estarão caminhando significativamente em direção à educação política. Componentes progressistas dentro dos sindicatos de professores nos Estados Unidos, Canadá, América Latina, Inglaterra e outros lugares da Europa reconheceram esse cenário e agora se voltam para ele.

Dentro da própria escola, é preciso, mesmo que brevemente, destacar também outras áreas. A questão do conteúdo curricular levantada por mim anteriormente ainda é um problema sério. Sustentei neste capítulo que, embora não seja um processo simples apreender os elementos ideológicos no conteúdo ou em seus efeitos, o fato de se tratar de uma área contestada pela indústria prova a importância dos esforços contínuos tanto para manter os elementos democráticos atualmente existentes no próprio conteúdo quanto para dar prosseguimento à luta contra a interferência explícita ou velada de interesses empresariais e direitistas na seleção do conhecimento curricular apropriado.

Mas também apontei para a necessidade de atuar em mais áreas além do conteúdo. No nível da forma, está claro que a ênfase no material individualizado e racionalizado dificulta bastante a realização de experiências de aprendizagem coletiva. Alterar tanto quanto possível essa ênfase, concentrar-se nas atividades coletivas – mesmo se nos concentrarmos apenas em atividades simples como relatórios, documentos, investigações, dramatizações coletivas, arte etc. – é importante. Isso pode e deve se tornar um componente ostensivo também no conteúdo, nível em que a desmistificação da teoria dos "grandes homens" da história, da ciência

---

96. No original, *"blue-, pink-, and white-collar"*. Alusão às cores dos uniformes, em particular, de seus colarinhos. Correspondem respectivamente aos trabalhadores fabris/manuais, à mão de obra feminina e a funcionários de escritórios ou a trabalhos de cunho "mental" (por oposição a "manual") [N.T.].

etc. se faz tão necessária. Podemos considerar as contribuições de grupos de trabalhadores atuando juntos como um princípio organizador[97].

Decerto, poderíamos dizer muito mais. Não pretendi sugerir que será fácil estabelecer essas coalizões progressistas ou engajar-se tanto na educação política de trabalhadores do Estado quanto na reforma curricular. Dadas as condições econômicas atuais e dada a hábil integração liderada pela direita das reivindicações democráticas populares e corporativas (incorporando temas populistas) na retórica de uma esfera cada vez maior de relações sociais capitalistas, trata-se exatamente do oposto. É possível, mas difícil. Mas é no terreno identificado neste capítulo que grande parte da luta será travada. Esse terreno não oferece apenas incorporação, racionalização e controle crescentes, mas também oportunidades.

---

97. Cf., p. ex., parte do material sugerido em Wolf-Wasserman e Hutchinson (1978); cf. tb. a contribuição de Shor (1980).

6

Trabalho político e educacional
O sucesso é possível?

Reconstruindo a tradição

Pretendi fazer várias coisas neste livro. Grande parte do meu argumento mobilizou uma crítica conceitual e empírica das teorias mecanicistas de reprodução, sem, contudo, negar as "determinações" muito reais existentes. Sustentei que não é uma questão simples a mera redução de todos os aspectos da forma e do conteúdo do currículo oculto ou manifesto a expressões diretas de necessidades econômicas. Mesmo quando a educação "funciona" e contribui para a manutenção do nosso atual modo de produção, as razões para isso são bastante mediadas e envolvem *sempre* mais do que uma simples funcionalidade. Em grande medida, isso se deve ao fato de que não se pode conceber a cultura e a política como espelhos que refletem passivamente os interesses das classes dominantes. Esse jogo de espelhos não seria nada dialético, além de ignorar a importância crucial e a dinâmica do patriarcado.

Claro, há conexões importantes entre as esferas cultural, política e econômica, sendo a última bastante influente. Está claro também que existem condições materiais e ideológicas que proveem as condições de existência de grande parte da nossa estrutura social. Entretanto, a natureza *relativamente* autônoma dessas esferas, suas complexas interconexões, suas contradições internas *e* as contradições entre elas se perdem se não desafiarmos as teorias demasiadamente deterministas que dominam as análises atuais sobre a educação. Do mesmo modo, ao ignorar essas contradições, estaremos reduzindo irrealisticamente as arenas em que a ação educacional e política eficaz pode e deve ocorrer.

Por outro lado, se concebermos a cultura e a política como espaços de luta, então o trabalho contra-hegemônico dentro dessas esferas torna-se vital. Se a forma e o conteúdo cultural e o Estado (bem como a economia) são inerentemente contraditórios, e se essas contradições são vivenciadas na própria escola por estudantes e professores, então o leque de ações possíveis se amplia significativamente.

Contudo, é necessária uma ressalva. Não pretendi fazer neste livro uma refutação ou rejeição completa do trabalho de economistas políticos da educação ou de teóricos da reprodução cultural. Como minhas análises mostraram, certas proposições ou mesmo parte de seu aparato conceitual precisam ser questionadas. Porém, questionar totalmente esses trabalhos seria ignorar a amplitude de suas contribuições e a dívida que temos para com eles. Em vez disso, devemos partir desses trabalhos, rejeitar o que hoje parece muito simplista ou incorreto e estender nossa análise até áreas para as quais não estão equipados.

Nesse sentido, um tipo específico de rigor aqui se faz necessário, um rigor crítico das categorias excessivamente reducionistas e economicistas que provaram ser em retrospecto prejudiciais à tradição marxista, rigor que – ao mesmo tempo – interroga a escola na esperança de descobrir as raízes da dominação e da exploração, de cuja existência não duvidamos. É um caminho difícil. Envolve criticar uma tradição e ao mesmo tempo utilizá-la como recurso. Todavia, não é de fato tão difícil assim, pois, como fica logo patente em qualquer leitura da literatura contemporânea de esquerda, estamos vivendo um período de intenso debate teórico e político no interior da tradição. Esses debates têm contribuído para a criação (ou melhor, recriação) de uma flexibilidade e uma abertura muito maiores e influenciaram as análises apresentadas neste livro[98].

Como Finn, Grant e Johnson observaram, uma das principais fraquezas conceituais e políticas de muitas teorias de reprodução (sobremaneira a de Althusser) é que "parecem dar pouco espaço à capacidade

---

98. Abordei esses debates de forma bem mais detalhada em Apple (1982a).

de resistência potencialmente exercida por crianças e professores nas escolas" (Finn; Grant; Johnson; CCCS Education Group, 1978, p. 4). Portanto, embora seja importante perceber que as escolas realmente ajudam a reproduzir as relações de gênero e as relações sociais de produção, "'por trás dos panos', elas também reproduzem formas historicamente específicas de resistência" (Finn; Grant; Johnson; CCCS Education Group, 1978, p. 34). Esses pontos não se limitam apenas às nossas discussões sobre escolas, obviamente, mas também concernem ao trabalho, à família etc.

Philip Wexler formulou um argumento semelhante em sua análise das limitações de parte significativa dos estudos de esquerda. Como ele observa, muitos dos modelos conceituais atualmente em uso "entregam de antemão a capacidade humana de apropriação e transformação às necessidades de um sistema para o qual os indivíduos são meros suportes estruturais" (Wexler, 1982; cf. tb. Giroux, 1980, p. 225-247).

Evidentemente, correspondências entre as características "internas" das escolas e as instituições "externas" existem[99]. Com efeito, surpreendente seria se não existissem. No entanto, essas correspondências, quando encontradas, não são o resultado de um princípio orientador que opera de fora para dentro de modo mecanicista. Em vez disso, são construídas pelas interações internas de atores reais no interior de uma cultura vivida, atores que lutam, contestam e agem de maneiras variadas e que podem contradizer a correspondência "necessária"[100].

Diante dessas questões e das necessidades do Estado de contribuir para o processo de acumulação do capital e de legitimar tanto esse processo quanto a si mesmo, argumentei que a escola é um espaço de reprodução e de produção. Contudo, não se trata apenas de reprodução e produção de agentes, conhecimentos e ideologias, mas também de tendências contraditórias em diversas esferas, cada uma delas podendo impactar

---

99. Pode-se decerto argumentar que tais correspondências estão na verdade mais claras agora face ao poder emergente da nova direita e do capital durante a atual crise estrutural (cf., p. ex., Dale, 1979, p. 95-112).

100. A esse respeito, o papel dos meios de comunicação na construção das questões que são objeto da ação das pessoas é muito importante. Cf. a interessante discussão do CCCS Education Group (1981).

significativamente a outra[101]. A partir daí, sugeri estratégias e ações em várias frentes. Dentro de escolas e universidades: mobilizando o currículo, democratizando o conhecimento técnico, utilizando e politizando a cultura vivida de estudantes e professores etc. Fora da escola: envolvendo práticas educacionais tanto em sindicatos progressistas, em grupos políticos, feministas etc., quanto nas ações políticas voltadas para a construção de um movimento socialista e democrático de massa nos Estados Unidos.

Nesse sentido, minha investigação foi planejada em grande medida para responder a uma das mais importantes perguntas que se pode formular: podemos fazer alguma coisa já? Se a educação é apenas um mero reflexo da economia e das exigências ideológicas da burguesia e da nova pequena burguesia, então devemos colocar todas as fichas, por assim dizer, na economia. Interrogando as escolas de várias maneiras neste livro, lançando luz sobre o conflito de classes, sobre as formas culturais de resistência e sobre o trabalho, sobre a escola enquanto aparato estatal contraditório, sobre o papel do sistema educacional formal não apenas na reprodução e distribuição, mas também na produção, estou cada vez mais convencido de que esta análise da educação revela o quão importante é a educação tanto como processo quanto como um feixe de instituições. Na guerra de posições, corremos riscos se negligenciarmos tal importância.

Contudo, mesmo se estiver parcialmente errado, mesmo se as lutas no terreno da economia forem a única resposta para as condições (e tantas outras) descritas no capítulo 1, não podemos ignorar a educação. Pois mesmo se as lutas sobre nosso modo de produção, no trabalho e no momento da produção, forem a principal resposta, a importância da escola não seria reduzida. Como mostrei no capítulo 5, a escola é um local de trabalho. O próprio Estado emprega milhões de pessoas – muitas das quais mulheres – cujas condições diárias e posição na sociedade estão sendo afetadas pela crise emergente que nos confronta.

É claro que não se trata de uma escolha "ou isso, ou aquilo". O "trabalho educacional" precisa ser feito no local de trabalho; o "trabalho econômico"

---

101. A necessidade de olhar para a *totalidade* das condições econômicas, políticas e culturais foi apontada por Hogan (1982); cf. tb. Carnoy (1982) para um aprofundamento da discussão sobre o impacto da ação da "superestrutura" sobre a "infraestrutura".

precisa ser feito na educação. As estruturas de exploração e dominação de classe, raça e gênero não estão "lá fora" no abstrato, em alguma coisa chamada economia. Elas estão à nossa volta. Vivemos essas estruturas em nossas práticas e discursos diários na família, na escola e no trabalho, os quais as erigem. Devemos, portanto, partir desse nível. Mas, como venho repetindo, a elaboração de práticas e significados alternativos no dia a dia de nossas instituições não é algo isolado. Tal atividade deve ser organizada, conectada ao trabalho de outros indivíduos e grupos progressistas. Somente assim podemos fazer diferença no plano estrutural.

Como vimos, o processo de mercantilização e as relações contraditórias entre o conhecimento como mercadoria e a forma econômica definem parte desse nível estrutural. Esse feixe de relações é tanto reprodutivo quanto catalisador de tensões. Daí ter me concentrado no papel do conhecimento técnico na economia, no Estado e na cultura.

Cada vez mais, o conhecimento técnico define nossa noção de "eu" e de competência. Embora essa tendência seja mais pronunciada nos Estados Unidos do que em outros lugares – devido em parte à relativa falta de uma linhagem aristocrática, como acontece na Inglaterra, por exemplo –, sua incorporação por todos os países industrializados avançados é perceptível. Essas tendências têm implicações importantes no nível cultural e ideológico em todos os lugares, pois o que Habermas chama de "esfera pública" cada vez mais se reduz a expressões de valores, regras, procedimentos e preocupações técnicas[102]. No plano econômico, o emprego desses conhecimentos em nossa economia faz parte de processos mais amplos de acumulação e legitimação, bem como de transformações nos padrões de relações de classe. O fato de essa dinâmica quase não ter sido objeto de teorização é uma das principais fraquezas de estudos anteriores sobre a escola.

A investigação das conexões entre a cultura transformada em mercadoria e a cultura vivida, conexões que impactam a escola, que ajudaram a torná-la um espaço de conflito de classe, raça e gênero, contribuiu para a estruturação deste livro. Embora a "circulação" do conhecimento

---

102. Agradeço ao colega Jeffrey Lukowsky por me lembrar das possíveis contribuições de Habermas às nossas tentativas de teorizar essas questões.

técnico/administrativo como uma forma de capital (e como um feixe de complexas relações sociais de exploração) *não seja linear*, achei útil pensar sobre isso por meio da metáfora da circulação. Em suma, como vimos, o aparato educacional é organizado de maneira a representar, em última análise, um espaço importante para a produção de conhecimento técnico/administrativo por meio de seus agentes, programas de pesquisa e compromissos. Nada disso é "forçado" sobre o aparato educacional, mas se deve em grande parte às "funções" contraditórias cumpridas por essas instituições. Esse conhecimento é transformado em mercadoria e acumulado como uma forma de capital cultural pelos interesses mais poderosos da economia e do Estado. As técnicas de controle e as formas de relação social geradas a partir dele são empregadas em um número cada vez maior de locais de trabalho, na publicidade e no controle humano, nas comunicações, na família e na cultura[103]. Mas elas são mediadas, resistidas e às vezes transformadas. São desenvolvidas novas formas, que se tornam um tanto mais sofisticadas e "humanas" no processo.

Entretanto, seu uso aumenta sua legitimidade, catalisando sua disseminação em instituições do Estado como a escola. Essa condição é intensificada e o ritmo é acelerado por causa da crise na acumulação e legitimação como um todo. À medida que se espalha pela sociedade como um conjunto de técnicas e uma ideologia da prestação de contas e do controle, esse capital cultural é incorporado à nova pequena burguesia, cujos membros são burocratas de nível médio, engenheiros, técnicos, supervisores, gerentes e profissionais da indústria, do setor de serviços e do Estado[104]. A forma e o uso desse capital cultural sustentam tanto o emprego contínuo quanto o avanço da nova pequena burguesia, e também seu controle final pelo capital[105]. Entretanto, quando finalmente chega à

---

103. Para saber mais sobre como a família, e especialmente as mulheres, são afetadas pela expertise técnica, cf. o profícuo estudo de R. Apple (1980, p. 402-417).

104. Encontra-se um argumento similar em Bernstein (1977); cf. tb. a literatura sobre a "nova classe média". Cf. ainda o debate em P. Walker (1979).

105. Contudo, um dos efeitos da crise de acumulação é a significativa redução das possibilidades de emprego para essas pessoas. Como disse no capítulo 2, uma vez disponibilizado o conhecimento técnico/administrativo para uso pelo capital, não é realmente imperativo que se empregue um grande número de pessoas que o detenham, *a menos* que elas sejam necessárias para o controle do trabalho. O que

escola, a forma é novamente mediatizada e transformada por professores e pelos filhos desses mesmos trabalhadores e funcionários que enfrentaram historicamente o conhecimento técnico/administrativo a partir de seus próprios locais de trabalho. Ela é aceita apenas em parte, pois a cultura de pares e as culturas vividas de classe, raça e gênero permitem que os estudantes (e muitos professores) rejeitem e/ou medeiem sua lógica e relações sociais. Esse processo de resistência, mediação e transformação (que atende pelo nome de piores desempenhos em testes, baixos padrões, problemas disciplinares, falta de motivação etc.) permite que novas formas de conhecimento técnico sejam empregadas (na forma curricular etc.) tanto nos escritórios quanto nas fábricas. E é a partir dessas formas alteradas de controle e de relações sociais que novos conhecimentos técnicos/administrativos e novas ideologias são efetivamente produzidos no e pelo aparato educacional.

Não obstante, essa produção *nem* sempre é "funcional" para o capital. Embora haja momentos em que o desenvolvimento das forças produtivas da sociedade exige uma "transformação" tanto do processo de trabalho quanto do trabalho humano, devemos, pois, lembrar que essas transformações também podem exigir condições sociais e tecnológicas que, em última análise, podem não ser completamente compatíveis com a lógica capitalista. Por exemplo,

> o desenvolvimento da pesquisa científica exige um investimento massivo em educação que só será rentável a longo prazo. Da mesma forma, a introdução da informação enquanto força produtiva requer um grau considerável de autonomia na tomada de decisões e produz uma situação totalmente contraditória com

---

se verifica, porém, é o crescimento mais rápido do emprego no setor de serviços estadunidense, que necessita de um número consideravelmente menor de pessoal de supervisão. O crescimento dos restaurantes *fast food* mostra por que isso acontece com frequência. Uma enorme porcentagem do trabalho é mecanizada, e se utiliza técnicas de controle técnico na cozinha etc. Assim, embora o fluxo contínuo de novos conhecimentos e técnicas seja essencial para esses empreendimentos, a incorporação bem-sucedida desses conhecimentos e técnicas pode realmente ameaçar a oferta de cargos para a nova pequena burguesia. Essas dinâmicas criarão seus próprios problemas de legitimação. Sobre o crescimento do setor de serviços e a menor necessidade de pessoal de supervisão, cf. Rothschild (1980, p. 12-18).

a disciplina imposta pelo capital aos trabalhadores (Castells, 1980, p. 51).

Como esse exemplo demonstra, a produção e o uso do conhecimento técnico/administrativo são, simultaneamente, reprodutivos e não reprodutivos. Vê-se mais uma vez que nossa sociedade não é "um sistema de autorreprodução estrutural". Ao contrário, ela é uma estrutura instável e contraditória de "relações multidimensionais" assimétricas (Castells, 1980, p. 47).

Ação política, democracia e educação

Está claro que certas tendências estruturais irão exacerbar as contradições dentro e entre as esferas econômica, política e cultural. Essas tendências apontam para arenas propícias a diversas ações e estratégias sugeridas ao longo deste livro.

O capital tentará, sem dúvida, disciplinar o trabalho, seja controlando diretamente o processo de trabalho em todos os setores da economia, seja aumentando, indiretamente, o controle do Estado, seja mantendo um nível relativamente alto de desemprego. Os serviços sociais serão substancialmente reduzidos porque "são muito custosos". (Isso, evidentemente, também levará a uma redução de empregos no Estado, fornecedor da maioria desses serviços sociais.) Haverá pressão no sentido de uma maior racionalização, divisão e subdivisão dos empregos de membros da classe trabalhadora tradicional e de integrantes da chamada de "nova classe trabalhadora" (empregados do setor de serviços), a fim de aumentar a "produtividade" e a "eficiência". Além disso, muitos deles serão forçados a aceitar salários reais muito mais baixos e condições de trabalho menos desejáveis. Trabalhadores e trabalhadoras pretos e pardos que atuam em setores competitivos sofrerão um forte impacto (Castells, 1980, p. 235-236; cf. tb. Rothschild, 1980)[106].

Essas pressões gerarão tensões na esfera política e no nível cultural provavelmente muito poderosas, especialmente se considerarmos as já

---

106. Sobre o impacto do Estado, do mercado de trabalho e das condições econômicas sobre trabalhadores hispânicos, cf. Barrera (1979).

mencionadas observações de Gintis sobre a dinâmica do discurso dos direitos individuais e as tendências contraditórias que têm acompanhado a expansão de procedimentos democráticos formais. Em sua busca por eficiência, especialização, racionalização e mais disciplina, o capital pode ameaçar a base da democracia. Como o documento da Comissão Trilateral, *A crise da democracia*, alertou, muitos riscos sociais acompanham um "excesso de democracia". Estender a base da democracia às esferas econômica e cultural, indo além de mecanismos políticos formais como eleições, não interessa necessariamente ao capital. O capitalismo e a democracia podem, portanto, entrar cada vez mais em conflito (Edwards, R., 1979, p. 211-212).

Isso significa que a defesa da democracia – e sua expansão para aspectos importantes de nossas vidas – é muito relevante tanto substantivamente quanto estrategicamente. A defesa da democracia pode contribuir para a unificação da maioria da população, reunindo-a em torno de um tema historicamente crucial nos Estados Unidos e alhures. É possível que se comece a superar, na esfera *política*, a divisão da classe trabalhadora em frações de classe acarretadas pelos arranjos produtivos da sociedade (Edwards, R., 1979, p. 215).

Richard Edwards sintetiza muitos desses argumentos em sua discussão sobre a importância de se desenvolver um programa que seja ao mesmo tempo "democrático e rigorosamente socialista". Como ele assinala, no campo da democracia industrial e política, o renovado interesse das bases pela abertura do Sindicato dos Metalúrgicos, pela "reativação do Sindicato dos Caminhoneiros", pela instituição de um programa de iniciativa local no Sindicato dos Trabalhadores de Minas etc. – todas essas tentativas de devolver o poder a seus membros sugerem que um segmento cada vez mais numeroso da classe trabalhadora, em sua atividade cotidiana no trabalho, já está participando "na emergente luta pelo governo democrático" (Edwards, R., 1979, p. 215).

R. Edwards continua:

> A defesa da democracia envolve, portanto, uma demanda por sua aplicação em todos os níveis e em todas as esferas da sociedade. Esse ponto é crucial, pois emerge aqui o tema central de

> todos os programas socialistas: a defesa da democracia política é simplesmente o corolário lógico da demanda por democracia no trabalho e pelo controle social do processo de produção. Como os trabalhadores representam um desafio ao sistema de controle existente na empresa, eles serão levados a ver, por meio de sua experiência, o conteúdo comum a essas lutas. A defesa e a extensão da democracia podem então repousar, em última análise, no esforço da classe trabalhadora de [reorganizar e democratizar] os meios de produção e de organizar, por meio de governo democrático, os recursos materiais da sociedade para o benefício de todos. A democracia assim se torna a palavra de ordem para unificar não só as várias frações da classe trabalhadora, como também das lutas políticas e econômicas dessa classe (Edwards, R., 1979, p. 215-216).

Em uma época em que o capital e o Estado não podem mais "arcar" com uma democracia substantiva, precisamos nos reapropriar da democracia enquanto um discurso e um conjunto de práticas, retirando-a das mãos da direita. Não quero dizer com isso, e R. Edwards também não, que a democracia se resume meramente a um agregado formal de mecanismos. Por muito tempo, isso tem servido para legitimar a exploração. Em vez disso, entendemos a democracia como uma prática baseada no controle das decisões sobre a produção, a distribuição e o consumo pela maioria dos trabalhadores deste país, uma prática que não se limita à esfera política, mas abrange a economia e, de modo especial, as relações de gênero. Como parte de um programa de transição e como um fim em si mesmo, trata-se de algo bem relevante.

Face à ressurgência da direita, isso pode parecer utópico. Há, contudo, motivos para otimismo. Numa pesquisa recente sobre atitudes públicas em relação à economia, por exemplo, encontramos resultados como estes:

> Dos entrevistados, 66% concordaram que as pessoas não trabalham tão duro quanto poderiam "porque não lhes dão voz suficiente nas decisões que afetam seus empregos"; 74% apoiaram um plano em que consumidores de comunidades locais "sejam representados nos conselhos das empresas que operam em sua região"; 52% apoiaram um plano "no qual a política

geral da empresa seja determinada por seus funcionários"; 66% prefeririam trabalhar em uma empresa cuja propriedade e cujo controle estejam nas mãos dos funcionários (Carnoy; Shearer, 1980, p. 360).

Isso não soa como um simples endosso à lógica ou às políticas do capital. Rachel Sharp estende esse argumento às escolas, observando que é preciso lutar continuamente pela democratização dos procedimentos de tomada de decisão (Sharp, 1980, p. 164)[107]. Os esforços cada vez mais organizados de grupos de professores – o "Rank and File" na Inglaterra, o "Women's Educational Press" no Canadá e o "Women's Teachers' Group" de Boston – no sentido de fazer convergir as ações contra as relações patriarcais, contra o racismo, contra a intrusão de técnicas e interesses ideológicos da direita, contra tomadas de decisão antidemocráticas nos serviços sociais, tendo em vista a construção de alternativas reais e viáveis aos conteúdos e métodos educacionais atuais e o contínuo movimento em direção a alianças com outros grupos, atestam a sensibilidade de muitos educadores para essas questões.

Apoiar essas tendências é muito importante enquanto posicionamento diante de tendências opostas no âmbito da educação. Na Inglaterra, por exemplo, reformas educacionais patrocinadas pelo Estado ao longo das últimas três décadas "tenderam a afastar [...] os professores e, especialmente, a classe trabalhadora de um mandato popular (CCCS Education Group, 1981, p. 67). Esse distanciamento já é reconhecido por muitos professores. Se minha análise neste livro estiver correta, isso pode ser e precisa ser criticado e combatido.

Entretanto, a crítica à forma como nosso sistema funciona não é suficiente. Ela precisa ser acompanhada por "propostas para um modelo social alternativo (que podemos chamar de socialista)". Essas propostas não devem ser importadas na íntegra de outros países, mas precisam estar adaptadas às condições atuais do povo norte-americano, no meu caso, e contrariar os interesses do capital. Sem isso, podemos esperar

---

107. Não se trata de algo voltado apenas para professores. Com efeito, isso pode subverter algumas das condições de um programa de transição. Eu incluiria aqui jovens da classe trabalhadora e seus pais.

muito pouco em termos de mudanças estruturais efetivas e progressistas (Castells, 1980, p. 259).

Como vários estudiosos apontaram, *existem* alternativas sendo construídas neste momento, alternativas que estão crescendo. Esses exemplos contra-hegemônicos podem e devem ser usados para instilar novamente um senso de possibilidade imaginativa. Eles fornecem pontos de referência importantes para mostrar o que pode ser feito agora em termos de trabalho concreto[108]. Mas essas lutas bem-sucedidas não irão contribuir muito se não forem comunicadas. Se quisermos superar a apatia e o cinismo, bem como os efeitos da tradição seletiva, as reformas não reformistas que estão sendo implementadas podem ser colocadas em pauta somente se os demais estiverem cientes delas. Ativistas representantes do mundo do trabalho, professores universitários e outros têm um papel importante a desempenhar nesse sentido. Trata-se de um passo em direção à realização da reivindicação de Gramsci – a constituição de um grupo de "intelectuais" membros orgânicos das "classes subalternas".

Em parte, isso é uma questão de pedagogia política, de ensino apropriado. Nesse sentido, como sugere Peter Dreier, os professores

> ajudam a formar os pressupostos, os valores e as escolhas de seus alunos, tanto pelo que eles dizem quanto pelo que não dizem. A existência de estudos marxistas, socialistas e radicais sob a forma de monografias, textos, antologias, periódicos e filmes é um importante antídoto contra análises convencionais da sociedade. Contudo, por mais receptivos que os alunos sejam, análises que fazem uma crítica radical dos problemas atuais do capitalismo irão apenas reforçar seu cinismo a menos que sejam acompanhadas de uma análise das possibilidades de transformar a situação em algo melhor [...]. Nas últimas duas décadas, muitos radicais que antes nutriam falsas esperanças [...] agora não alimentam nenhuma. Devemos agora, enquanto professores, acadêmicos e ativistas, aprender a andar na corda bamba entre o romantismo e o cinismo. As lições de nossos próprios estudos radicais são claras: construir um movimento

---

108. Carnoy e Shearer (1980) descrevem muitas dessas alternativas, algumas das quais claramente "reformistas", enquanto outras são o que chamei de reformas não reformistas.

popular de massa requer uma crítica do presente, uma visão do futuro e uma estratégia. Porém, nem visão, nem estratégia são possíveis em termos de massa a menos que superemos a postura cínica diante da mudança social que permeia atualmente a política e a cultura norte-americanas (Dreier, 1980, p. 128-129).

Parte de nossa tarefa, portanto, é educativa no sentido mais amplo da palavra. Podemos ajudar a esfera do trabalho a recuperar suas tradições parcialmente perdidas. Embora aspectos importantes dessas tradições ainda estejam culturalmente presentes em nossos escritórios, lojas, fábricas e minas[109] (como minha discussão sobre a cultura do trabalho no cotidiano de homens e mulheres apontou), a história dos anseios das pessoas, das demandas e das lutas por uma sociedade mais equânime precisa mais uma vez de visibilidade e legitimidade.

A educação *interna* dos membros de sindicatos, de coletivos feministas, de grupos educacionais "de base" etc. sobre assuntos como o aumento do controle corporativo, a democracia cultural, política e econômica e, sobretudo, sobre as alternativas às formas existentes de organização econômica e política, representa, portanto, um primeiro passo essencial (cf., p. ex., Carnoy; Shearer, 1980, p. 384). *Não* se trata de uma via de mão única. As impressionantes proposições feministas socialistas sobre como devemos nos organizar e nos envolver em atividades contra-hegemônicas podem nos ensinar muito, assim como, em outros lugares, os movimentos de base e ambientais[110].

O trabalho precisa ser feito não apenas no nível da ação política ou educacional. A pesquisa acadêmica também é necessária em várias áreas importantes. Por exemplo, as histórias reais das práticas educacionais socialistas e oposicionistas ainda precisam ser contadas (cf. Reese; Teitelbaum, 1981). Precisamos desenvolver discussões e análises cuidadosas sobre os princípios dos modelos socialistas de currículo e ensino capazes, por exemplo, de reduzir a distância entre a concepção e a execução e

---

109. O excepcional filme *Harlan County, U.S.A.* mostra a vitalidade dessas tradições nos dias atuais.

110. Para uma discussão dos princípios feministas socialistas de organização, cf. Adlam (1980, p. 81-102).

entre o trabalho mental e o trabalho manual. Trata-se clara e igualmente de uma questão prática. Não podemos esperar que o Estado, de forma mágica, abra suas portas – como o programa dos vales e todas as suas contradições – para o desenvolvimento de princípios, conteúdos e métodos socialistas. Modelos provisórios são necessários neste momento[111]. É preciso que nos comuniquemos formal e informalmente sobre o que estamos fazendo uns com os outros.

Não obstante, apenas a comunicação com outros educadores não é suficiente. Pais e jovens da classe trabalhadora, grupos organizados de trabalhadores e outros, devem se envolver na articulação e na crítica dessas propostas. No caminho, os professores podem educar esses grupos, ao mesmo tempo que eles próprios (os educadores) se educam. Afinal de contas, não deixa de ser uma tolice negar o fato de que os professores sabem coisas que geralmente funcionam em salas de aula. Dessa forma, quando trabalhamos em conjunto, os compromissos sociais que articulamos estarão inscritos também nas práticas voltadas para o desenvolvimento de nossos conteúdos e métodos[112].

O argumento de que a atividade educacional se torna mais, e não menos, importante é reiterado pelos membros do Centre for Contemporary Cultural Studies (CCCS). Como eles observam, "a reprodução só é garantida depois de um trabalho ideológico considerável, sendo, portanto, suscetível ao trabalho educacional de tipo oposicionista ou contra-hegemônico" (CCCS Education Group, 1981, p. 11). A articulação de um duplo foco, tanto na atividade socialista *quanto* na atividade feminista mostra-se essencial. A transformação de nossa cultura, política e modo de produção depende do reconhecimento da importância da determinação de gênero (e também de raça).

---

111. Uma interessante descrição se encontra em Shor (1980). Argumenta-se que podemos encontrar em Dewey muito do que se faz necessário. Com efeito, podemos aprender muito com ele, apesar de suas fraquezas políticas (cf. Smith, R.; Knight, 1980).

112. Isso sempre envolverá andar em uma corda bamba entre ensinar e aprender, entre exercer uma liderança intelectual e política e ser um seguidor. O papel dos intelectuais orgânicos, portanto, jamais se estabiliza, nunca é um caminho simples. Cf. as discussões sobre a posição de Gramsci a esse respeito em Mouffe (1979a).

Isso significa que "as antigas formas de populismo socialista, que subsumiam as experiências particulares de garotas, jovens e mães às de uma população ou uma classe trabalhadora indiferenciada, não serão mais suficientes como ponto de partida" (CCCS Education Group, 1981, p. 12). Os intelectuais podem ajudar nesse aspecto ao trazer para o primeiro plano as experiências de mulheres, fazendo delas partes integrantes de nossas análises e ações, incorporando-as totalmente em programas alternativos[113].

Se o desenvolvimento de programas alternativos é essencial, essas alternativas precisam estar baseadas na força democrática que de fato existe nos Estados Unidos. Sem programas claros *que forneçam ao menos soluções parciais para os problemas locais e nacionais*, "a maioria aceitará a visão dominante, que é inerentemente antidemocrática e anti-igualitária". Portanto, esses programas precisam ser sensíveis não apenas aos ativistas mais ferrenhos, mas também aos trabalhadores com famílias e empregos (Carnoy; Shearer, 1980, p. 385).

Carnoy e Shearer mais uma vez contribuem para nossa discussão por terem especificado as características de um programa de transição capaz de construir um movimento estruturalmente orientado de longo prazo e de incorporar o que no capítulo 4 chamei de reformas não reformistas:

> É possível que um movimento perca muitas vezes, no sentido convencional – eleições [etc.] –, e ainda assim ganhe no longo prazo, na construção de uma sociedade mais democrática.
> O movimento deve definir progresso político de uma forma mais ampla do que as políticas convencionais – e a noção de progresso político deve se inserir no arcabouço de um programa de transição e de uma estratégia de longo prazo.
> Esse programa de transição teria as seguintes características: deve, uma vez em funcionamento, aumentar o poder das pessoas sobre suas vidas e reduzir o poder das corporações e daqueles que têm dinheiro; deve ser facilmente entendido pelas pessoas e corporificado em medidas claras, como projetos de lei, iniciativas ou demandas de organização; deve ter um nome simples

---

113. Uma análise sobre a resistência das mulheres no espaço doméstico, algo talvez semelhante aos pontos levantados no capítulo 3, é um exemplo de uma pesquisa necessária nessa direção.

> (como o EPIC – End Poverty in California [Fim da Pobreza na Califórnia] – na década de 1930); seus componentes devem, em tese, realizar-se no nível da luta política na qual estamos engajados – governo estadual, governo regional e governo municipal; deve ser, na medida do possível, *sensível* às necessidades das pessoas em suas vidas diárias; e, por fim, o programa deve refletir o eleitorado que pode compor um movimento *majoritário* pela mudança (Carnoy; Shearer, 1980, p. 386).

Ainda que os autores estivessem falando sobretudo de democracia econômica, o que está em itálico na citação acima é também relevante para um conjunto mais abrangente de temas. O grifo reitera a importância de algo que notei anteriormente: é no nível de nossas vidas diárias que as esferas cultural, política e econômica são vividas em toda a sua complexidade e contradições, não se limitando apenas às áreas mais distantes, como as altas finanças, o governo federal e afins (embora não possamos ignorá-las) (Carnoy; Shearer, 1980, p. 394-395). A análise teórica, embora essencial, não pode substituir o trabalho concreto em todas as três esferas desse nível.

Quais são, então, as chances de sucesso? Devemos ser honestos aqui. Simplesmente não dá para saber. O que podemos fazer é garantir que, como pesquisadores e intelectuais, nossos estudos iluminem, no plano teórico, tanto a reprodução quanto a não reprodução em curso. Podemos ver que a crise estrutural emergente irá "determinar" nossas próprias ações e as dos outros e também oferecer possibilidades. A questão certamente não é apenas teórica. Como saberemos que uma ação não reprodutiva está ocorrendo *se nós mesmos não participarmos dela*? Se de fato temos agência – como insisti ao longo deste livro e como atesta o trabalho produtivo de um grande número de pessoas –, então a transformação é possível. Ao nos tornarmos menos reducionistas e menos mecanicistas, nossas teorias de fato são objeto de importantes mudanças. Mas essas mudanças, lógica e politicamente, implicam uma prática. As realidades socioeconômicas e culturais com as quais comecei este livro só podem ser transformadas se levarmos essa prática a sério.

Referências

ADLAM, D. Socialist feminism and contemporary politics. *In*: ADLAM, D. (ed.). *Politics and power*. Londres: Routledge & Kegan Paul, 1980. vol. 1, p. 81-102.

ALTBACH, E. **Women in America**. Lexington: D.C. Heath, 1974.

ALTHUSSER, L. Ideology and ideological state apparatuses. *In*: ALTHUSSER, L. **Lenin and philosophy and other essays**. Londres: New Left Books, 1971. p. 127-186.

ANYON, J. Ideology and U.S. history textbooks. **Harvard Educational Review**, vol. 49, n. 3, p. 361-386, ago. 1979.

ANYON, J. Social class and the hidden curriculum of work. **Journal of Education**, vol. 162, n. 1, p. 67-92, 1980.

APPLE, M. Politics and national curriculum policy. **Curriculum Inquiry**, vol. 7, n. 7, p. 351-361, 1977.

APPLE, M. Ideology and form in curriculum evaluation. *In*: WILLIS, G. (org.). **Qualitative evaluation**. Berkeley: McCutchan, 1978a. p. 492-521.

APPLE, M. The new sociology of education: analyzing cultural and economic reproduction. **Harvard Educational Review**, vol. 48, n. 4, p. 495-503, nov. 1978b.

APPLE, M. What correspondence theories of the hidden curriculum miss. **Review of Education**, vol. 5, n. 2, p. 101-112, 1979a.

APPLE, M. The politics of school knowledge. **Review of Education**, vol. 5, p. 1-14, 1979b.

APPLE, M. **Ideology and curriculum**. Londres: Routledge & Kegan Paul, 1979c.

APPLE, M. Analyzing determinations: understanding and evaluating the production of social outcomes in schools. **Curriculum Inquiry**, vol. 10, n. 1, p. 55-76, 1980.

APPLE, M. (org.). **Cultural and economic reproduction in education**: essays on class, ideology and the state. Londres: Routledge & Kegan Paul, 1982a.

APPLE, M. **Education and power**. Nova York: Routledge, 1982b.

APPLE, M. Work, gender and teaching. **Teachers College Record**, vol. 84, n. 3, p. 611-628, 1983.

APPLE, M. Teaching and "women's work": a comparative historical and ideological analysis. **Teachers College Record**, vol. 86, n. 3, 1985.

APPLE, M. **Teachers and texts**: a political economy of class and gender relations in education. Nova York: Routledge, 1986.

APPLE, M. **Official knowledge**: democratic education in a conservative age. Nova York: Routledge, 1993.

APPLE, M. Cultural capital and official knowledge. *In*: NELSON, C.; BERUBE, M. (org.). **Higher education under fire**. Nova York: Routledge, 1995a.

APPLE, M. **Education and power**. 2. ed. Nova York: Routledge, 1995b.

APPLE, M. **Cultural politics and education**. Nova York: Teachers College Press, 1996.

APPLE, M. **Official knowledge**: democratic education in a conservative age. 2. ed. Nova York: Routledge, 2000.

APPLE, M. **Educating the "right" way**: markets, standards, god, and inequality. Nova York: Routledge, 2001.

APPLE, M. **Ideology and curriculum**. 3. ed. Nova York: Routledge, 2004.

APPLE, M. **Educating the "right" way**: markets, standards, god, and inequality. 2. ed. Nova York: Routledge, 2006.

APPLE, M. (org.). **Global crises, social justice, and education**. Nova York: Routledge, 2010.

APPLE, M. **Can education change society?** Nova York: Routledge, 2013.

APPLE, M.; AU, W.; GANDIN, L.A. (org.). **The Routledge international handbook of critical education**. Nova York: Routledge, 2009.

APPLE, M.; BEANE, J. (org.). **Democratic schools**. Washington, D.C.: Association for Supervision and Curriculum Development, 1995.

APPLE, M. *et al*. **The state and the politics of knowledge**. Nova York: Routledge, 2003.

APPLE, M.; KING, N. What do schools teach? **Curriculum Inquiry**, vol. 6, n. 4, p. 341-369, 1977.

APPLE, M.; TAXEL, J. Ideology and the curriculum. *In*: HARTNETT, A. (org.). **Educational studies and social science**. Londres: Heinemann, 1981.

APPLE, M.; WEIS, L. (org.). **Ideology and practice in schooling**. Filadélfia: Temple University Press, 1983.

APPLE, R. To be used only under the direction of a physician: commercial infant feeding and medical practice 1870-1940. **Bulletin of the History of Medicine**, vol. 54, n. 3, p. 402-417, 1980.

ARONOWITZ, S. **False promises**. Nova York: McGraw-Hill, 1973.

ARONOWITZ, S. Marx, Braverman and the logic of capital. **Insurgent Sociologist**, vol. 8, n. 2-3, p. 126-146, 1978.

ARONOWITZ, S. Film: the art form of late capitalism. **Social Text**, n. 1, p. 110-129, 1979.

ARONOWITZ, S. **The politics of identity**. Nova York: Routledge, 1992.

BALL, S. **Education policy**. Filadélfia: Open University Press, 1994.

BARKER, J.; DOWNING, D. **Word processing and the transformation of patriarchal relations**. Birmingham: University of Birmingham, Centre for Contemporary Cultural Studies, 1979. Trabalho não publicado.

BARRERA, M. **Race and class in the southwest**: a theory of racial inequality. Notre Dame, Indiana: University of Notre Dame Press, 1979.

BARRETT, M. *et al.* (org.). **Ideology and cultural production**. Nova York: St. Martin's Press, 1979.

BARTON, L.; MEIGHAN, R. (org.). **Sociological interpretations of schooling and classrooms**: a reappraisal. Driffield: Nafferton Books, 1978.

BARTON, L.; MEIGHAN, R. (org.). **Schools, pupils and deviance**. Driffield: Nafferton Books, 1979.

BAUDELOT, C.; ESTABLET, R. **La escuela capitalista**. Cidade do México: Siglo Vientiuno Editores, 1975.

BAXENDALL, R. *et al.* (org.). **Technology, the labor process, and the working class**. Nova York: Monthly Review Press, 1976.

BENSON, S.P. The clerking sisterhood: rationalization and the work culture of saleswomen in American department stores. **Radical America**, vol. 12, p. 41-55, mar./abr. 1978.

BERNSTEIN, B. **Class, codes and control (vol. 3)**: towards a theory of educational transmissions. Londres: Routledge & Kegan Paul, 1977.

BERNSTEIN, B. Codes, modal ties and cultural reproduction: a model. *In*: APPLE, M. (org.). **Cultural and economic reproduction in education**. Londres: Routledge & Kegan Paul, 1982.

BEST, S.; KELLNER, D. **Postmodern theory**. Londres: Macmillan, 1991.

BISSERET, N. **Education, class language and ideology**. Londres: Routledge & Kegan Paul, 1979.

BLAND, L.; BRUNSDON, C.; HOBSON, D.; WINSHIP, J. Women "inside" and "outside" the relations of production. *In*: WOMEN'S STUDIES GROUP. **Women take issue**. Londres: Hutchinson, 1978. p. 35-78.

BOURDIEU, P.; PASSERON, J.-C. **Reproduction in education, society and culture**. Londres: Sage Publications, 1977.

BOURDIEU, P.; PASSERON, J-C. **The inheritors**. Chicago: University of Chicago Press, 1979.

BOWLES, S.; GINTIS, H. **Schooling in capitalist America**. Nova York: Basic Books, 1976.

BOYD, W.L. The changing politics of curriculum policy-making for American schools. **Review of Educational Research**, vol. 48, n. 4, p. 577-628, 1978.

BRAKE, M. **The sociology of youth culture and youth sub-cultures**. Londres: Routledge & Kegan Paul, 1980.

BRAVERMAN, H. **Labor and monopoly capital**. Nova York: Monthly Review Press, 1974.

BRECHER, J. Uncovering the hidden history of the American workplace. **Review of Radical Political Economics**, vol. 10, n. 4, p. 1-23, 1978.

BRENKMAN, J. Mass media: from collective experience to the culture of privatization. **Social Text**, n. 1, p. 94-109, 1979.

BRIDGES, A.B. Nicos Poulantzas and the Marxist theory of the state. **Politics and Society**, vol. 4, n. 2, p. 161-190, 1974.

BURAWOY, M. Toward a Marxist theory of the labor process: Braverman and beyond. **Politics and Society**, vol. 8, n. 3-4, p. 247-312, 1979a.

BURAWOY, M. The politics of production and the production of politics: a comparative analysis of piecework machine shops in the United States and Hungary. **Political Power and Social Theory**, n. 1, 1979b.

BURAWOY, M. For public sociology. **British Journal of Sociology of Education**, vol. 56, n. 2, p. 259-294, 2005.

CARNOY, M. Education, economy and the state. *In*: APPLE, M. (org.). **Cultural and economic reproduction in education**. Londres: Routledge & Kegan Paul, 1982.

CARNOY, M.; SHEARER, D. **Economic democracy**. Nova York: M.E. Sharpe, 1980.

CARNOY, M.; SHEARER, D.; RUMBERGER, R. **A new social contract**. Nova York: Harper & Row, 1983.

CASEY, K. **I answer with my life**. Nova York: Routledge, 1993.

CASTELLS, M. **The economic crisis and American society**. Princeton: Princeton University Press, 1980.

CCCS EDUCATION GROUP. **Unpopular education**: schooling and social democracy in England since 1944. Londres: Hutchinson, 1981.

CENTRE FOR CONTEMPORARY CULTURAL STUDIES (CCCS). **On ideology**: working papers in cultural studies X. Birmingham: Universidade de Birmingham, 1977.

CLARKE, J. Capital and culture: the post war working class revisited. *In*: CLARKE, J.; CRITCHER, C.; JOHNSON, R. (orgs.). **Working class culture**. London: Hutchinson, 1979. p. 238-253.

CLARKE, J. **New times, old enemies**. Londres: Harper Collins, 1991.

CLARKE, J.; CRITCHER, C.; JOHNSON, R. (org.). **Working class culture**. Londres: Hutchinson, 1979.

CLAWSON, D. **Class struggle and the rise of bureaucracy**. Nova York: Universidade Stony Brook, 1978. Tese de doutorado não publicada.

COHEN, J.; ROGERS, J. **On democracy**. Nova York: Penguin, 1983.

COLLINS, R. Some comparative principles of educational stratification. **Harvard Educational Review**, vol. 47, n. 1, p. 1-27, fev. 1977.

COLLINS, R. **The credential society**. Nova York: Academic Press, 1979.

CONNELL, R.W. **Ruling class, ruling culture**. Nova York: Cambridge University Press, 1977.

CONNELL, R.W. A critique of the Althusserian approach to class. **Theory and Society**, vol. 8, n. 3, p. 303-345, nov. 1979.

COONS, J.; SUGARMAN, S. **Education by choice**: the case for family control. Berkeley: University of California Press, 1978.

COUNTS, G.S. **Dare the school build a new social order?** Nova York: John Day Company, 1932.

COWARD, R.; ELLIS, J. **Language and materialism**. Londres: Routledge & Kegan Paul, 1977.

CURTIS, B. **True government by choice men?** Toronto: University of Toronto Press, 1992.

DALE, R. The politicization of school deviance. *In*: BARTON, L.; MEIGHAN, R. (orgs.). **Schools, pupils and deviance**. Driffield: Nafferton Books, 1979. p. 95-112.

DALE, R. Education and the capitalist state: contributions and contradictions. *In*: APPLE, M. (org.). **Cultural and economic reproduction in education**. Londres: Routledge & Kegan Paul, 1982.

DALE, R. **The state and education policy**. Filadélfia: Open University Press, 1989.

DiMAGGIO, P. Review essay: on Pierre Bourdieu. **American Journal of Sociology**, vol. 84, n. 3, p. 1460-1474, maio 1979.

DONALD, J. Green Paper: noise of a crisis. **Screen Education**, n. 30, p. 13-49, 1979.

DORFMAN, A.; MATTELART, A. **How to read Donald Duck**. Nova York: International General Editions, 1975.

DOWNING, D. **Soft choices**: teaching materials for teaching free enterprise. Austin, Texas: University of Texas, Institute for Constructive Capitalism, 1979. Policopiado.

DREIER, P. Socialism and cynicism: an essay on politics, scholarship, and teaching. **Socialist Review**, vol. 10, n. 5, p. 105-131, set./out. 1980.

EAGLETON, T. **Criticism and ideology**. Londres: New Left Books, 1976.

EDELMAN, M. **Political language**. Nova York: Academic Press, 1977.

EDWARDS, R. **Contested terrain**. Nova York: Basic Books, 1979.

EHRENREICH, J.; EHRENREICH, B. Work and consciousness. *In*: BAXENDALL, R. *et al.* (orgs.). **Technology, the labor process, and the working class**. Nova York: Monthly Review Press, 1976. p. 10-18.

ELLSWORTH, E. Incorporation of feminist meanings in media texts. **Humanities in Society**, vol. 7, n. 1-2, p. 65-75, 1984.

ERBEN, M.; GLEESEN, D. Education as reproduction. *In*: YOUNG, M.; WHITTY, G. (orgs.). **Society, state, and schooling**. Sussex: Falmer Press, 1977. p. 73-92.

EVERHART, R. **The in-between years**: student life in a Junior High School. Santa Barbara, Califórnia: Graduate School of Education, University of California, 1979.

FANTASIA, R. **The treatment of labor in social studies textbooks**. Amherst: Departamento de Sociologia, Universidade de Massachusetts, 1979. Trabalho não publicado.

FEATHERMAN, D.; HAUSER, R. Sexual inequalities and socioeconomic achievement in the U.S., 1962-1973. **American Sociological Review**, vol. 41, n. 3, p. 462-483, jun. 1976.

FEINBERG, W. A critical analysis of the social and economic limits to the humanizing of education. *In*: WELLER, R. (org.). **Humanistic education**. Berkeley: McCutchan, 1977. p. 247-269.

FELDBERG, R. Union fever: organizing among clerical workers, 1900-1930. **Radical America**, vol. 14, n. 3, p. 53-67, maio/jun. 1980.

FINN, D.; GRANT, N.; JOHNSON, R.; CCCS EDUCATION GROUP. **Social democracy, education and the crisis**. Birmingham: Universidade de Birmingham, 1978. Policopiado.

FOX, B. (org.). **Hidden in the household**: women's domestic labour under capitalism. Toronto: The Women's Press, 1980.

GAMBLE, A. The free economy and the strong State: the rise of the social market economy. *In*: MILIBAND, R.; SAVILLE, J. (org.). **The socialist register**. Londres: Merlin Press, 1979. p. 1-25.

GINTIS, H. Communication and politics: Marxism and the "problem" of liberal democracy. **Socialist Review**, vol. 10, n. 2-3, p. 189-232, mar./jun. 1980.

GIROUX, H. Beyond the correspondence theory: notes on the dynamics of educational reproduction and transformation. **Curriculum Inquiry**, vol. 10, n. 3, p. 225-247, 1980.

GITLIN, A. **Understanding the work of teachers**. Madison: Universidade de Wisconsin, 1980. Tese de doutorado não publicada.

GITLIN, A. (org.). **Power and method**. Nova York: Routledge, 1995.

GITLIN, T. Prime time ideology: the hegemonic process in television entertainment. **Social Problems**, vol. 26, n. 3, p. 251-266, fev. 1979.

GITLIN, T. Television's screens: hegemony in transition. *In*: APPLE, M. (org.). **Cultural and economic reproduction in education**. Londres: Routledge & Kegan Paul, 1982.

GOFFMAN, E. **Asylums**. Nova York: Doubleday, 1961.

GORZ, A. (org.). **The division of labour**. Nova Jersey: Humanities Press, 1976.

GREEN, T.; WHITTY, G. **The legacy of the new sociology of education**. Trabalho não publicado apresentado à Associação Americana de Pesquisa Educacional, Nova Orleans, 4 abr. 1994.

HALL, S. **The schooling-society relationship**: parallels, fits, correspondences, homologies. [s.d.]. Policopiado.

HARGREAVES, D. et al. **Deviance in classrooms**. Londres: Routledge & Kegan Paul, 1975.

HARTNETT, A. (org.). **Educational studies and social science**. Londres: Heinemann, 1982.

HAUBRICH, V. (org.). **Freedom, bureaucracy and schooling**. Washington, D.C.: Association for Supervision and Curriculum Development, 1971.

HERRNSTEIN, R.; MURRAY, C. **The bell curve**. Nova York: The Free Press, 1994.

HILL, J. Ideology, economy and the British cinema. *In*: BARRETT, M. *et al.* (org.). **Ideology and cultural production**. Nova York: St. Martin's Press, 1979. p. 112-134.

HINTON, W. **Fanshen**. Nova York: Vintage, 1966.

HIRST, P. **On law and ideology**. Londres: Macmillan, 1979.

HOGAN, D. Education and class formation: the peculiarity of the Americans. *In*: APPLE, M. (org.). **Cultural and economic reproduction in education**. Londres: Routledge & Kegan Paul, 1982.

HOLLOWAY, J.; PICCIOTTO, S. Introduction: towards a materialist theory of the state. *In*: HOLLOWAY, J.; PICCIOTTO, S. (org.). **State and capital**. Londres: Edward Arnold, 1978. p. 1-31.

HONDERICH, T. **Conservatism**. Boulder: Westview, 1990.

IL MANIFESTO. Challenging the role of technical experts. *In*: GORZ, A. (org.). **The division of labour**. Nova York: Humanities Press, 1976. p. 123-143.

JACKSON, P. **Life in classrooms**. Nova York: Holt, Rinehart & Winston, 1968.

JAMESON, F. **Marxism and form**. Princeton: Princeton University Press, 1971.

JAMESON, F. Reification and utopia in mass culture. **Social Text**, n. 1, p. 130-148, 1979.

JENCKS, C. *et al.* **Who gets ahead?** Nova York: Basic Books, 1979.

JESSOP, B. Recent theories of the capitalist state. **Cambridge Journal of Economics**, vol. 1, n. 4, p. 353-373, dez. 1977.

JESSOP, B. Capitalism and democracy. *In*: LITTLEJOHN, G. *et al.* (orgs.). **Power and the state**. Nova York: St. Martin's Press, 1978.

JOHNSON, L. **The cultural critics**. Londres: Routledge & Kegan Paul, 1979.

JOHNSON, R. Histories of culture/theories of ideology: notes on an impasse. *In*: BARRETT, M. (org.). **Ideology and cultural production**. Nova York: St. Martin's Press, 1979a. p. 49-77.

JOHNSON, R. Three problematics: elements of a theory of working class culture. *In*: CLARKE, J.; CRITCHER, C.; JOHNSON, R. (orgs.). **Working class culture**. Londres: Hutchinson, 1979b. p. 201-237.

KARABEL, J. Community colleges and social stratification. **Harvard Educational Review**, vol. 42, n. 4, p. 521-562, nov. 1972.

KARABEL, J. The failure of American socialism reconsidered. *In*: MILIBAND, R.; SAVILLE, J. (org.). **The socialist register**. Londres: Merlin Press, 1979. p. 204-227.

KARABEL, J.; HALSEY, A.H. Educational research: a review and interpretation. *In*: KARABEL, J.; HALSEY, A.H. (org.). **Power and ideology in education**. Nova York: Oxford University Press, 1977a. p. 1-85.

KARABEL, J.; HALSEY, A.H. (org.). **Power and ideology in education**. Nova York: Oxford University Press, 1977b.

KELLY, G.; NIHLEN, A. Schooling and the reproduction of patriarchy. *In*: APPLE, M. (org.). **Cultural and economic reproduction in education**. Londres: Routledge & Kegan Paul, 1982.

KIRST, M.; WALKER, D. An analysis of curriculum policy-making. **Review of Educational Research**, vol. 41, n. 5, p. 479-509, dez. 1971.

KLIEBARD, H. Bureaucracy and curriculum theory. *In*: HAUBRICH, V. (org.). **Freedom, bureaucracy and schooling**. Washington, D.C.: Association for Supervision and Curriculum Development, 1971. p. 74-93.

LADSON-BILLINGS, G. **The dreamkeepers**. San Francisco: Jossey-Bass, 1994.

LEVIN, H. Education production theory and teacher input. *In*: BIDWELL, C.; WINDHAM, D. (orgs.). **The analysis of educational productivity**. Cambridge, Mass.: Ballinger Press, 1980. vol. 11, p. 203-231.

LEVINE, A. **Arguing for socialism**. Boston: Routledge & Kegan Paul, 1984.

LICHTENSTEIN, N. Auto worker militancy and the structure of factory life, 1937-1955. **The Journal of American History**, vol. 67, n. 2, p. 335-353, set. 1980.

LUKES, S. **Individualism**. Oxford: Basil Blackwell, 1973.

MacDONALD, M. Socio-cultural reproduction and women's education. *In*: DEEM, R. (org.). **Schooling for women's work**. Londres: Routledge & Kegan Paul, 1980.

MacDONALD, M. Schooling and the reproduction of class and gender relations. *In*: DALE, R.; ESLAND, G.; FURGUSSON, R.; MacDONALD, M. (orgs.). **Education and the state**. Sussex: Falmer Press, 1981.

MACHEREY, P. **A theory of literary production**. Londres: Routledge & Kegan Paul, 1978.

MacPHERSON, C.B. **The political theory of possessive individualism**. Nova York: Oxford University Press, 1962.

MARGLIN, S. What do bosses do? *In*: GORZ, A. (org.). **The division of labour**. Nova York: Humanities Press, 1976. p. 13-54.

McCARTHY, C.; CRICHLOW, W. (org.). **Race, identity, and representation in education**. Nova York: Routledge, 1993.

McNEIL, L. **Economic dimensions of social studies curriculum**: curriculum as institutionalized knowledge. Madison: Universidade de Wisconsin, 1977. Tese de doutorado não publicada.

McROBBIE, A. Working class girls and the culture of femininity. *In*: WOMEN'S STUDIES GROUP. **Women take issue**. Londres: Hutchinson, 1978. p. 96-108.

MEYER, J. The effects of education as an institution. **American Journal of Sociology**, vol. 83, n. 1, p. 55-77, jul. 1977.

MILIBAND, R. **Marxism and politics**. Nova York: Oxford University Press, 1977.

MOBERG, D. Work in American culture: the ideal of self-determination and the prospects for socialism. **Socialist Review**, vol. 10, n. 2-3, p. 19-56, mar./jun. 1980.

MONTGOMERY, D. Workers' control of machine production in the Nineteenth Century. **Labor History**, vol. 17, p. 485-509, out. 1976.

MONTGOMERY, D. **Workers' control in America**. Nova York: Cambridge University Press, 1979.

MOUFFE, C. (org.). **Gramsci and Marxist theory**. Londres: Routledge & Kegan Paul, 1979a.

MOUFFE, C. Hegemony and ideology in Gramsci. *In*: MOUFFE, C. (org.). **Gramsci and Marxist theory**. Londres: Routledge & Kegan Paul, 1979b. p. 168-204.

NAVARRO, V. **Medicine under capitalism**. Nova York: Neale Watson Academic Publications, 1976.

NELSON, D. **Frederick W. Taylor and scientific management**. Madison: University of Wisconsin Press, 1980.

NOBLE, D. **America by design**. Nova York: Alfred A. Knopf, 1977.

NOBLE, D. **Social choice in machine design**. Cambridge: Massachusetts Institute of Technology, 1979. Trabalho não publicado.

NOBLE, D. The underside of computer literacy. **Raritan**, vol. 3, n. 4, p. 37-64, 1984.

O'CONNOR, J. **The fiscal crisis of the state**. Nova York: St. Martin's Press, 1973.

OFFE, C.; RONGE, V. Theses on the theory of the state. **New German Critique**, n. 6, p. 137-147, 1975.

OILMAN, B. **Alienation**. Nova York: Cambridge University Press, 1971.

OLNECK, M.; CROUSE, J. **Myths of the meritocracy**: cognitive skill and adult success in the United States. Madison: University of Wisconsin, Institute for Research on Poverty, 1978.

PACKARD, S. **Steelmill Blues**. San Pedro, Califórnia: Singlejack Books, 1978.

PERSELL, C.H. **Education and inequality**. Nova York: Free Press, 1977.

PIVEN, F.F.; CLOWARD, R. **Poor people's movements**. Nova York: Vintage, 1977.

POULANTZAS, N. **Classes in contemporary capitalism**. Londres: New Left Books, 1975.

QUEBEC EDUCATION FEDERATION. **Pour une journée au service de la class ouvrière**. Toronto: New Hogtown Press, [s.d.].

REESE, W.; TEITELBAUM, K. **American socialist pedagogy and experimentation in the progressive era**: the socialist Sunday School. Trabalho apresentado no Teachers College, Columbia University, 1981.

RINEHART, J. **Job enrichment and the labor process**. Trabalho apresentado na Conferência Novas Orientações no Processo de Trabalho, patrocinada pelo Departamento de Sociologia da Universidade do Estado de Nova York, Binghamton, Nova York, 1978.

ROMAN, L.; APPLE, M. Is naturalism a move beyond positivism? *In*: EISNER, E.; PESHKIN, A. (org.). **Qualitative inquiry in education**. Nova York: Teachers College Press, 1990.

ROSENBAUM, J. **Making inequality**. Nova York: John Wiley, 1976.

ROTHMAN, S. **Women's proper place**. Nova York: Basic Books, 1978.

ROTHSCHILD, E. Reagan and the real America. **New York Review of Books**, vol. 28, n. 1, p. 12-18, 5 fev. 1980.

RUBIN, L. **Worlds of pain**. Nova York: Basic Books, 1976.

RYDLBERG, P. **The history book**. Culver City, Califórnia: Peace Press, 1974.

RYERSON & SON, Inc. **The Ryerson plan**: a teacher work-learn program. Chicago: Ryerson and Son Inc., [s.d.]. Prospecto não publicado.

SAID, E. **Culture and imperialism**. Nova York: Vintage, 1993.

SASSOON, A.S. Hegemony and political intervention. *In*: HIBBIN, S. (org.). **Politics, ideology and the state**. Londres: Lawrence & Wishart, 1978. p. 9-39.

SCIENCE, a process approach: module one. Lexington: Ginn and Company, 1974.

SECCOMBE, W. Domestic labour and the working class household. *In*: FOX, B. (org.). **Hidden in the household**: women's domestic labour under capitalism. Toronto: The Women's Press, 1980a.

SECCOMBE, W. The expanded reproduction of labour power in Twentieth Century capitalism. *In*: FOX, B. (org.). **Hidden in the household**: domestic labour under capitalism. Toronto: The Women's Press, 1980b.

SELDEN, S. Conservative ideologies and curriculum. **Educational Theory**, vol. 27, n. 3, p. 205-222, 1977.

SHARP, R. **Knowledge, ideology and the politics of schooling**. Londres: Routledge & Kegan Paul, 1980.

SHARP, R.; GREEN, A. **Education and social control**. Londres: Routledge & Kegan Paul, 1975.

SHOR, I. **Critical teaching and everyday life**. Boston: South End Press, 1980.

SMITH, G. (org.). **Public schools that work**. Nova York: Routledge, 1994.

SMITH, R.; KNIGHT, J. (orgs.). **The right side**: a reader in the theory and practice of knowledge and control. Austrália: Universidade de Queensland, 1980. Trabalho não publicado.

SPRING, J. **The sorting machine**. Nova York: David McKay, 1976.

SUMNER, C. **Reading ideologies**. Nova York: Academic Press, 1979.

TAPPER, T.; SALTER, B. **Education and the political order**. Nova York: Macmillan, 1978.

TEPPERMAN, J. Organizing office workers. **Radical America**, vol. 10, n. 1, p. 3-20, jan./fev. 1976.

THERBORN, G. **What does the ruling class do when it rules?** Londres: New Left Books, 1978.

THERBORN, G. **The ideology of power and the power of ideology**. Discurso realizado na Universidade de Wisconsin, Madison, 17 out. 1980.

THERIAULT, R. **Longshoring on the San Francisco Waterfront**. San Pedro, Califórnia: Singlejack Books, 1978.

USEEM, M. Corporations and the corporate elite. **Annual Review of Sociology**, vol. 6, p. 41-77, 1980.

WALKER, P. (org.). **Between labor and capital**. Boston: South End Press, 1979.

WELLER, R. (org.). **Humanistic education**. Berkeley: McCutchan Publishing, 1977.

WEXLER, P. Structure, text, and subject: a critical sociology of school knowledge. *In*: APPLE, M. (org.). **Cultural and economic reproduction in education**. Londres: Routledge & Kegan Paul, 1982.

WEXLER, P. **Critical social psychology**. Londres: Routledge & Kegan Paul, 1983.

WEXLER, P. **Becoming somebody**. Nova York: Falmer Press, 1992.

WHITTY, G. School examinations and the politics of school knowledge. *In*: BARTON, L.; MEIGHAN, R. (org.). **Sociological interpretations of schooling and classrooms**: a reappraisal. Driffield: Nafferton Books, 1978. p. 129-144.

WHITTY, G.; EDWARDS, T.; GEWIRTZ, S. **Specialization and choice in urban education**. Nova York: Routledge, 1994.

WILLIAMS, R. **The long revolution**. Londres: Chatto & Windus, 1961.

WILLIAMS, R. **Television**: technology and cultural form. Nova York: Schocken Books, 1975.

WILLIAMS, R. **Marxism and literature**. Nova York: Oxford University Press, 1977.

WILLIS, P. **Learning to labour**. Westmead: Saxon House, 1977.

WILLIS, P. **Profane culture**. Londres: Routledge & Kegan Paul, 1978.

WILLIS, P. Shop floor culture, masculinity and the wage form. *In*: CLARKE, J.; CRITCHER, C.; JOHNSON, R. (org.). **Working class culture**: studies in history and theory. Londres: Hutchinson, 1979a. p. 185-198.

WILLIS, P. **Class struggle, symbol and discourse**. Birmingham: Universidade de Birmingham, 1979b. Trabalho não publicado.

WISE, A. **Legislated learning**: the bureaucratization of the American classroom. Berkeley: University of California Press, 1979.

WOLFE, A. New directions in the Marxist theory of politics. **Politics and Society**, vol. 4, n. 2, p. 131-159, 1974.

WOLF-WASSERMAN, M.; HUTCHINSON, K. **Teaching human dignity**. Minneapolis: Education Exploration Center, 1978.

WOMEN'S STUDIES GROUP. **Women take issue**. Londres: Hutchinson, 1978.

WOODS, P.; HAMMERSLY, M. (org.). **School experience**. Nova York: St. Martin's Press, 1977.

WRIGHT, E.O. **Class, crisis and the state**. Londres: New Left Books, 1978.

WRIGHT, E.O. **Class structure and income determination**. Nova York: Academic Press, 1979.

WRIGHT, W. **Sixguns and society**. Berkeley: University of California Press, 1975.

YOUNG, M.; WHITTY, G. (org.). **Society, state and schooling**. Sussex: Falmer Press, 1977.

ZIPIN, L. **Emphasizing discourse and bracketing foundations**. Madison: Department of Educational Policy Studies, Universidade de Wisconsin, 1995. Trabalho não publicado.

Índice

A

acumulação
  de capital 54, 62, 63, 76, 79, 84, 85, 88, 99, 106, 110, 112, 115, 137, 143, 146, 148, 188, 189, 210, 222, 223, 225
  final 72, 107
Adlam, Diana 253
agência 8, 11, 25, 30, 72, 96, 113, 122, 127, 128, 142, 148, 183, 256
agentes
  produção de 69, 95, 98, 99, 104, 105, 106, 111, 114, 115, 153, 159, 205, 239, 243
Altbach, Edith 140
Althusser, Louis 48, 57, 68, 95, 152, 153, 154, 155, 161, 187, 242
Anyon, Jean 98, 151, 158
aparato cultural 52, 64, 84, 85, 113, 160, 227, 228
aparato educacional 71, 86, 87, 98, 108, 110, 117, 130, 206, 224, 235, 246, 247
aparato estatal 63, 108, 111, 152, 187, 190, 195, 206, 224, 236
aparato ideológico do Estado 95, 153, 154, 187
Apple, Michael 7, 8, 9, 10, 11, 12, 13, 18, 20, 21, 23, 27, 28, 30, 33, 34, 37, 42, 43, 60, 63, 65, 68, 70, 77, 81, 83, 93, 94, 97, 101, 115, 118, 125, 143, 144, 152, 154, 156, 157, 158, 162, 164, 180, 187, 210, 217, 221, 224, 225, 242

Apple, Rima 46, 246
Aronowitz, Stanley 19, 45, 136, 137, 146, 152, 156, 213, 228
atomização 103, 144
autogestão 134
automação. Consulte controle numérico
autonomia regulada 31
autonomia relativa 29, 48, 66, 73, 76, 77, 78, 79, 89, 115, 135, 149, 154, 159, 165, 175, 214, 225, 241
auto-organização 120, 132

B

Ball, Stephen 27, 28, 29
Barker, Jane 214, 223
Barrera, Mario 248
Barret, Michele 61, 77, 234
Barthes, Roland 232
Baudelot, Christian 57, 98
Beane, James 34
benefícios diferenciais 28, 72, 115, 156, 157, 193, 194
Benson, Susan Porter 135, 140, 141, 142
Bernstein, Basil 45, 57, 67, 69, 70, 94, 110, 125, 164, 227, 246
Best, Steven 19
Bisseret, Noelle 77, 163
Bland, Lucy 180
Bobbitt, Franklin 59, 69
Bourdieu, Pierre 57, 63, 67, 68, 69, 70, 71, 99, 125, 164
Bowles, Samuel 57, 67, 68, 69, 70, 97, 98, 115, 125, 158, 187

Boyd, William Lowe 79
Brake, Mike 174, 179, 180, 181, 182, 183, 200
Braverman, Harry 60, 103, 128, 129, 130, 131, 144, 163, 166, 211, 229
Brecher, Jeremy 143, 146
Brenkman, John 146
Bridges, Amy B. 128
Brundson, Charlotte 180
Burawoy, Michael 12, 129, 130, 131, 137, 147, 211, 213
burocratização 29, 133

C

capital
  cultural 68, 71, 76, 87, 99, 100, 101, 102, 103, 106, 107, 111, 112, 114, 115, 118, 123, 153, 155, 164, 183, 185, 206, 228, 246
  econômico 68, 71, 76, 99, 106, 112, 113, 115, 118, 155, 185, 206, 228
  humano 15, 25, 110
Carnoy, Martin 38, 50, 51, 54, 69, 80, 94, 120, 145, 244, 251, 252, 253, 255, 256
Casey, Kathleen 35
Castells, Manuel 47, 48, 49, 50, 51, 52, 54, 55, 71, 79, 98, 109, 110, 118, 119, 143, 149, 189, 238, 248, 252
causação estrutural 114
cê-dê-efes 161, 162, 163, 168, 173
Centre for Contemporary Cultural Studies (CCCS) 76, 146, 156, 254
Centre for Contemporary Cultural Studies (CCCS) Education Group 66, 210, 243, 251, 254, 255
Charters, W.W. 59
ciência 55, 103, 104, 105, 109, 110, 118, 223, 224, 247
  como meio de produção 102, 103, 104, 105, 167
cinema 227
cinismo 21, 32, 148, 159, 162, 252, 253

circulação 25, 31, 86, 87, 110, 211, 246
Clarke, John 19, 61, 199, 211, 226
classe 9, 19, 20, 22, 38, 39, 40, 42, 49, 50, 52, 57, 88, 96, 97, 107, 115, 116, 152, 153, 154, 155, 174, 176, 178, 180, 181, 183, 184, 186, 195, 234, 235, 245, 247
  média 162, 176, 177
  posição de 19, 97, 98, 142, 177, 181, 221, 228, 239
classe trabalhadora 24, 62, 77, 125, 139, 147, 158, 159, 160, 161, 164, 165, 167, 168, 169, 173, 174, 176, 177, 178, 179, 180, 182, 185, 196, 198, 199, 200, 234, 248, 249, 250, 251, 254, 255
Clawson, Daniel 133, 222
Cloward, Richard 50
Cohen, Joshua 38
Collins, Randall 60, 63, 70, 96, 107, 111, 188
comitês de seleção 235, 236, 239
concepção. Consulte execução
conhecimento técnico 98, 100, 101, 102, 104, 105, 106, 107, 108, 114, 115, 117, 120, 161, 206, 244, 245
conhecimento técnico/administrativo 31, 40, 71, 86, 87, 88, 89, 96, 101, 102, 105, 106, 107, 109, 110, 114, 120, 123, 124, 151, 153, 205, 206, 221, 238, 246, 247, 248
Connell, R. W. 95, 146
conspiração 81, 113, 222, 235
conteúdo curricular 82, 83, 199, 210, 217, 231, 232, 233, 239, 241
contradição 8, 11, 30, 49, 53, 55, 56, 62, 63, 64, 67, 73, 77, 86, 88, 96, 108, 114, 117, 118, 119, 122, 124, 149, 153, 154, 158, 163, 164, 165, 167, 171, 173, 178, 179, 180, 185, 186, 188, 190, 191, 205, 215, 220, 225, 231, 232, 233, 241, 242, 248, 254, 256

controle
  burocrático 133, 134, 212, 214, 222
  corporativo 112, 121, 130, 253
  democrático 196
  do trabalho 88, 102, 104, 107, 129, 133, 143, 206, 213, 219, 246
  modos de 75, 82, 85, 87, 134, 210, 212, 227
  simples 134, 211, 212, 222
  técnico 42, 134, 147, 205, 211, 212, 213, 214, 215, 217, 218, 219, 220, 221, 222, 223, 224, 226, 227, 229, 230, 234, 237, 247
controle numérico 137, 138, 144, 145, 212
Coons, John 187
cooperação 11, 136, 139, 237
Coward, Rosalind 77
credenciais 31, 63, 87, 111, 161, 168, 188
créditos fiscais 11, 41, 89, 154, 187, 188, 190, 191, 194, 195, 196, 197, 201, 202
criatividade 11, 34, 39, 40, 78, 119, 120, 130, 147, 155, 158, 159, 160, 162, 172, 174, 175, 178, 181, 184, 205, 231
Crichlow, Warren 23
crise
  exportação da 193, 195, 201, 205, 206
crise econômica 11, 47, 104, 107, 168, 174, 186, 193, 203, 206, 207
crise fiscal do Estado 16, 48, 149, 210, 235
Critcher, Chas 61, 199
Crouse, James 94
cultura
  como mercadoria 34, 68, 82, 88, 91, 101, 102, 105, 114, 117, 127, 153, 222, 228, 231, 245, 246
  de classe 62, 153, 154, 230
  do trabalho 75, 135, 136, 138, 140, 141, 143, 146, 149, 151, 229, 230, 238, 253

forma dual da 68
  vivida 43, 68, 76, 78, 82, 88, 106, 116, 123, 127, 153, 154, 155, 158, 169, 174, 178, 181, 199, 203, 205, 231, 234, 243, 244, 245, 247, 256
cultura contraescolar 162, 164, 165, 168
currículo
  modular 215, 217, 222, 229
currículo oculto 62, 69, 70, 71, 73, 74, 76, 77, 82, 85, 88, 94, 97, 101, 116, 123, 124, 125, 127, 128, 130, 135, 139, 142, 143, 147, 148, 150, 151, 152, 153, 158, 159, 170, 241
currículo ostensivo 62, 70, 71, 77, 82, 94, 105, 151, 159, 241
Curtis, Bruce 25, 26, 30

D

Dale, Roger 31, 45, 63, 79, 80, 108, 214, 225, 243
democracia 27, 28, 41, 57, 91, 134, 248, 249, 250, 253, 256
Derrida, Jacques 232
desemprego 18, 38, 49, 50, 52, 100, 101, 111, 112, 138, 183, 188, 248
desqualificação 8, 41, 86, 129, 136, 211, 212, 213, 214, 217, 218, 219, 220, 227, 230, 237
desvio 62, 71, 88, 91, 92, 93, 94, 95, 98, 100, 101, 106, 108, 112, 113, 115, 116, 117, 123, 183
determinação
  modos de
    limitações estruturais 107, 126
    limites de compatibilidade funcional 107, 126, 127
    mediação 107, 126, 127
    reprodução/não reprodução 107, 126
    seleção 107, 126
    transformação 107, 126, 127
D'Everado, Dexter 29, 30
Dewey, John 254

273

dialética 12, 88, 126, 157, 160, 226, 241
DiMaggio, Paul 60, 61
direita 15, 16, 17, 25, 28, 29, 33, 34, 41, 182, 194, 200, 240, 250, 251
direitos de propriedade 191, 192
direitos individuais 191, 206, 249
discurso liberal 79, 190, 191, 192, 193, 194, 201, 202, 206, 236
distribuição 54, 71, 72, 96, 98, 100, 101, 113, 116, 120, 211, 224, 244, 250
divisão sexual do trabalho 164, 180
Donald, James 81, 207, 209, 224, 225, 236
Dorfman, Ariel 215
Downing, Diane 209, 214, 223
Dreier, Peter 198, 252, 253

E

Eagleton, Terry 233
economicismo 29, 80, 119, 128, 132, 137, 154, 189, 238, 242
Edelman, Murray 194
educação política 46, 59, 78, 118, 149, 151, 196, 197, 199, 203, 239, 240
Edwards, Richard 51, 56, 133, 134, 211, 212, 213, 220, 229, 234, 249, 250
Edwards, Tony 22
Ehrenreich, Barbara 144
Ehrenreich, John 144
Ellis, John 77
Ellsworth, Elizabeth 39
ensino fundamental 42
ensino fundamental II 77, 158, 169, 171, 172, 186
ensino médio 58, 169, 186, 208
Erben, Michael 95
escola
  como aparato estatal 63, 79, 80, 95, 121, 188, 193, 222, 224, 244
  como caixa-preta 69, 91, 92, 95, 105, 115, 117, 143, 230
  como dispositivo de seleção 97
  como espaço de trabalho 79, 85, 86, 169, 244
  e desvio 95, 98
  e legitimação 190
  e os modos de controle 214
  e produção de ideologia 226
  e socialismo 195
  função distributiva da 98, 101, 113
  função produtiva da 76, 98, 99, 106, 111, 113
  função produtiva e distributiva da 105
  função produtiva e reprodutiva da 87, 88, 95, 123, 125, 187, 243
  função reprodutiva da 68, 126
  funções da 153, 160
  reforma da 160, 190, 201, 202
especialização 21, 22, 26, 54, 130, 246, 249
esquerda 43, 45, 58, 68, 69, 80, 82, 96, 122, 124, 128, 147, 155, 156, 158, 192, 242, 243
Establet, Roger 57, 98
Estado
  intervenção do 42, 79, 82, 85, 89, 104, 108, 109, 110, 111, 112, 117, 118, 119, 154, 187, 188, 189
estruturalismo 23, 29, 30, 58, 92, 93, 157, 161
estudos culturais 19, 23, 31
etnografia 69, 71, 76, 77, 92, 161
  marxista 76, 78, 157, 183, 231
etnometodologia 92
eugenia 60
Everhart, Robert 46, 76, 77, 158, 160, 162, 169, 170, 171, 172, 173, 174, 184, 185, 187, 198
exclusão 146, 162, 181, 233
execução
  versus concepção 86, 129, 130, 131, 137, 148, 163, 211, 214, 218, 220, 237, 253
externalismo 93

274

F

Fantasia, Rich 151
Featherman, David 49, 50
Feinberg, Walter 69, 101
feminilidade 174, 175, 176, 177, 178, 179, 180, 181, 182, 183
feminismo 23, 39, 120, 180, 192, 198, 200, 244, 253, 254
Finn, Dan 66, 209, 210, 242, 243
forma curricular 82, 83, 86, 89, 97, 205, 210, 215, 219, 220, 222, 223, 225, 226, 227, 231, 234, 239, 247
Foucault, Michel 20, 29, 31
Fox, Bonnie 176
Friedman, Milton 22
funcionários públicos 109, 110, 118, 149, 196, 197, 221, 236, 238, 240

G

Gamble, Andrew 194
garotas [girls] 158, 162, 174, 175, 176, 177, 178, 180, 181, 183, 185, 186, 188, 191, 198, 203, 234
gênero 8, 19, 20, 22, 38, 39, 40, 42, 47, 49, 50, 52, 57, 62, 80, 88, 96, 107, 115, 116, 139, 146, 149, 152, 163, 164, 165, 174, 176, 178, 179, 180, 181, 182, 183, 186, 195, 214, 234, 235, 243, 245, 247, 250, 254
gerentes de nível médio 110, 176, 228, 246
gestão 17, 25, 42, 56, 75, 103, 111, 120, 121, 128, 129, 130, 131, 132, 133, 135, 136, 137, 138, 139, 140, 142, 144, 145, 146, 148, 150, 206, 213, 219, 229
 ideologia da 142, 151
Gewirtz, Sharon 22
Gintis, Herbert 57, 67, 68, 69, 70, 79, 97, 98, 115, 125, 158, 187, 191, 192, 193, 236, 249
Giroux, Henry 243
Gitlin, Andrew 23, 45, 220
Gitlin, Todd 80, 84, 85, 146, 185, 215
Gleesen, Denis 95
Goffman, Erving 116
Gorz, Andre 102
Gramsci, Antonio 12, 38, 57, 64, 65, 70, 93, 155, 156, 195, 226, 237, 252, 254
grandes editoras 219, 231, 235
Grant, Neil 66, 209, 210, 242, 243
Great Debate 207
Green, Anthony 24, 29, 92
Green Paper 207, 209, 222
greves 132, 137, 138, 146, 194
guerra de posição 203, 244

H

Habermas, Jürgen 31, 225, 245
Hall, Stuart 62, 65, 66, 67
Halsey, A. H. 65, 97, 98, 116, 125, 158
Hammersly, Martin 92
Hargreaves, David 92
Harlan County, U.S.A
 filme 253
Hauser, Robert 49, 50
hegemonia 25, 64, 66, 67, 70, 78, 80, 81, 84, 93, 95, 146, 160, 163, 168, 183, 185, 192, 226, 228, 230, 237
Herrnstein, Richard 17, 25
Hill, John 232, 233
Hinton, William 149
Hirst, Paul 61
hispânicos 49, 55, 59, 151, 200, 248
história do trabalho 31, 150
Hobson, Dorothy 180
Hogan, David 43, 244
Holloway, John 81
Hunter, Madeline 33
Hutchinson, Kate 240

I

Il Manisfesto 102
indígenas americanos 200
individualismo 164, 165, 171, 181, 190, 191, 194, 199, 227, 228, 234, 237
  possessivo 28, 189, 190
individualização 83, 219
indivíduo
  abstrato 144, 226
  possessivo 28, 226, 227, 230
infraestrutura/superestrutura 61, 64, 65, 66, 67, 73, 76, 89, 152, 157, 226, 244
intelectuais 17, 64, 70, 122, 255, 256
  orgânicos 252, 254
internalismo 93, 234

J

Jackson, Philip 158
Jameson, Fredric 146, 210
Jencks, Christopher 57, 58
Jessop, Bob 79, 81, 82
Johnson, Lesley 184
Johnson, Richard 61, 64, 66, 156, 157, 184, 185, 199, 209, 210, 226, 230, 234, 237, 242, 243

K

Kallos, Daniel 57
Karabel, Jerome 65, 97, 98, 105, 116, 125, 155, 158
Karier, Clarence 69
Katz, Michael 69
Kellner, Douglas 19
Kelly, Gail 174
King, Nancy 97, 158
Kirst, Michael 79
Kliebard, Herbert 59
Knight, John 254

L

Ladson-Billings, Gloria 34
legitimação 26, 31, 48, 53, 54, 56, 57, 60, 62, 63, 64, 68, 76, 79, 81, 85, 87, 89, 96, 110, 111, 112, 115, 117, 119, 120, 121, 128, 150, 158, 186, 187, 188, 189, 190, 194, 195, 197, 201, 203, 205, 206, 224, 225, 226, 245, 246, 247
Levine, Andrew 41
Levin, Henry 45, 69, 218
Lichtenstein, Nelson 145
limitação 117, 163, 164, 169, 180
língua crioula 181
livre mercado 27, 207
Lukes, Steven 144
Lundgren, Ulf 57
luta de classes 48, 65, 127, 178, 191, 192

M

má alocação 111, 112, 113
MacDonald, Madeleine 175
Macherey, Pierre 83, 232, 233
MacPherson, C. B. 226
Mager, Robert 69
Major, John 27
manejar o sistema 159, 166, 177
Marglin, Stephen 102, 103
marxismo 18, 56, 59, 61, 62, 65, 88, 96, 157, 161, 192, 210, 242, 252
masculinidade 162, 179, 181
material à prova do professor 223
Mattelart, Armand 215
McCarthy, Cameron 23
McNeil, Linda 159
McRobbie, Angela 158, 160, 162, 174, 175, 176, 177, 178, 179, 180, 184, 185, 187, 198, 200
mecanicismo 45, 48, 61, 67, 73, 76, 77, 98, 107, 115, 118, 154, 156, 157, 167, 169, 241, 243, 256
meios de comunicação 22, 39, 48, 52, 84, 109, 120, 214, 232, 243

meninas de classe média 176, 177, 178
meninos [kids] 169, 170, 171, 172, 173, 174, 177, 181, 183, 185, 186, 188, 191, 194, 198, 203, 234
mercado de trabalho 97, 114, 124, 128, 130, 139, 160, 166, 169, 173, 248
mercadorias culturais 113, 115, 117, 153
meritocracia 63, 91, 94, 98, 115, 118
Meyer, John 96
Miliband, Ralph 79
minorias 17, 52, 101, 106, 182, 197, 234
Moberg, David 145
mobilidade 17, 77, 94, 96, 97, 107, 111, 112, 114, 162, 165, 168, 172, 176, 228
Montgomery, David 129, 132, 134, 135, 140, 145, 150, 213
Mouffe, Chantal 64, 80, 81, 197, 203, 254
Murray, Charles 17, 25

N

Navarro, Vicente 112, 194, 201
negros 33, 39, 49, 50, 55, 58, 59, 100, 136, 151, 181, 183, 200
Nelson, Daniel 129
neoliberalismo 9, 10, 20, 27, 33
neomarxismo 8, 23, 62, 69
neutralidade 25, 60, 64, 69, 80, 81, 94, 96, 101, 112, 117, 191, 222
Nihlen, Ann 174
Noble, David 41, 71, 102, 103, 104, 105, 113, 114, 131, 132, 133, 137, 138, 139, 167, 213, 221, 223
nova classe média 17, 20, 246
nova direita 17, 243
nova pequena burguesia 110, 111, 113, 176, 225, 228, 244, 246, 247

O

O'Connor, James 51, 52, 62, 98, 108, 149, 186, 210, 224
Offe, Claus 108
Oilman, Bertell 117
Olneck, Michael 94

P

Packard, Steve 136
pais 25, 28, 55, 73, 77, 121, 162, 168, 174, 175, 176, 179, 186, 187, 191, 196, 197, 198, 199, 203, 205, 225, 235, 236, 251, 254
pardos 181, 182, 200, 248
Passeron, Jean-Claude 63, 99, 125, 164
passividade 30, 125, 128, 136, 142, 144, 148, 158, 162, 164, 177, 243
patentes 87, 103, 104, 107
patriarcado 38, 78, 174, 175, 178, 180, 182, 185, 241, 251
pedagogia 12, 19, 34, 42, 165, 195, 252
penetração 42, 77, 117, 128, 129, 148, 156, 161, 163, 164, 166, 167, 168, 169, 173, 178, 180, 185, 203, 218
periferia 24, 28, 159, 174, 181
Persell, Caroline H. 65, 91, 158
Picciotto, Sol 81
Piven, Francis Fox 50
Plano Ryerson 207, 208, 222
Popham, W. James 69
pós-estruturalismo 18, 19, 20, 21, 23, 24, 31
pós-modernismo 18, 19, 20, 21, 22, 23, 24, 31, 32
Poulantzas, Nicos 105, 128, 161
prestação de contas 10, 29, 33, 218, 224, 225, 246
pretos 181, 182, 183, 200, 248
privatização 10, 41, 110
professoras 35, 42, 200
programa de vales 11, 33, 41, 89, 154, 187, 188, 190, 191, 193, 194, 195, 196, 197, 199, 201, 202, 254
proletarização 118, 219, 228, 238

Q

Quebec Education Federation 151

R

raça 8, 9, 19, 20, 22, 38, 39, 40, 42, 49, 50, 57, 62, 80, 107, 115, 116, 146, 149, 152, 181, 182, 183, 186, 193, 195, 234, 235, 245, 247, 254
racismo 38, 251
rapazes [lads] 77, 161, 162, 163, 164, 165, 166, 168, 169, 170, 171, 172, 173, 174, 177, 180, 181, 183, 185, 186, 188, 191, 194, 198, 203, 234
reducionismo 8, 9, 18, 21, 22, 23, 24, 29, 45, 92, 233, 242, 256
Reese, William 253
reflexo 23, 29, 30, 40, 57, 81, 124, 126, 127, 128, 142, 147, 149, 152, 153, 155, 167, 190, 192, 228, 233, 241, 244, 256
reformas não reformistas 202, 252, 255
relações de poder 18, 19, 21, 23, 25, 185
reprodução 59, 62, 67, 80, 124, 163, 183
   cultural 56, 70, 76, 80, 95, 108, 116, 125, 152, 154, 156, 158, 159, 183, 186, 187, 242
   econômica 56, 70, 93, 95, 108, 116, 125, 152, 156, 158, 159, 183, 186, 187
   metáfora da 82, 142
requalificação 8, 41, 128, 211, 214, 218, 219, 230, 237
resistência 11, 51, 131, 134, 138, 140, 143, 144, 146, 151, 153, 172, 230, 231, 232, 234, 237
restauração conservadora 17
Rinehart, James 56
ritmo do trabalho 132, 166
Rogers, Joel 38
Roman, Leslie 23
romantismo 142, 143, 151, 178, 218, 252
Ronge, Volker 108
Rosenbaum, James 106, 116
Rothman, Sheila 140
Rothschild, Emma 247, 248
Rubin, Lilian 52, 122
Rydlberg, Pal 151
Ryerson & Son, Inc. 208, 209

S

Said, Edward 22
Salter, Brian 125
Sassoon, Anne Showstack 195, 196
Seccombe, Wally 176
segmentos de classe 67, 80, 110, 114, 153, 160, 180, 193, 199, 210, 225, 228
Selden, Steven 60
setor de serviços 51, 86, 173, 197, 246, 247, 248
Sharp, Rachel 92, 251
Shearer, Derek 38, 50, 51, 54, 94, 120, 145, 251, 252, 253, 255, 256
Shor, Ira 240, 254
sindicatos 10, 24, 47, 52, 120, 132, 137, 138, 139, 146, 150, 151, 196, 200, 220, 234, 238, 239, 244, 253
Smith, Gregory 34
Smith, Richard 254
socialismo 73, 80, 110, 195, 197, 198, 201, 203, 244, 249, 250, 251, 252, 253, 254, 255
socialização dos custos 109, 110, 224
Spring, Joel 224
Sugarman, Stephen 187
Sumner, Colin 61, 232

T

Tapper, Ted 125
Taxel, Joel 63
taylorismo 129, 130, 131, 132, 144, 145, 146, 206, 213, 238
Teitelbaum, Kenneth 253
televisão 84, 85, 120
tempo livre 84, 174
teoria da alocação 96, 97, 98, 100

teoria do capital humano 96, 97, 98
teorias da correspondência 74, 115, 118, 124, 125, 133, 135, 142, 151, 165, 183
Therborn, Goran 108, 182
Theriault, Reg 136
Thorndike, Edward 59, 69
trabalho
  doméstico 174, 175, 176
  excedente 105, 113
  feminino 17, 39, 42, 45, 49, 50, 51, 52, 100, 139, 140, 142, 174, 176, 179, 182, 183, 197, 200, 244, 255
  generalista 160, 162, 166, 172
  manual 86, 105, 106, 129, 145, 162, 163, 164, 183, 185, 254
  mental 26, 86, 105, 106, 129, 145, 163, 164, 183, 254
tradição seletiva 83, 85, 95, 150, 151, 252
Tyler, Ralph 59, 69

U

universidades 15, 16, 20, 34, 40, 51, 55, 104, 105, 120, 121, 207, 244
Useem, Michael 54, 55

W

Walker, Decker 79
Walker, Pat 111, 246
Weber, Max 222
Weis, Lois 42
Weller, Richard 150
Wexler, Philip 19, 46, 77, 158, 215, 243
Whitty, Geoff 22, 24, 29, 46, 57, 116, 153, 231
Williams, Raymond 61, 83, 84, 93, 95, 144, 146, 150, 156, 176, 209, 210, 226
Willis, Paul 45, 57, 76, 77, 95, 117, 147, 148, 152, 157, 160, 161, 162, 163, 164, 165, 167, 168, 169, 174, 184, 185, 187, 198, 200, 203, 231
Winship, Janice 180
Wise, Arthur 79, 111
Wittgenstein, Ludwig 60
Wolfe, Alan 81
Wolf-Wasserman, Miriam 240
Women's Studies Group 180
Woods, Peter 92
Wright, Erik Olin 45, 50, 58, 73, 74, 78, 88, 99, 106, 107, 108, 117, 118, 127, 149, 155, 156, 189, 221, 222, 225, 228, 229
Wright, Will 146, 227, 228

Y

Young, Michael 45, 57, 69, 158

Z

Zipin, Lew 20

Conecte-se conosco:

 facebook.com/editoravozes

@editoravozes

 @editora_vozes

youtube.com/editoravozes

+55 24 2233-9033

www.vozes.com.br

Conheça nossas lojas:
www.livrariavozes.com.br

Belo Horizonte – Brasília – Campinas – Cuiabá – Curitiba
Fortaleza – Juiz de Fora – Petrópolis – Recife – São Paulo

Vozes de Bolso

EDITORA VOZES LTDA.
Rua Frei Luís, 100 – Centro – Cep 25689-900 – Petrópolis, RJ
Tel.: (24) 2233-9000 – E-mail: vendas@vozes.com.br